EDITORA DO CONHECIMENTO

Auxiliando a humanidade a encontrar a Verdade

Carl Gustav Jung
e os Fenômenos Psíquicos

Carl Gustav Jung
e os Fenômenos Psíquicos

Todos os direitos desta edição reservados à
CONHECIMENTO EDITORIAL LTDA.
Rua Prof. Paulo Chaves, 276 – Vila Teixeira Marques
CEP 13480-970 — Limeira — SP
Fone/Fax: 19 3451-5440
www.edconhecimento.com.br
vendas@edconhecimento.com.br

Revisão: Mariléa de Castro
Projeto gráfico: Sérgio Carvalho
Ilustração da capa: Banco de imagens

ISBN 978-65-5727-079-0
3ª Edição – 2020

• Impresso no Brasil • Presita en Brazilo
Produzido no departamento gráfico da

Conhecimento Editorial Ltda
grafica@edconhecimento.com.br

Dados Internacionais de Catalogação na Publicação (CIP)
Angélica Ilacqua CRB-8/7057

Carl Gustav Jung e os Fenômenos Psíquicos: as vivências e fatos biográficos de Jung ligados aos fenômenos psíquicos, ao Espiritismo, à Metapsíquica e à Parapsicologia e seus contatos com Sigmund Freud, William James e Joseph Banks Rhine. / Carlos Antonio Fragoso Guimarães — 3ª ed. rev. e amp. Limeira, SP : Editora do Conhecimento, 2020.

278 p.
ISBN 978-65-5727-079-0

1. Jung, C. G. (carl Gustav), 1875-1961 - Parapsicologia 2. Energia psíquica (Psicanálise) Psicanalistas - Biografia - Suiça . Título

20-1382 CDD – 150.1954

Índices para catálogo sistemático:
1. Energia psíquica (Psicanálise) 150.1954
História, psiquiatria, parapsicologia, espiritismo

Carlos Antonio Fragoso Guimarães

Carl Gustav Jung
e os Fenômenos Psíquicos

As vivências e fatos biográficos de Jung ligados aos fenômenos psíquicos, ao Espiritismo, à Metapsíquica e à Parapsicologia e seus contatos com Sigmund Freud, William James e Joseph Banks Rhine.

3ª edição
2020

Revista e ampliada

EDITORA DO CONHECIMENTO

Para as amigas

Emília e

Gabriela dos Santos Coutinho

Os fenômenos classificados como "sobrenaturais" precisam ser investigados por mentes de primeira categoria, a fim de não se transformarem em espaço de embusteiros e charlatães. Por essa razão, a coragem e a independência intelectual de Jung deve ser aplaudidas. Como J. B. S. Haldane memoravelmente observou: "O Universo não é apenas mais estranho do que imaginamos; é muito mais estranho do que podemos imaginar".

Frank McLynn

Sumário

Prefácio à segunda edição 11

Capítulo I — Os fenômenos psíquicos e suas ocorrências na família Jung 21

Capítulo II — Uma infância solitária 30

Capítulo III — Lembranças muito especiais 37

Capítulo IV — Rompendo dogmas para se vivenciar a espiritualidade 51

Capítulo V — A entrada na universidade e a morte de Paul 65

Capítulo VI — Jung e o espiritismo 72

Capítulo VII — Além da psiquiatria 97

Capítulo VIII — Sigmund Freud 123

Capítulo IX — Freud e a parapsicologia 137

Capítulo X — William James 142

Capítulo XI — O rompimento 153

Capítulo XII — A ação da Confraria do Camafeu: a guerra antes da guerra 173

Capítulo XIII — O mergulho no inconsciente: história de uma morte e renascimento 179

Capítulo XIV — Filémon 189

Capítulo XV — Inconsciente, fantasmas, materializações e aparições 195

Capítulo XVI — Viagens e crítica social 218

Capítulo XVII — Joseph Banks Rhine 229

Capítulo XVIII As garras do nazismo 240
Capítulo XIX Parapsicologia, sincronicidade, individuação e experiências próximas da morte 250
Capítulo XX Os anos finais 266
Bibliografia 275

Prefácio à segunda edição

Quinze anos separam a primeira da segunda edição desta obra. Portanto, exigiu-se de seu autor uma revisão de conteúdo para um melhor entendimento do leitor da vida e obra de Carl Gustav Jung no contexto social em que vivemos atualmente, mais crítico e, de certa maneira, mais perigoso do que em 2004.

Diante do crescimento de manifestações sociais potencialmente nocivas, baseadas em discursos elitistas, exclusivistas, com aspectos neofascistas, vemos a atualidade do pensamento de Jung que dizia que tais aspectos de manifestação de violência e intolerância seriam frutos, em parte, de uma frustração e vazios espirituais que abrem margem a aventureiros e mercenários sociais, que, buscando o poder e o acúmulo de capital canalizariam tais frustrações por meio do incentivo ao ódio e paródia de mensagens messiânicas bem como a setores da sociedade que, em proveito próprio e de acordo com seus interesses, orientariam tais forças emergentes, utilizando-se deste vazio espiritual politicamente para, dividindo a sociedade, imporem suas pautas econômicas tantas vezes nocivas, desprezando direitos humanos fundamentais e atacando sem piedade a própria natureza. A ênfase no individualismo linear egoísta ao invés da individuação relacional e dialógica, e a ênfase cultural no ganho pessoal imediato (que continua sendo uma promessa, já que, obviamente, a elite beneficiada pelo caos social não pretende que todos tenham ganhos e muito menos consciência destas táticas por ela utilizadas) e no incentivo à intolerância, com o fortalecimento do fundamentalismo religioso e ideológico, dão hoje, mais do que nunca, razão a Jung.

Uma compreensão deste estado de coisas implica também um reconhecimento de potencialidades e realidades desprezadas pela visão de mundo dominante, o que inclui os fenômenos psíquicos que, por pouco usuais que sejam, não deixam de ser naturais, embora o paradigma mecanicista dominante dificulte ou impeça seu melhor reconhecimento. Boa parte da obra de Jung se constitui num esforço de mostrar o lado sombrio de um reducionismo mecanicista dominante que, ao reduzir o mundo e seus seres a máquinas, transforma o vivo e o singular em coisas com mero "valor econômico" a serem utilizadas e exploradas, incluindo-se nisto, além da natureza, o próprio ser humano. Neste quadro, aspectos qualitativos, espirituais e capacidades psíquicas pouco compreendidas são entendidas como secundárias ou mesmo fantasias.

Jung estava cônscio de que o estudo do mundo interno, psíquico, com sua subjetividade não passível de ser pesada ou manipulada por meio das técnicas analíticas convencionais, e suas características cognitivas, incluindo nestas as raras, mas reais possibilidades registradas por pesquisadores da própria psicologia, medicina e ciências naturais (William James, Charles Richet, Camille Flammarion, William Crookes, Friedrich Zöllner, Pierre e Marie Curie, Cesare Lombroso etc.) de capacidades de obtenção de informações por meios não ordinários (o que inclui os fenômenos paranormais como premonição, telepatia, visão remota ou retrocognição) e mesmo os relatos e experiências de inúmeras pessoas através dos tempos e culturas que parecem indicar fortemente a existência de um plano ou realidade espiritual, como nas manifestações de fantasmas ou casos de rememoração espontânea de outras vidas, seriam fenômenos que, ao não se enquadrarem no paradigma dominante e que por isso são rejeitadas pela ciência dita "normal", em seu acúmulo de evidências poderiam ajudar aos poucos no questionamento da visão de mundo materialista (no sentido vulgar do termo) e mecanicista que dá suporte ao sistema de exploração patológica e destrutiva atualmente vigente.

O resgate e compreensão destes fenômenos, assim como os fatores internos na relação com o mundo externo, podem ajudar o conturbado homem desta segunda década do século XXI a entender melhor a si mesmo e a seu papel no desenrolar da história neste momento crítico da humanidade.

Esta segunda edição traz alguns acréscimos em relação à primeira, notadamente alguns acontecimentos não anteriormente citados e um aprofundamento em alguns dos pressupostos teóricos da teoria junguiana relacionados aos fenômenos psíquicos, em especial no que toca a questão da sincronicidade.

Por fim, esta segunda edição também presta uma homenagem, *in memoriam*, a duas pessoas que estiveram presentes à época da elaboração e publicação desta obra, em sua primeira edição: Eduardo Carvalho Monteiro e Otávio Melchiades Ulysséa.

Carlos Antonio Fragoso Guimarães
João Pessoa, Paraíba, 22 de agosto de 2019

Introdução

O objetivo deste trabalho é o de destacar fatos da vida do grande psiquiatra e psicanalista suíço Carl Gustav Jung (1875-1961) ligados, direta ou indiretamente, ao seu interesse e aos seus pensamentos acerca dos chamados *fenômenos psi*, ou seja, aqueles fatos associados ao que se chama ordinariamente de eventos paranormais e dos quais sua vida foi especialmente rica. Portanto, o nosso relato sobre sua biografia e obra se restringe a essa delimitação precisa, já que muitas outras biografias mais aprofundadas e globais a respeito de Jung vêm sendo publicadas em ritmo crescente desde a década de 1980.

Detentor de um intelecto poderoso, de uma cultura enciclopédica e de uma criatividade genial, as obras e as ideias de Jung apenas depois de sua morte, ocorrida em 1961, vêm adquirindo o espaço e a posição que merecem, abarcado áreas que vão da psiquiatria, psicologia, antropologia, epistemologia, educação e arte até o estudo comparado de religiões e problemas sociais.

Inicialmente, seu vasto trabalho pareceu ter atingido mais a atenção de outras ciências, como a física, a antropologia, a filosofia e o estudo comparado das religiões do que propriamente a psicologia e a psiquiatria acadêmicas, mas esta injustiça está sendo reparada rapidamente nos últimos trinta e cinco anos. Fundador da Psicologia Analítica, sua influência também se estendeu sobre novas correntes da psicoterapia, como na Psicologia Humanista dos anos de 1960 e 1970, e, mais recentemente, ele é considerado um dos fundamentos de novas propostas teóricas, como a Psicologia Transpessoal.

O interesse de Jung acerca dos fenômenos psíquicos, incluindo nestes os denominados *mediúnicos*, *espiritas*, *metapsíquicos* e/ou *paranormais*, não é nenhuma novidade e foi mesmo um dos motivos da resistência de suas ideias nos meios acadêmicos tradicionais durante um bom tempo, em especial, nos departamentos de Psicologia, em grande parte pela postura um tanto dogmática de alguns psicanalistas que viam Jung, de início o "príncipe herdeiro de Freud", tanto como um dissidente da corrente freudiana ortodoxa, como também uma espécie de místico e, portanto, indigno de adentrar as salas ou currículos das universidades, a não ser secundariamente. Mas, ao contrário do que muitos de seus críticos apontam, Jung sabia muito bem diferenciar o joio do trigo netas áreas polêmicas, tendo feito ou participado diretamente de várias experiências e experimentos com cientistas de seu tempo preocupados com tais temas. Por exemplo, ele estudou as capacidades do médium Rudy Schneider em condições controladas, junto com o psiquiatra alemão Albert von Schrenck-Notzing e de seu antigo mentor na clínica psiquiátrica Burghölzli de Zurique, o igualmente célebre Eugen Bleuler. Estes experimentos serão relatados no decorrer deste livro.

Além disto, Jung participou na qualidade de comentarista correspondente – assim como Freud –, bem como palestrante, de reconhecidos e sérios institutos de pesquisas psíquicas, como a *Society for Psychical Research, SPR,* de Londres, que tinha entre seus membros cientistas e intelectuais, alguns deles mundialmente reconhecidos, mantendo farta correspondência com pesquisadores da Metapsíquica e da Parapsicologia de várias instituições e universidades, como o Dr. Joseph Banks Rhine, da Universidade de Duke, Carolina do Norte, Estados Unidos, e o Dr. Hans Bender, do *Institut für Grenzgebiete der Psychologie und Psychohygiene*, de Freiburg, Alemanha.

Seu senso crítico também o fazia crítico ou opositor de pretensos movimentos místicos que, em seu entender, buscavam exaltar o emocional e o fantástico em detrimento da compreensão global das manifestações psíquicas. Não achava ele que certos movimentos "esotéricos", como a teosofia de Helena Blavatsky, fossem dignos de interesse e considerava animalesca e perigosa a vertente ocultista criada, na Inglaterra, por Aleister Crowley e que atraiu a atenção de tanta gente, a partir do interesse de alguns artistas, especialmente durante a década de 60 do século XX.

Do mesmo modo, ele via como uma espécie de fuga das responsabilidades e de suas próprias raízes psíquicas o mergulho pretensamente integral de alguns ocidentais nas tradições, doutrinas e filosofias orientais, que, ademais, eram muito admiradas por Jung. Ele concordava que conceitos e pensamentos das tradições eram excelentes e apropriados para quem nascia nessas culturas, mas seu resultado poderia ser bastante diferente, mesmo o contrário do esperado, em pessoas advindas de um contexto ou culturas diferentes. Ainda assim, Jung estimulava o estudo do pensamento não ocidental, a partir do reconhecimento e assunção da própria tradição ocidental, como potencialmente benéfica, estimulando novos *insights* e produzindo a reflexão autocrítica necessária à percepção das limitações e das pretensões imperialistas étnicas, da cultura da sociedade industrial, acreditando que uma síntese (*não uma mistura*) construtiva de tradições seria possível, possibilitando novas posturas de pensamento sobre o homem e suas manifestações culturais.

Jung sentia que, em seu tempo, muitos ocidentais tendiam a procurar o exótico Oriente (assim como os movimentos esotéricos) sem se aperceberem de que tal busca era um sintoma ou manifestação da carência espiritual corrente no Ocidente, uma compensação de um vazio espiritual e expressão, em uma forma simbólica, de busca de sentido, uma tentativa de recuperar uma mensagem mais significativa diante da insatisfação com o não cumprimento das promessas de felicidade e bem-estar da modernidade e seus modelos de relacionamento sociais utilitaristas, imediatistas, materialistas e competitivos, idealizando e projetando fora, no Oriente (como antes o fora no ideário do *"céu"* cristão), a existência e a possibilidade de vivenciar o *"paraíso perdido"*[1] a que o modelo econômico e cada vez mais impessoal da cultura industrial ocidental parecia se contrapor, forçando assim uma ruptura e um desligamento de elementos importantes da própria psique apartada da cultura onde se desenvolveu, o que, apesar dos esforços, nunca é conseguido completamente e que, por força da repressão, acaba por emergir na conciencia, exigindo uma compensação.

A ânsia por espiritualidade, quando reprimida ou recalcada, acaba por se manifestar de forma doentia, em uma espécie de paródia negativa da busca por sentido, em uma reação desequilibrada. Boa parte das aberrações de cunho religioso fundamentalista e do extremismo político em suas diversas vertentes, ocidentais ou orientais, e que vemos avançar no mundo em pleno século XXI, pode ser interpretada como forte síntoma social de recalque desta universal busca por espiritualidade e do fracasso das tradições religiosas institucionais em orientar e dar acolhimento a esta ansiedade universal pelo espiritual em um mundo cada vez mais dessacralizado e instrumentalizado. O reprimido assim se manifesta em violência e táticas de exploração. Se vivo fosse, certamente Jung não deixaria de tecer irônicos comentários acerca dos pretensos gurus orientais vindo fazer fortuna no Ocidente materialista, e certamente teria críticas ainda mais ácidas a ocidentais que se fazem gurus orientais, até mesmo mudando o nome por outros de inspiração, por exemplo, hinduísta, para fazer fortuna em *workshops* e eventos de finais de semana, em cursos e palestras *fast food*, por vezes atrás de uma planejada barba branca ou de roupas de seda colorida em meio a fumaças de incensos, impedindo que seus frequentadores possam tecer quaisquer comentários ou criticas às suas verdades expostas. A mesma crítica, ou talvez ainda mais ácida, Jung faria aos atuais doutores da lei que ser arvoram como tais em diferentes vertentes cristãs, falando de Deus no céu e estabelecendo impérios teocráticos na Terra, demonstrando na prática o con-

[1] Sobre a força psíquica desta idealização e o significado da busca simbólica do sentido existencial e espiritual do "paraíso perdido", veja-se o interessante estudo de Mircea Elidade, a partir das contribuições de Jung, na introdução de seu livro *Imagens e Símbolos*, publicado no Brasil pela editora Martins Fontes, 1996.

trário do que pregam em seus púlpitos ou mídias...

Portanto, nada menos verdadeiro no tocante a Jung que o interpretar como um místico, no sentido negativo do termo.

Para Jung, é necessário desconfiar de uma sabedoria que não é fruto da reflexão e da maturidade obtidas pelos próprios esforços e tampouco sem ligação com seu próprio contexto cultural, o que não exclui, claro, o contato construtivo e inter-relação com pessoas de culturas e diferentes tradições. Mas como ninguém pode realmente repassar a outrem uma história de vida e muito menos um conhecimento que foi elaborado em um contexto para outro sem que haja interferências e adaptações por vezes graves, melhor seria integrar as abordagens, criando canais de mútuo diálogo e compreensão e lutar por modificar no que for possível aquilo que nos incomoda na própria cultura, o que pode ficar mais claro a partir do contato com abordagens e culturas diferentes, tendo o cuidado de não misturar tradições cujos contextos históricos e sociais são fundamentalmente singulares, sob o risco de perdermos, num caldo amorfo, o melhor dessas diferentes culturas. Os grandes mestres espirituais apenas apontam caminhos possíveis de orientação que, para eles, foram úteis, deixando, contudo, aos discípulos a tarefa de caminhar por si mesmos. Ademais, sendo um crítico mordaz das diversas teologias e instituições criadas ao redor de Jesus, como elementos de apropriação de sua mensagem para fins nem sempre espirituais, Jung via no cristianismo a via espiritual mais indicada para o estilo ocidental, posto que, bem ou mal, foi a força da mensagem de Cristo que moldou a nossa cultura.

Jung também era especialmente crítico no que se refere à alienação do homem moderno pela estrutura social burocrática e hiper-racionalizada que estimula o desempenho de funções socialmente ou laboralmente esperadas em padrões de comportamento estereotipados. Reduzindo pessoas a papeis de produção e consumo, superficializando as relações sociais, Jung via no materialismo e mecanicismo do século XX, com suas crises econômicas e posturas de violência e intolerância, a expressão da fragmentação psíquica das pessoas, em que desajustes emocionais e sociais em nível individual tinham sua contraparte nos conflitos e no aumento de tensão entre países, cuja contrapartida se expressa em atuações de psicopatologia social eminentemente suicidas, dos crimes ecológicos à promoção de corporações e seus interesses acima do bem-estar comum, estimulando o vazio existencial que leva ao desespero, à violência e à escalada do poder por quaisquer meios. A grande maioria da população, sendo desde a infância preparada e bombardeada por meio da mídia para aceitar como normais e inevitáveis os interesses impessoais e mesmo nocivos do grande mercado, dificilmente pode ter consciência da manipulação a que está submetida e muito menos, em tal contexto, encontrar um ambiente favorável ao processo de individuação, ou seja, ao desenvolvimento de suas potencialidades – isso quando a pessoa ainda tenha a sorte de nascer em um meio que permita ao menos adentrar na "luta pela sobrevivência", pois o sistema social atual deixa milhões à margem mesmo desta oportunidade, onde o Estado de Bem-Estar Social é visto como entrave ao modelo acumulativo neoliberal que aprofunda cada vez mais a distância entre uma minoria rica e as demais pessoas.

Portanto, Carl Gustav Jung tinha uma noção clara e lúcida dos potenciais e perigos do drama humano que produz a cultura e a história, ainda que o mesmo ser humano que os produz nem sempre tenha consciência disto. Também estava claro para ele que boa parte dos perigos humanos vem do descaso com que nossa cultura hedonista e materialista trata das questões espirituais e dos potenciais humanos pouco compreendidos, o que inclui, claro, os potenciais psíquicos.

O fato de Jung ter vivenciado durante toda a sua vida uma série de *fenômenos paranormais* dava-lhe a certeza de que nosso conceito ordinário de realidade, baseado em uma visão de mundo eminentemente mecanicista, era por demais estreito e cruel, e este deveria ser ampliado o quanto antes, se queremos evitar um mal pior a nós mesmos e ao planeta como um todo.

Talvez a lucidez e perspicácia profética das ideias de Jung nos possam ajudar a rever padrões de pensamento e de comportamento, ajustando os fenômenos psíquicos em um contexto menos hostil e em um novo modelo de realidade que seja menos mecanicista e mais orgânico, portanto, mais equilibrado, permitindo-nos, como em Shakespeare, intuir que temos muito o que aprender, e perceber que entre o céu e a terra existem realidades muito além dos limites de nossa condicionada percepção de mundo....

Carlos Antonio Fragoso Guimarães
João Pessoa, Paraíba, 27 de julho de 2003

Capítulo I

Os fenômenos psíquicos e suas ocorrências na família Jung

Definição Geral de Fenômenos Psíquicos

Denomina-se de *Fenômeno Psíquico* – ou *Psi* – todo e qualquer evento que esteja atrelado a ocorrências significativas não-ordinárias e marcantes para uma ou algumas pessoas, envolvendo a obtenção de informações por vias não comuns e/ou na produção de manifestações físicas (como movimento de objetos) que aparentem por vezes expressar uma ação inteligente não passível de ser explicada a contento por causas físicas ou ordinárias. São aparentemente ligados a fatores psicológicos, cuja ação (ou ações) causal (causais) é (são) *ainda* desconhecida(s) ou pouco conhecida(s). Também são chamados de *Fenômenos Paranormais*, ou seja, fora ou em paralelo aos limites conhecidos familiarmente das ocorrências normais. Fatos normais se enquadram facilmente em um modelo formado por um conjunto de eventos já conhecidos, enquanto os ditos paranormais escapariam ao enquadramento deste conjunto, ainda que em hipótese e de forma provisória, podendo um dia, ao ampliar-se o conhecimento e os paradigmas científicos, passar a ser melhor compreendidos, explicados e, portanto, adentrando o quadro dos fatos "normais".

Classificam-se os fenômenos psíquicos ou paranormais, segundo o Dr. Joseph Banks Rhine (itens A e B seguintes), em:

A) Fenômenos *Subjetivos* de Obtenção de Informações sem o concurso imediato dos órgãos sensoriais, portanto, através de uma forma de *Percepção Extra-Sensorial* – **PES** (*Extra--Sensory Perception*, ou *ESP*, em inglês). Nesta modalidade tem-se como exemplos a telepatia, a clarividência ou visão remota, precognição etc.[1]
B) Fenômenos de *Manifestação Física Objetiva* envolvendo, por vezes, uma ação aparentemente intencional, chamada de *Telecinese* ou *Psicocinese* (*Psychokinesis* em inglês, ou *PK*). Qualquer manifestação física aparentemente inexplicável, mas atrelada a uma pessoa ou a um lugar etc., pode ser tomada como exemplo de Psicocinesia: movimento de móveis sem uma causa convencional aparente; transporte de objetos; materializações etc.
C) Devemos citar uma terceira categoria, além das duas anteriores formuladas por Rhine, e de aceitação bastante polêmica nos meios dedicados ao estudo dos fenômenos paranormais por ser atrelada àquelas manifestações que parecem estar, direta ou indiretamente, ligadas à ação de agentes não físicos, mais especificamente de pessoas mortas, provocando ou atuando tanto em eventos PES quanto PK. Constituiriam, portanto, o conjunto de fenômenos denominados *Psi-Theta*. Entre estes estariam as manifestações inteligentes através de aparições ou por meio de médiuns, com aspectos intencionais e informes independentes da capacidade de conhecimento dos presentes, ou por meio de fenômenos físicos com características inteligentes, como batidas etc. Há igualmente em uma outra modalidade de fenômenos que apontariam para a hipótese da sobrevivência pós-morte: as ocorrências de certa me-

[1] *Telepatia* seria a capacidade de uma mente (receptora) obter informações contidas na mente de uma outra pessoa (emissora); *clarividência* é a capacidade de se obter informações sem que os cinco sentidos fisiológicos comuns pareçam estar diretamente envolvidos e sem que um emissor esteja transmitindo a informação ao sujeito receptor (caso que caracterizaria uma *telepatia*). *Visão remota* é a capacidade de ver algo distante do alcance normal dos sentidos. É o mesmo que clarividência. *Precognição* é a capacidade de prever um fato futuro sem que se conheçam as causas que o antecedem, ou sem que estas ainda se tenham dado.

mória extracerebral em crianças tenras que dizem ser pessoas que morreram antes de seu nascimento, sugerindo *reencarnação*. Outras formas de manifestação envolvendo o *Psi-Theta* são dadas por algumas modalidades de fenômenos *poltergeists* cujas manifestações físicas apresentam uma intencionalidade independente de haver ou não um epicentro humano vivo etc. Esta nova categoria (*Psi-Theta*) é aceita por nomes de peso da área de estudos Psi ou Parapsicologia, como os Drs. Ian Stevenson, Karlis Osis, Erlendur Haraldson, Hans Holzer, Hernani Guimarães Andrade, Elizabeth Kübler-Ross, Carlos Alberto Tinoco, entre outros.

Os fenômenos de *PES* (ou *ESP*) são também denominadas *Psi-Gama*, e os fenômenos de *PK* são também denominados de *Psi-Kappa*, segundo a classificação de Thouless e Wiesner, adotada no 1° Congresso Internacional de Parapsicologia, realizado na cidade de Ultrech, Holanda, em 1953. Mas, apesar da classificação e descrição analítica dos fenômenos, muito pouco ou quase nada se sabe sobre *a causa* (ou *causas*) destes, ou dos fatores que exerçam influência sobre sua manifestação, e menos ainda sobre a natureza da *função psi*, ou seja, da faculdade de captação de informações e de ação física atribuída à mente (viva ou desencarnada, dependendo das hipóteses). A forma e meio como tais fenômenos se dariam ainda é, em grande medida, um mistério. Percebemos e descrevemos o *como* se apresentam à nossa consciência tais fenômenos, mas as explicações que atualmente temos e elaboramos, a partir do que entendemos por realidade dentro do paradigma ou visão de mundo dominante, não parece se adequar à *essência* ou ao *modo* como se dão tais fenômenos. O que se tem atualmente é um conjunto disperso de hipóteses, algumas teorias mais ou menos questionáveis e várias escolas quase sempre conflitantes que tentam dar uma coerência e uma explicação a um determinado conjunto de fenômenos (efeitos) que possuem características em comum, mas dos quais se desconhecem realmente, em sentido positivo, as causas, embora sejam conhecidos os aspectos gerais de suas manifestações e os seres a estas vinculadas (os fenômenos paranormais parecem ocorrer e atrelar-se a um vasto leque de seres vivos, incluindo animais e plantas, além dos seres humanos). Provavelmente a causa destes fenômenos deva-se, em hipótese, a um fator sutil, não físico, ainda desconhecido, mas estreitamente relacionado com a biologia, chamado por Rhine de *fator psi*.[2]

Uma análise aprofundada sobre as teorias e características dos *fenômenos psi* e do *fator psi* foge bastante da proposta deste trabalho. Acreditamos, contudo, que esta apresentação sumaríssima dos chamados eventos paranormais seja por enquanto o suficiente para o reconhecimento de alguns fatos não usuais bastante significativos ocorridos durante toda a vida do psicanalista suíço Carl Gustav Jung (1875-1961) bem como de vários membros de sua família, sendo alguns deles mesmos presenciados por alguns amigos e testemunhas.

No decorrer deste estudo iremos, paulatinamente e quando necessário, aprofundar-nos um pouco mais nos meandros destes fenômenos, tanto em termos descritivos, quanto em termos teóricos, remetendo, porém, sempre que possível, o leitor aos livros apropriados para um melhor entendimento tanto da Parapsicologia, quanto da teoria psicanalítica, bem como aos fundamentos originais da própria teoria junguiana da psique humana.

Os eventos psi em Jung

Em uma carta ao parapsicólogo Dr. Joseph Banks Rhine (1895-1980), datada de 25/9/1953, em resposta à solicitação deste para que Jung reunisse suas experiências e vivências parapsicológicas pessoais, assim se expressou o criador da Psicologia Analítica e pai da Psicologia Transpessoal:

> Não tenho certeza se posso reunir todas as minhas

[2] Para um entendimento das características atuais da parapsicologia, é recomendado a leitura dos seguintes livros: ***Parapsicologia e Ciência***, de Carlos Alberto Tinoco, Ibrasa, 1994; ***Parapsicologia Experimental***, de Hernani Guimarães Andrade, Pensamento, 1993 e ***Parapsicologia Atual***, de J.B. Rhine & Robert Brier, Cultrix,1996. Para uma apreciação histórica dos estudos psíquicos e sua evolução, bem como sua fronteira com a questão da sobrevivência após a morte, recomendamos o livro ***Evidências da Sobrevivência***, de Carlos Antonio Fragoso Guimarães, Editora Madras, São Paulo, 2004.

> reminiscências sobre os acontecimentos parapsicológicos. Foram muitas. (...). As pessoas que sabem que existem tais coisas não precisam de confirmação ulterior, e as pessoas que não querem saber estão livres – como estiveram até hoje – para dizer que lhes contamos histórias de fadas. Encontrei tanta resistência desencorajadora que estou fartamente convencido da estupidez do mundo erudito. (...)
>
> (...). **O aspecto mais importante da PES é que ela relativiza os fatores espacial e temporal.** E isto vai muito além da Psicologia. Se o espaço e o tempo forem psiquicamente relativos, então a **matéria** também o é (pela existência da telecinese!); assim a *causalidade seria apenas estatisticamente verdadeira*, o que significa que há inúmeras *exceções acausais, quod erat demonstrandum.*
>
> Como ninguém sabe o que é a telepatia, precognição ou clarividência (a não ser que são nomes para grupos de acontecimentos mal definidos), podemos designá-las perfeitamente como x,y e z, isto é, três *incógnitas* que não conseguimos definir, ou seja, não conseguimos (plenamente) diferenciar x de y e y de z etc. Sua única característica óbvia é a de serem designações arbitrárias de *um fator desconhecido*. Pode até mesmo ser que x=y=z e provavelmente vale que *principia explicandi praeter necessitatem nin sunt multiplicanda!!*[3] Mas parece que ninguém se dá conta deste gancho.[4]

Do exposto nesta carta, fica patente não só o profundo conhecimento de Jung quanto ao desenvolvimento das pesquisas em parapsicologia, como, também, sua familiaridade entre as implicações desta com os progressos da Física moderna, em especial a física quântica, pela qual Jung muito havia se interessado, tendo construído amizades sólidas com

[3] Jung sempre gostava de citar frases em várias línguas, em especial em latim. Esta, atribuída a William Occam (1285-1349) diz: "Os princípios explicativos não devem ser multiplicados além do necessário", o que ficou conhecido como *lâmina de Occam*.

[4] C.G. Jung, *Cartas*, Volume II, Editora Vozes, 2002, p. 297

vários físicos teóricos proeminentes do século XX que se interessavam muito pela sua teoria psicológica, em especial com o Prêmio Nobel de Física Wolfgang Pauli. Também demonstra sua ciência às resistências e rejeições de tais ocorrências no mundo considerado erudito, formado, em sua maioria, por pessoas imersas em meio ao paradigma e aos modelos de pesquisas ao velho estilo positivista, resistentes à constatação dos fenômenos paranormais por estarem profundamente encharcadas do modelo de mundo da física clássica de Newton e da filosofia da visão mecanicista de Descartes, que sustentam a concepção de um universo mecânico determinístico e basicamente material.

Porém, o mais importante é sua afirmação de que durante toda a sua vida ele presenciou ao seu redor vários fenômenos aparentemente anômalos, comumente chamados de parapsicológicos. E embora, na carta citada, ele pareça recusar-se a citá-los, iremos encontrá-los espalhados ao longo de suas outras cartas (várias dirigidas ao próprio Rhine), em muitas de suas entrevistas, em várias passagens de sua autobiografia *Memórias, Sonhos, Reflexões*, e nas narrações de vários amigos e discípulos, como iremos ver ao longo deste trabalho. E é a partir de todo este material que começamos a perceber que a vivência de fatos psíquicos não era algo singular e restrito ao grande psicanalista suíço, mas um evento muito comum e relativamente constante dentro da família de Jung.

As raízes

Os pais de Jung, Johann Paul Achilles Jung (1842-1896) e Emilie Preiswerck (1848-1923) – ambos na foto ao lado, extraída de *O Homem e Seus Símbolos*, de Jung e colaboradores –, eram ambos filhos mais novos de famílias que tiveram, cada, 13 crianças.

Ambos, Paul e Emilie, pela rígida educação religiosa a

que foram submetidos, tinham dificuldades em lidar com a própria sexualidade, o que trouxe problemas graves na estrutura emocional da família, algo relativamente comum na época vitoriana de rígidos padrões morais, agravados pelo fato de Jean Paul ser pastor luterano de pequenas comunas interioranas, assim como dois de seus irmãos, sendo que Emilie era igualmente filha de pastor e ter nada menos que mais seis irmãos dedicados aos serviços da teologia luterana. O pobre Carl Gustav, nascido em 1875, acabaria sendo um solitário filho único até que, nove anos após seu nascimento lhe veio a nascer uma única irmã, Johanna Gertrud Jung (1884-1935). Se esta família religiosa e reprimida acabaria por sentir os efeitos emocionais da rígida moral luterana do período vitoriano, que encarava o sexo e o contato físico como algo pecaminoso, lutando ingloriamente para abafar e reprimir suas próprias energias, isso, porém, não impedia (ou até mesmo estimulava) a manifestação de certas ocorrências "estranhas" em que vários membros da família vivenciaram agudamente fenômenos mediúnicos, já percebidos em alguns antecedentes da família.

O avô materno de Carl, Samuel Preiswerck (1799-1871), por exemplo, foi um teólogo brilhante, considerado verdadeiro mestre em estudos hebraicos e históricos. Casara-se duas vezes. Sua primeira esposa, Magdalene, veio a falecer durante um difícil parto. Já a segunda, Augusta Faber (1805-1865), deu-lhe mais treze filhos. Mas o velho Samuel, além de ser um *expert* em línguas e história bíblicas, também ficou famoso pelo seu sólido interesse pelo espiritualismo, pelo espiritismo e pelo chamado ocultismo, rótulo dado, após o iluminismo do século XVIII, de modo genérico, a áreas de estudos que não pareciam se enquadrar na ciência empírico-racionalista e que incluía qualquer modalidade de fenômeno de aparência mística ou religiosa.

Devido à distância e ao predomínio do pensamento mecanicista de hoje não podemos bem avaliar o quanto o surgimento dos estudos mais ou menos sistematizados dos fenômenos psíquicos chamou a atenção de grandes intelectuais do século XIX, nas Américas e na Europa.[5] O fato é que, em

[5] C.f. o Capítulo VI, mais adiante, "Jung e o Espiritismo".

todo caso e além destes enquadramentos conceituais, Samuel dizia ver espíritos, muitos dos quais presenciavam suas prédicas e sermões na igreja, às vezes mesmo recebendo deles informações de esferas espirituais mais elevadas, à maneira do filósofo, escritor e médium sueco do século XVIII, Emmanuel Swedenborg (1688-1772), amigo de outro grande filósofo da época, Immanuel Kant, que relatou algumas das visões de Swedenborg.

A grande e irônica coincidência (em uma forma notável de sincronicidade, como diria Carl Jung mais tarde), contudo, era que a esposa de Samuel, Augusta Faber, também tinha o mesmo dom: ela via pessoas desconhecidas cuja existência histórica era comprovada em pesquisa ulteriores, e muitas vezes, Samuel pedia que Augusta estivesse perto dele durante seus sermões, para não fosse perturbado ou surpreendido por algum espírito mal intencionado que viesse a lhe atrapalhar a concentração ou o discurso. A pobre Augusta nada tinha contra este expediente, mas ela não tinha a mesma tolerância quanto ao hábito semanal do marido de conversar longamente com sua finada primeira esposa em seu escritório, no qual havia uma poltrona especialmente reservada para ela, sentindo uma aguda sensação de ciúmes quando, mesmo estando o escritório trancado, podia ver o espírito de Magdalene se dirigir ou sair do mesmo. Posteriormente, sua filha Emilie, mãe de Jung, tomaria a mesma função desempenhada por Augusta durante as homilias de Samuel, só que no escritório do pai, ficando sentada em uma cadeira posta atrás dele para deixar os espíritos quietos enquanto o pai trabalhava os seus sermões, pois ele não suportava o trânsito de espíritos às suas costas.[6] Emília também herdaria o interesse dos pais pelo espiritismo e transmitiria ao filho o interesse, além dos dons mediúnicos que também possuía, embora em grau menor que em seus pais. Deixou também um diário exclusivo para as anotações de suas visões, premonições e outras "coisas estranhas" por ela vivenciadas.

Do lado paterno, a herança não era menos interessante. Os registros sobreviventes mais antigos apontam para um ou-

[6] Cf. ANIELA JAFFÉ, *Ensaios sobre a Psicologia de C. G. Jung*, Ed. Cultrix, 1993 p. 13.

tro Dr. Carl Jung – que era possivelmente ligado aos rosacruzes – e que morreu em 1645. O orgulho da família, porém, era o avô de Jung, pai de Johann Paul, que daria nome ao neto, o Dr. Carl Gustav Jung (1794-1864). Político e médico, o avó de Jung trocou a Alemanha pela Suíça em 1820, tendo-se dedicado ao ensino universitário, renovando a ação acadêmica em Basiléia, onde desenvolveu inúmeros trabalhos científicos, melhorias no atendimento aos pacientes, ações de profilaxia higiênica e criação de uma instituição psiquiátrica para atendimento de crianças com problemas mentais e emocionais, do qual foi diretor até sua morte. Seguindo a tradição da família, também era interessado naquilo que se chamava genericamente de ocultismo e foi Grão-Mestre da Maçonaria da Loja Suíça, embora, também seguindo a tradição da família, tivesse sérios problemas afetivos com sua terceira esposa, Sophie.

A tradição mediúnica da família e o interesse pelos chamados fenômenos "ocultos" parecem ter tido um vínculo hereditário. Não apenas Jung, como alguns de seus filhos, em especial Agathe, por várias vezes presenciaram eventos paranormais, durante toda a vida, como iremos ver mais adiante.

Capítulo II

Uma infância solitária

Carl Gustav Jung nasceu no dia 26 de julho de 1875, em Kesswil, às margens do lago de Constança. Com apenas seis meses, a pequena família mudou-se para o modesto presbitério do castelo de Laufen, perto das cataratas do Reno, em Schaffhausen.

Embora de início extremamente apegado aos pais (apesar de que várias vezes Carl parecesse ressentido com o distanciamento posterior do pai, mergulhado em sua crise de fé e frustração matrimonial, ele descreve lembranças ternas ao lado do genitor), o jovem Jung tinha sensibilidade suficiente para perceber que algo não ia muito bem na relação familiar, o que criava uma tensão emocional no sistema familiar que foi expressa psicossomaticamente através do filho, que desenvolveu um eczema, conforme relato do próprio Jung: "Eu sofria, segundo minha mãe, de um eczema generalizado. Obscuras alusões a dificuldades da vida conjugal de meus pais pairavam em torno de mim. Pode ser que minha doença se relacionasse com uma separação momentânea de meus pais em 1878".[1] Esta breve separação, ocorrida quando Jung tinha apenas 3 anos, em um ambiente familiar estranhamente tenso, acabaria por criar uma ferida em sua alma que nunca foi completamente cicatrizada. Além disto, com o tempo, o comportamento de Emilie passou a ser cada vez mais melancólico,

[1] C.f. JUNG, *Memórias, Sonhos, Reflexões*, Círculo do Livro, 1991, p. 26.

retraído, embora algumas vezes ela parecesse repentinamente mudar e apresentar uma personalidade forte e marcante.

Jung dizia que Emilie apresentava duas personalidades: uma, triste e passiva, que ele chamava de personalidade número 1. A outra, porém, parecia ser o contrapeso da primeira. Era firme e decidida, muitas vezes capaz de percepções profundas da realidade, e mesmo apresentando certas premonições do futuro. A este outro aspecto de Emilie, Jung chamava, claro, de personalidade número 2.

Como era filha de dois grandes médiuns, Samuel e Augusta Faber Preiswerck, o dom de perceber fantasmas e mesmo o de clarividência intuitiva também lhe era característico, embora de forma menos intensa que em seus pais. Esta capacidade, por sua vez, seria repassada ao seu filho Carl, como teremos inúmeras oportunidades de constatar. Para completar o quadro psicoemocional *sui generis*, a empregada da família e babá do pequeno Carl – que de certa forma, doava ao pequeno o amor feminino de que a criança carecia – para o menino "de um modo incompreensível estava como que ligada a coisas misteriosas que eu não podia compreender. Seu tipo tornou-se mais tarde um dos aspectos da minha *anima*.[2] Ao seu contato eu experimentava o sentimento de alguma coisa insólita e ao mesmo tempo desde há muito conhecida: tal era a característica dessa figura que foi mais tarde para mim a quintessência do feminino".[3] Infelizmente, não temos maiores detalhes da personalidade e aspecto desta moça que lhe causou tão profundo impacto na infância.

Uma outra presença feminina que lhe marcou os primeiros anos era a da jovem e bela Bertha Schenk, de sedosos cabelos loiros e marcantes olhos azuis, admiradora do trabalho de Paul e que seria, futuramente, a mãe de Emma Rauschen-

[2] Na teoria junguiana, a *anima* é o arquétipo ou estrutura psíquica que constitui o componente feminino, inconsciente, da psique masculina.

[3] .I. Jung, *Memórias, Sonhos Reflexões*, p. 27. É conveniente compreender que o termo *Anima* (alma) se refere, em termos gerais, tanto aos aspectos culturalmente considerados próprios do feminino quanto ao ideal do feminino presente na psique masculina, do mesma forma que o *Animus* seria o ideal masculino presente na psique feminina, segundo a teoria junguiana da personalidade. Como ideal inconsciente, a pessoa pouco ou nada sabe deste aspecto complementar de seu gênero biológico até que a projeção da anima sobre alguém do sexo oposto promove o fenômeno da paixão. Cf. JOHNSON, *We, a Chave da Psicologia do Amor Romântico*, Editora Mercuryo, 1988.

bach, a igualmente bela futura esposa de Carl Gustav Jung.

O menino Carl era basicamente uma criança solitária, que gostava de brincar com blocos de montar e de desenhar, e também da estar na pequena e rural escola primária, principalmente pela oportunidade de encontrar os companheiros que lhe faltavam no lar. Na escola simples em que estudava, Carl poderia interagir com colegas da mesma idade, brincar e passear entre arvores, admirar as montanhas e se distrair um pouco, esquecendo do clima um tanto frio de seu próprio lar.

Em casa, a melancolia de Emilie era agravada pela incapacidade de Paul em compreender o seu significado emocional, seu elemento de expressão sem palavras diante do distanciamento do marido, perdido que parecia estar ele em seus próprios problemas e crises de fé. Só mais tarde, Sigmund Freud e alguns outros iriam apontar o quanto a sociedade repressora da segunda metade do século XIX, no tocante à sexualidade, produziu uma verdadeira população de neuróticos, que lutavam para negligenciar e reprimir seus próprios instintos e pulsões. Mas a sensibilidade do pequeno Carl conseguia muito bem captar não só o clima pesado entre seus pais como mesmo algo ainda mais estranho e que parecia estar ligado à tristeza de sua mãe.

Jung aos seis anos de idade

A depressão recorrente de Emilie criava um clima que, estabelecendo certo padrão psíquico, atraia ou produzia fantasmas aparentemente na mesma sintonia emocional que ela, influenciado seu comportamento. Isto fica claro nas memórias do Jung da maturidade que assim se expressou:

(...) a atmosfera noturna começara a adensar-se;

> toda espécie de mistérios angustiosos e indecifráveis pairava no ar. Meus pais dormiam separados, da porta que conduzia ao quarto de minha mãe vinham influências inquietantes. De noite, minha mãe tornava-se temível e misteriosa. Uma noite, vi sair de sua porta uma figura algo luminosa, vaga, cuja cabeça se separou no corpo e planou no ar, como uma pequena lua. Logo apareceu outra cabeça que também se elevou. Esse fenômeno repetiu-se umas seis ou sete vezes.[4]

Anos mais tarde, estes eventos vívidos e que deveriam ser assustadores para o menino seriam parte dos motivos que fariam Jung se interessar por fenômenos de materializações de fantasmas, tendo mesmo presenciado alguns deles em experimentos realizados na década de 1920, como iremos ver mais adiante e como fica claro neste trecho de uma carta enviada por ele ao Prof. Fritz Blanke, de Zurique, em 10 de novembro de 1948:

> (...) Essas coisas são naturalmente incompreensíveis com os conhecimentos atuais da fisiologia. Mas rejeita-las como totalmente impossíveis, há que ter certo cuidado. Há muitas coisas que foram consideradas impossíveis antigamente, mas que hoje são consideradas possíveis e comprováveis.
>
> É óbvio que não tenho explicação para isso, mas estou propenso a examinar a possibilidade desses fenômenos no campo da parapsicologia. Eu mesmo observei processos de materializações e verifiquei que naqueles lugares do corpo onde saiam materializações ectoplásmicas, o grau de inonização da atmosfera próxima à pele (do médium) era sessenta vezes maior que o normal (...). Infelizmente essas coisas foram ainda pouco pesquisadas. É assunto para os próximos séculos.[5]

O pequeno Carl igualmente sentia que o clima tenso entre os pais provocava uma angústia que se refletia não apenas em visões objetivas, mas também em seus sonhos e expressos

[4] Cf. Jung, *Memórias, Sonhos, Reflexões*, p. 35
[5] JUNG, *Cartas*, volume II, p. 116

somáticas. Por volta dos sete anos, ele mais uma vez expressou a tensão emocional do sistema familiar ficando doente de pseudocrupe, com acessos de sufocação. Quando acamado, igualmente via estanhas figuras flutuando ao seu lado e à frente do leito, semelhante aos "*orbs*" e glóbulos registrados por alguns pesquisadores de eventos paranormais.

Recordaria Jung décadas depois:

> Durante estas crises ficava de costas na cama, inclinado para trás, e meu pai me sustinha. Um círculo azul-brilhante, do tamanho da lua cheia e onde se moviam formas douradas que eu tomava por anjos, pairava sobre mim. Essa visão aliviava a angústia da sufocação cada vez que ocorria. Mas a angústia reaparecia nos sonhos. Creio que um fator psicogênico desempenhou em tudo isso um papel decisivo: a atmosfera começava a tornar-se irrespirável.[6]

Além de seu genitor ser um religioso profissional, Carl tinha mais dois tios pastores por parte de pai, e mais seis por parte de mãe. O pietismo quase sempre formal e, portanto, insípido da religião sem plena convicção acabou por fazer, aos seus olhos de menino, que a figura teológica sobre-humana institucionalmente apresentada do "Senhor Jesus" se parecesse com uma pessoa pouco compreensiva e algo mórbida, pouco benevolente, a quem, diante das exigências para se esperar a salvação, se devia mais temer que amar e que apenas se acercava dos seus fiéis por uma espécie de obrigação, apenas para impedir que o Diabo as arrebatasse, cobrando, segundo a mensagem sub-reptícia dos pastores, de seus adoradores uma perfeição moral extremamente irrealista. De alguma forma também, o "Senhor Jesus" dos pastores e teólogos estava muito vinculado às tristes figuras de homens vestidos de negro, que sempre o invocam durante as cerimônias fúnebres na esperança de uma vida além do visível ao mesmo tempo em que era apresentado como um rígido juiz a exigir dos fiéis um comportamento de autocensura e que era condição *sine qua non* para evitar as chamas do inferno. Mais

[6] Cf. Jung, *Memórias, Sonhos, Reflexões*, p. 35.

tarde, Jung diria, como o fizera antes Kierkegaard, que as religiões institucionalizadas que se dizem ou se consideram cristãs possuíam muito pouco do Cristo autêntico – compreensivo e solidário para com os humildes e crítico com os pretensos doutores da Lei – e muito de política, usando-se de amarras morais e do temor em nome de Jesus para consubstanciar sua ânsia de domínio de consciências com vistas ao controle social recheado e mantido quase sempre por um formalismo estéril.

Outro motivo para temer o teológico "Senhor Jesus", tal como era apresentado aos seus olhos infantis, era o fato de a Suíça de então ter dois terços de sua população atrelada às Igrejas da Reforma, sendo, porém, cercada de países católicos que antipatizavam com estas. O "exército" de frente contra a Reforma e os protestantes em geral era formado por "jesuítas" e, segundo o que Paul dizia, por agressivos sacerdotes instruídos, voltados à dizimação da "heresia" protestante.

O nome "jesuíta" provinha de Jesus, mas não do doce e sábio Jesus de Nazaré que ele, Jung, tanta amaria mais tarde, mas, naquela época, do temido "Senhor Jesus" dos religiosos. Desta forma não é de espantar que a primeira vez que Jung viu um padre católico a andar pela rua que passava diante de sua casa, todo vestido de preto em sua escura batina e usando um chapéu de abas largas igualmente negro, tal visão, pior do que os fantasmas que já vira, lhe invocasse o pensamento pavoroso de ser aquele ser um dos temidos "jesuítas" tão criticados por seu pai e tios, o que o fez correr para se esconder no porão de sua casa.[7] Muito mais tarde Jung, com seus estudos de religião comparada, viria a aceitar elementos da doutrina católica como expressão, em termos míticos, de elementos arquetípicos, em especial femininos (na figura de Maria), mas sempre se manteve frio com vários aspectos da teologia romana e com a forma como a Igreja tratava sua psicologia, no seu estilo crítico das religiões que tomam mais a forma que o conteúdo. Se ele, agora, pudesse ver como a Igreja está se apossando de suas ideias e teorias, especialmente por jesuítas – alguns dos quais, no Brasil, a manipulam, como o fazem igualmente com a parapsicologia, e a tentam usar

[7] Cf. Jung, ob. Cit., p. 28s

para justificar a supremacia do dogma católico –, provavelmente protestaria veementemente contra esse uso patético e contrário de sua obra.

Apesar de sua solidão e de suas carências afetivas, o pequeno Jung teve uma infância relativamente tranquila, com oportunidades de se extasiar com a natureza, que na bucólica Suíça de seus tempos de infância, era especialmente pródiga. Da mesma forma, sua curiosidade infantil o fez aproximar-se muito do mundo natural e biológico. Amava plantas e animais e o campo e as pedras passaram a ser seus confidentes e companheiros de uma espaço de refúgio.

Ele também passou a ouvir as histórias folclóricas dos camponeses da região. Tal mister o faria se voltar mais e mais para seus pensamentos e emoções, e isto seria algo marcante por toda a sua vida, em especial como terapeuta e teórico. Ele se sentia também confortado ao saber que suas visões de "fantasmas" eram vistas como algo normal, até mesmo comum, pelas pessoas mais simples, assim como o eram por seus avós maternos, e seu interesse por histórias e casos de fantasmas e aparições o acompanharia para sempre, tendo-lhe feito prestar atenção, no final da adolescência, às pesquisas que se detinham no estudo dos fenômenos espíritas e metapsíquicos, alguns dos quais mais tarde seriam chamados de paranormais.

Capítulo III

Lembranças muito especiais

Aos onze anos, o jovem Carl, após terminar os estudos fundamentais em seu pequeno cantão rural, foi enviado ao ginásio de Basiléia, o que representou para ele uma mudança brusca de uma forma de vida campesina, junto a pessoas simples do campo, para o "baile de máscaras" representado pelo convívio social da cidade grande, com sua hipocrisia calcada no esnobismo de origem mercantil e joguinhos de competição e poder, onde o aparentar ter quase sempre suplanta o realmente ser. Por ser uma instituição frequentada quase que em sua totalidade por filhos de ricos comerciantes, tanto a instituição em si, seus professores e diretores, quanto parte considerável dos estudantes refletiam o *modus operandi* do sistema burguês da cidade, onde o lucro expressaria a premissa de acumulação e, portanto, de poder, e onde a mediocridade moral e intelectual poderia ser encoberta pela ostentação, o dinheiro sendo a medida de avaliação – senão de todas – de boa parte das pessoas.

> Ingressei no "grande mundo", naquele mundo de pessoas bem mais poderosas do que meu pai: moravam em casas amplas e imponentes, tinham caleches tiradas a cavalos magníficos e falavam com distinção o alemão e o francês (...) Só nessa época compreendi que éramos pobres; meu pai, nada mais que um pobre pastor luterano, e eu – que as-

> sistia com os sapatos furados e as meias molhadas seis horas de aulas a fio –, o filho ainda mais pobre desse pastor! Comecei a olhar meus pais com outros olhos compreendendo-lhes as preocupações e aflições.[1]

Embora inteligente, tendo mesmo conseguido ser o primeiro da classe, a escola de Basiléia aborrecia-o. Não tinha como se manter como o primeiro da turma sem começar a vivenciar uma competição constante com os demais alunos. Isso por vezes era empolgante, mas com o tempo, passou a ser desgastante. Para ele, era melhor ser mediano, desde que não chamasse muito a atenção. Da mesma forma, era-lhe difícil fazer amizade com os alunos mais ricos, que costumavam olhar para ele com desconfiança. Afinal, um filho de pastor de interior, sem recursos, não poderia ser lá grande coisa e qualquer brilho deste seria visto como ameaçador para boa parte dos bem-nascidos. Como sempre gostou de História, uma forma de se proteger do bullying dos demais foi refugiar-se cada vez mais na leitura. Assim, Jung parecia ter uma visão mais ampla das coisas que seus colegas, que o viam como um rapaz arrogante, em parte pela sua timidez. Era-lhe, portanto, mais fácil manter relações com meninos que, como ele, vinham do meio rural ou de pais menos abastados que os da burguesia superficialmente polida dos antecessores dos atuais *mauricinhos e patricinhas* que tornam tão ocas e ordinárias a flores da juventude e enchem de empáfia os movimentos reacionários das igrejas.

Mesmo se achando um completo alienado quanto à matemática, seu boletim estudantil matinha uma média muito boa em todas as matérias, mesmo nesta matéria. Tinha especial predileção para as disciplinas de humanidades e as biológicas. Mas, de um modo geral, ele via em boa parte do que era repassado ou comentado pelos professores uma enfadonha e inútil discussão de detalhes sobre o que, para ele, era mais ou menos óbvio.

Mas, apesar dos pesares, Jung continuava a se desenvolver e, na interação com colegas e com a sociedade da cidade

[1] C.f. JUNG, Op. Cit. p. 40

grande, a se conhecer. Ao contrário da maioria de seus colegas, a leitura era não só um prazer, mas uma necessidade. Aos poucos, sua crescente proficiência em história, biologia e filosofia o deixaram mais seguro de si e mais crítico. Seu professor de latim percebia isso, e, como também ensinava na Universidade, pedia a Jung que fosse buscar para ele alguns livros de Filosofia e estudos etnológicos, e o jovem aluno fazia questão de os folhear na volta à escola, para isso tomando o caminho mais longo. Algumas das dúvidas resultantes da leitura eram discutidas com este professor e os de filosofia e ciências. Como todo aluno inteligente, mas que se sente sufocado pelo rigor disciplinar insípido do colégio – afinal, planejado a partir do século XVIII para ser uma fábrica de preparação de pessoal para a sociedade e o mercado de trabalho, ajudando-os a se perpetuar, com suas distorções e contradições, do que para permitir desenvolver o melhor das pessoas individualmente –, por várias vezes o rapazola aprontou das suas para evitar de ir às aulas, tendo mesmo exagerado bastante nestes subterfúgios (depois de ter perdido os sentidos após um ataque físico de um colega, Jung chegou a simular desmaios quando solicitado a ir à escola). Mas, no geral, após uma fase de relativa displicência, Jung apresentou-se como um estudante aplicado.

Por seu temperamento tímido, Jung tinha poucos amigos. Era, até mesmo como mecanismo de defesa ante o olhar crítico de seus colegas, quase sempre muito reflexivo mesmo para um menino precoce. Para ele, a natureza era mais prazerosa em sua autenticidade que o convívio com moleques competitivos que gostavam de gabar-se de suas aventuras, reais ou inventadas. O amor de Jung pela natureza faria seu reflexo mais tarde em suas reflexões sobre o desenvolvimento da psique em relação com o ambiente. Por este tempo, porém, a área da psicologia era lhe ainda desconhecida, mas o fluir de seus pensamentos em meio ao contraste entre a ordem e harmonia da natureza e as contradições no comportamento social fez com que algo, como se fosse um súbito lampejo, se libertasse nele, como um *insight* súbito de lucidez, fazendo-o tomar clara consciência de sua existência como a de um indivíduo único, ativo, de ser uma pessoa com características próprias. Diz-nos Jung quase usando os mesmos termos e o mesmo modo de refletir dos filósofos existencialistas:

> Na mesma época ocorreu outro acontecimento importante, enquanto eu percorria o longo trajeto entre Klein-Hüningen, lugar onde morávamos, e a escola na Basiléia. Tive a sensação de emergir de uma névoa espessa, tomando consciência de que agora eu era *eu*. Era como se atrás de mim houvesse um muro de névoa além do qual eu ainda não existia. Nesse instante preciso eu me tornei eu por mim mesmo. Antes eu estivera lá, mas tudo se produzia passivamente; dali por diante, eu o sabia: agora eu sou *eu*. Agora *eu* existo.

Mas não foi apenas seu *insight* de ser uma individualidade diferenciada e, portanto, capaz e responsável pelo seu próprio desenvolvimento a partir de então que emergiu deste súbito "despertar" existencial. A partir deste momento, Jung passou a ter súbitos lampejos e traços de lembranças estranhas e, mais que isso, passou a se identificar com uma certa outra personalidade que não parecia ser a do menino de doze anos que era. Apesar de sempre ter se mantido rigorosamente dúbio no tocante à aceitação da possibilidade da reencarnação, o jovem Jung passaria por alguns fenômenos intensos de *déjà vu*[2] e de lembranças espontâneas que muito bem poderiam ser classificadas como rememorações espontâneas – e fragmentárias – de uma outra vida. Antes, porém, de entrarmos nestas lembranças, falemos um pouco sobre a questão da memória extracerebral e das pesquisas que sugerem reencarnação nos dias de hoje para bem vermos se podemos situar as experiências de Jung dentro desta hipótese.

Memória Extracerebral: Evidências que *Sugerem* Reencarnação

Memória extracerebral é o termo técnico usado por cientistas e parapsicólogos para denominar o fenômeno das lem-

[2] Déjá vu é um termo francês para designar a sensação de algo já visto ou vivenciado, em especial em certos momentos com certas pessoas ou lugares.

branças espontâneas de certas crianças que, geralmente a partir do começo da fala – chamada de fase elocutória, iniciada, em média, ao redor dos dois anos de idade –, parecem demonstrar recordações referentes a pessoas existentes e/ou a fatos ocorridos antes de seu nascimento.[3] As crianças não dizem algo sobre pessoas ou fatos estranhos, como se falassem de alguém na terceira pessoa, elas parecem de fato lembrar-se que veem tais pessoas ou fatos. Não brincam de ser um personagem ou fingem ter passado por situações, por vezes dramáticas ou traumáticas demais, especialmente com relação à idade delas, mas afirmam que *são* estas pessoas e que *vivenciaram pessoalmente* os fatos por ela relatados.

A memória extracerebral traz o incômodo paradoxo, para o sistema de pensamento dominante, de que as lembranças narradas (e, em vários casos, posteriormente confirmadas através de documentos etc., como nos clássicos estudos do Dr. Ian Stevenson, da Universidade de Virgínia, Estados Unidos) não foram registradas através da aparelhagem neuropsicológica do sujeito que as detêm, como o modelo convencional biomédico da memória estabelece, mas, a princípio, pelo que seria o "cérebro" e demais órgãos sensoriais de uma outra pessoa impreterivelmente morta à época em que a criança espontaneamente narra suas lembranças, muitas vezes com referências saudosas a outras famílias e a outros locais *que em vários casos não estão em relação com a família da criança hoje* . Este fenômeno, cujos registros vem a se acumular nos últimos sessenta anos, nos faz questionar se o modelo mecanicista da mente dominante na ciência não será limitado demais, ou acanhado demais...

Hoje, a pesquisa da *memória extracerebral* adentra os corredores e departamentos de algumas grandes universidades. Entre estas, temos de destacar as pesquisas do Dr. Ian Stevenson na Universidade de Virgínia, Estados Unidos, onde foi professor de psiquiatria e psicologia e, mais recentemente, chefe da Divisão de Estudos da Personalidade. A *Psychical Research Foundation*, da mesma universidade, possui uma revista própria, científica, dedicados a todos os aspectos me-

[3] Cf. IAN STEVENSON, *Twenty Cases Suggestive of Reincarnation. Charlotteville*, University Press of Virginia, 1995

todológicos da pesquisa que sugiram a sobrevivência após a morte do corpo físico, incluindo todos os fenômenos parapsicológicos, como aparições, *poltergeists* etc., além, claro, dos estudos de casos de Memória Extracerebral. A revista chama-se *THETA*, não sem razão o nome dado aos prováveis agentes não-físicos causadores de vários dos fenômenos paranormais ligados à teoria da sobrevivência. As pesquisas neste sentido realizadas por pesquisadores da Universidade de Virgínia ganharam o nome de *"Projeto THETA"*.

Diversos fatores diferenciais são utilizados como métodos e técnicas de indícios de reencarnação através da *memória extracerebral*. Citemos:

1) *Experiências de Regressão de Memória Artificialmente Provocadas* quer seja através de hipnose ou de relaxamento profundo. Tem o inconveniente de que a sugestão da regressão *possa provocar* lembranças fictícias para atender a expectativa do hipnólogo, mas, ao mesmo tempo, pode atingir realmente instâncias profundas do inconsciente e auxiliar muito na solução de problemas emocionais nos quais as terapias convencionais falharam em resolver;

2) *Regressão de Memória Espontânea*. Caso raro, em que certas pessoas entram em transe espontâneo e recordam de eventos prováveis de vidas passadas ou, por meio de associação entre eventos e/ou emoções que servem de estímulo, possuem um súbito lampejo de vivenciarem novamente algo já visto/vivido;

3) *Memórias Espontâneas*. Geralmente ocorrem em crianças e adolescentes que, em dado momento, começam a recordar nitidamente reminiscências ligadas a uma personalidade que **elas dizem ser**, só que em outro tempo e lugar. Em algumas destas lembranças existem marcas de nascença que, de alguma forma, estão ligados a traumas físicos que as crianças dizem ter causado a morte na sua vida anterior.

Entre os primeiros investigadores europeus a realizar estudos sobre memórias espontâneas ligadas a marcas de nascença está o Dr. Resart Bayer, psiquiatra e presidente da Sociedade Turca de Parapsicologia. Fala o Dr. Bayer que certos sinais ou marcas congênitas, muito evidentes, como cicatrizes etc., que não têm explicações dentro das leis biológicas mas que obrigatoriamente têm de ter uma causa, em casos dramáticos de *memória extracerebral*, estão geralmente associadas às lembranças espontâneas, e obrigam a ciência a ocupar-se com seriedade destes fenômenos.

As Pesquisas do Dr. Ian Stevenson

Ian Stevenson, MD – Universidade de Virgínia

São bem poucas as pessoas dedicadas ao estudo dos fenômenos psíquicos ou que tenham algum interesse mais amplo sobre ciência que não conheçam o nome do Dr. Ian Stevenson e seus trabalhos de mais de quarenta anos de pesquisas psíquicas, com especial destaque em seu significativo trabalho sobre casos de lembranças espontâneas em crianças de todo o mundo que sugerem reencarnação.

Atualmente seus arquivos no Departamento de Estudos da Personalidade na Universidade de Virgínia já possuem mais de 3.000 casos pesquisados, muitos deles ao longo de anos. Muitos analistas, incluindo os mais céticos, são concordes que este imenso patrimônio arduamente levantado constitui o melhor conjunto de evidências favoráveis à tese da reencarnação.[4]

[4] Cf. TOM SHRODER, *Almas Antigas*, um livro que relata uma parte das últimas pesquisa de campo de Ian Stevenson. Editora Sextante, 2001. Nota do autor para a segunda edição: O Dr. Ian Stevenson, nascido em Montreal, Canadá, em 1918, faleceu em 2007, em Virgínia, EUA.

Inicialmente cético, o levantamento das memórias extracerebrais espontâneas de crianças que eram posteriormente confirmadas através de pesquisas de campo o convenceu da realidade do fenômeno. O significativo aumento de relatos coletados e confirmados através de análises de documentos, entrevistas, reconhecimentos de lugares geográficos e outros o levaram a se dedicar plenamente à coleta e análise comparada dos relatos, que não poderiam ser excluídos da esfera de observação científica. Seu primeiro livro sobre o assunto, *Vinte Casos Sugestivos de Reencarnação,* foi publicado no Brasil em 1970 pela Editora Difusora Cultural de São Paulo.

Em 1960, Stevenson, que era professor e chefe do Departamento de Psiquiatria da Universidade de Virgínia, ficou intrigado com os primeiros relatos publicados sobre a pesquisa de memórias extracerebrais em crianças. Seguindo o exemplo de investigações iniciados na década anterior pelo extraordinário pioneiro Dr. Hemendra Nath Banerjee (1929-1985), titular da cátedra de Parapsicologia da Universidade de Rajasthan, Jaipur, Índia, com quem manteve contato quanto ao método utilizado na investigação de *memórias extracerebrais* (sugestivas de reencarnação quando correlacionadas com documentos comprobatórios de informações espontaneamente lembradas, em especial por crianças) o Dr. Stevenson publicou os primeiros dois artigos sobre memórias espontâneas de crianças sobre vidas passadas no *Journal of American Society for Psychical Research*. Alguns anos depois seria publicada uma coletânea de 20 casos que receberam o título de *Vinte Casos Sugestivos de Reencarnação*, cuja metodologia de pesquisa descrita na obra serviria de modelo a todos os pesquisadores do tema. No Brasil, por exemplo, estas pesquisas foram levadas a cabo pelo Prof. Hernani Guimarães Andrade (foto ao lado) e sua equipe de colaboradores do Instituto Brasileiro de Pesquisas Psicobiofísicas, IBPP, cujo resulta-

do foi publicado no livro ***Reencarnação no Brasil: Oito Casos que Sugerem Reencarnação***. O vínculo entre Hernani Andrade e Ian Stevenson ficou claro quando da visita deste ao IBPP, em 1972, para estudar alguns dos casos coletados por este instituto, tendo ambos mantido contato e trocado materiais e informações entre si até o falecimento do pesquisador brasileiro, em 2003.

Um dos mais valorosos colaboradores europeus do Dr. Stevenson tem sido o Dr. Erlendur Haraldsson, da Universidade da Islândia, que tem feito inúmeros testes psicológicos nas pessoas que rememoram espontaneamente vidas passadas. Constatou Haraldsson que estas são absolutamente normais, tendo mesmo um certo avanço na pontuação do índice de QI quando comparado à média geral da população.

Erlendur Haraldsson, Ph.D. – Universidade da Islândia

O trabalho do Dr. Stevenson vem inspirando gerações de jovens pesquisadores da área da psiquiatria em coletar e documentar casos semelhantes ao redor do mundo. O Dr. Jim Tucker, que foi um dos mais destacados auxiliares do pesquisador, vem assumindo o trabalho do Dr. Stevenson em Virgínia desde a aposentadoria deste em 2002, e vários outros de seus discípulos e colaboradores trabalham em instituições congêneres pelo mundo.

Um excelente livro com uma apresentação dos trabalhos de Stevenson para o grande público foi escrito pelo conhecido jornalista e redator do *The Washington Post*, Tom Shroder, em *Almas Antigas – A Busca de Evidências Científicas da Reencarnação*, publicado no Brasil pela Editora Sextante.

Portanto, lembranças espontâneas e inesperadas em crianças – muitas vezes, principalmente no Ocidente, ocorridas no seio de uma família alheia ou contrária à ideia da reencarnação –, com relatos de detalhes sobre o que teria sido uma outra vida, são parte de um fenômeno mundial que, ainda que raro, não chega a ser anormal ou incomum. Veremos logo mais adiante que o próprio Jung, em suas memórias, relata ter tido senão uma rememoração padrão de outra vida (a maior parte dos casos recolhidos por Banerjee e Stevenson são de crianças que relembram acontecimentos traumáticos associados com a morte delas na vida anterior), uma forte impressão de já ter vivido em outra época.

Recordações espontâneas por associação de eventos e ideias e o fenômeno do *déjà vu*.

O Dr. Hans Holzer, parapsicólogo austríaco naturalizado americano, é um dos pesquisadores que mais se dedicaram ao estudo das evidências que sugerem reencarnação. Dentre estas, ele postula que algumas (não todas) ocorrências do fenômeno psicológico denominado *déjà vu*, em determinados contextos, poderiam ser classificadas como a eclosão súbita de lembranças de uma outra vida, solidamente arquivadas nos meandros do inconsciente, mas que emergirem momentaneamente por estímulo de algum evento externo.

O *déjà vu* é uma espécie de estranho lampejo, uma sensação breve porém extremamente clara de já se ter visto algo ou alguém antes, de já ter feito alguma coisa em dado momento, antes, ou de reconhecer um local como se já o tivesse visto antes quando, apesar da impressão do "já visto" ou "já vivido", o que se tem diante dos olhos está, de fato, sendo percebido pela primeira vez. Logo depois do sentimento, fica uma inquieta e surreal sensação de inexplicável.

Holzer comenta que os psiquiatras e psicólogos formados em sólido treinamento mecanicista explicam o fenômeno como sendo um tipo de "falsa porta da memória", mas não conseguem explicar como e porque a mente provoca ou interpreta tal fenômeno. Uma outra teoria fala de "para-amnésia" ou súbito apagamento do fluxo da consciência seguido por um religamento da atenção que, ao seguir o reconhecimento do ambiente, pessoa ou fato, daria a impressão de *dejá vu*.

De fato, tal fenômeno é bastante comum e praticamente todas as pessoas já o vivenciaram, sem que os *dejá vus* tenha trazido maiores consequências. Contudo, existem casos mais raros em que não só a sensação do já visto é muito mais forte do que o normal, como acabam por levar a pessoa, ela mesmo admirada, a descrever situações e mesmo localizações geográficas adjacentes ao evento estímulo que despertou o *dejá vu* antes mesmo de serem vistas pela pessoa e por quem a acompanha, mas que se mostram corretas logo depois.

Portanto, em um aprofundamento do tema, não é um súbito esquecimento seguido de um "ah, lembro" que parece constituir todos os tipos *déjà vu,* pelo menos não em todos os casos, em especial os mais dramáticos, como iremos ver adiante, citando uma experiência do próprio Jung.

Holzer fala em seu livro *Vida Além da Vida* que o *déjà vu*, em parte dos casos, pode ser não uma recordação (verdadeira ou não), mas um lampejo de PES, mais particularmente de precognição segundos antes de dar-se a concretização do ato, fato ou encontro. Neste caso, não se trata de uma rememoração, mas de um lampejo de previsão de algo que será visto imediatamente. Também pode ocorrer que uma experiência prevista possa ter se dado em um sonho ou em um pensamento ao qual não foi dado importância na hora e foi esquecido, mas que, mais tarde, quando a experiência se concretiza, faz a pessoa repentinamente lembrar-se, o que seria um outro caso de premonição. Existe, porém, uma parcela destas experiências que dificilmente poderia ser assim explicada.

O reconhecimento súbito *e em detalhes* da disposição de ruas, prédios e cômodos, bem como, mais raramente, de nomes, datas etc., escapam ao contexto de uma precognição, que geralmente é uma intuição de algo vago, em linhas gerais. O que o que caracteriza o *déjà vu* padrão é que é fragmentário e não consegue trazer outras lembranças que se liguem ao impacto momentâneo, possibilitando uma visão histórica coerente. As lembranças que surgem sempre focalizam detalhes ou pontos específicos, mas nunca o quadro do drama todo.[5] Contudo, isso não ocorre em eventos em que a pessoa não apenas tem o impacto do "Já visto", mas chega a descrever, de forma surpreendente até mesmo para ela, o histórico ou

[5] C.f. HANS HOLZER, *Vida Além Vida*, Editora Record, p. 41ss.

características da localidade ou ação que despertou este fenômeno.

Infelizmente, os trabalhos de psiquiatras e acadêmicos voltados à pesquisa científica da reencarnação começaram mais sistematicamente quando Jung já estava com mais de 80 anos. Os trabalhos de Hamendra Nath Banerjee começaram em 1955 e os de Stevenson, apenas no ano da morte de Jung, em 1961. Este, portanto, não teve tempo de saber da existência das pesquisas de Stevenson, embora seja possível que tenha lido algo ou ouvido falar das de Banerjee.

Durante toda a sua vida produtiva Jung lutou contra a rejeição de seu trabalho pela comunidade acadêmica, que via como "esotérica" sua teoria da personalidade. Por isso, Jung passou grande parte de sua vida tentando expor sua obra em uma forma científica, sempre se baseando em fatos empíricos clínicos, minimizando qualquer referência à área do misticismo, a não ser como expressão simbólica da ação psicológica do homem. Por isso, sua posição oficial pública quanto à reencarnação foi a de descrença. Mas enfatizamos que este era um posicionamento "oficial". Não lhe escapou à mente que uma das prováveis causas da existência dos arquétipos[6] seria o de experiências vivenciadas em uma outra vida, mas ele não tentou ou não quis se arriscar mais do que já tinha feito em se tratando da própria hipótese dos arquétipos, por si só polêmica. De qualquer modo, Jung, de forma mais reservada, não chegava a descartar a hipótese. É o que podemos entender do seguinte trecho de uma carta datada de 26 de janeiro de 1953 a um certo William Hamilton Smith:

> Ninguém sabe se existe reencarnação, mas também ninguém sabe se não existe. O próprio Buda estava convencido da reencarnação, mas (...) deixou em aberto a questão se existia uma continuidade da personalidade ou não. É verdade que não sabemos de onde viemos nem para onde vamos, ou porque estamos aqui neste tempo atual. Penso que

[6] Arquétipos seriam padrões de comportamento e de imagens psíquicas próprias da estrutura mental do ser humano. Por exemplo, a ideia de uma mulher carinhosa, protetora e nutriente costuma ter os mesmos traços comuns no folclore e mitologia de todos os povos como Deusa em várias variações: Nossa Senhora; uma fada etc.

> seja correto acreditar que havendo feito aqui o melhor que podíamos, também estamos preparados da melhor forma possível para coisas futuras.

Em uma outra carta, desta vez dirigida à Baronesa Tinti, em 10 de janeiro de 1936, período em que Jung estava especialmente envolvido na defesa de sua teoria psicológica, assim expressou-se ele com relação a Reencarnação como origem dos arquétipos:

> (...) Assim também os conteúdos do inconsciente coletivo poderiam ser explicados pela reencarnação, se soubéssemos que há reencarnação. Estas hipóteses são por enquanto artigos de fé, mas a ciência está sempre no papel de humilde pedinte que deve contentar-se com o que vê. Se não for assim, seria mero engodo. Esta é a razão por que me limito essencialmente a fatos e observações (...).

Podemos, assim, supor que Jung certamente aceitaria os indícios de reencarnação através das pesquisas de *memória extracerebral* com a mesma alegria com que aceitou os estudos de Rhine referentes à PES e à psicocinesia.

Vejamos, agora, alguns significativos episódios de "*déjà vu*", todos relacionados entre si e vivenciados pelo jovem Jung de onze anos, de acordo com as lembranças do velho Jung em um trecho de suas *Memória, Sonhos, Reflexões*:

> Perturbadíssimo, tomei consciência de que, na realidade, havia em mim duas pessoas diferentes: uma delas era o menino de colégio que não compreendia matemática e que se caracterizava pela insegurança; o outro era um homem importante, de grande autoridade, com quem não se podia brincar (...). Era velho, vivia no século XVIII, usava sapatos de fivela, peruca branca e tinha, como meio de transporte, uma carruagem cujas rodas de trás eram grandes e côncavas e entre as quais o assento do cocheiro ficava suspenso por meio de molas e correias de couro.
>
> Tivera antes uma experiência estranha; certo dia, quando habitávamos em Klein-Hüningen, perto de Basiléia, um fiacre verde, muito velho, passara

> diante da nossa casa vindo da Floresta Negra. Era uma caleça antiga, como as do século XVIII. Assim que a vi, um sentimento de exaltação de apoderou de mim: *Ah, ei-la! É do meu tempo!*. Tinha a impressão de reconhecê-la, era semelhante àquela que me transportaria! Depois, fui invadido por um *sentiment ècouerent*, como se eu tivesse sido roubado ou ludibriado no tocante ao meu amado "outrora". O fiacre era um vestígio daquele tempo! É difícil descrever o que se passou comigo e o que me emocionou tão fortemente: uma espécie de nostalgia? Uma reminiscência? *Era isso, era exatamente isso!*[7]

Mas estes estranhos "*déjà-vus*" correlacionados ao século XVIII e seu nobre personagem ainda não foram uma ocorrência isolada. Algum tempo após estas primeiras "reminiscências", como o próprio Jung enfaticamente destacou, ele, em visita a uma tia, viu uma estatueta daquela época que representava duas figuras, um médico, e uma mulher, ambos com roupas típicas do século XVIII. Foi estímulo suficiente para, por associação, despertar novas lembranças de Jung:

> Ora, a figura do velho doutor (da estatueta) tinha sapatos de fivela que reconheci estranhamente como meus ou semelhantes aos meus. Estava convencido disso. *Usei esses sapatos*. Essa convicção me perturbara de um modo profundo. Sim, eram realmente os meus sapatos! Eu os sentia ainda nos pés e não podia compreender essa estranha sensação. Como poderia pertencer ao século XVIII? Acontecia-me às vezes, datando, escrever 1786 em lugar de 1886, e isso era sempre seguido de um sentimento de inexplicável nostalgia.[8]

[7] JUNG, Op. Cit. pp. 47-48.
[8] Idem, '. 48

Capítulo IV

Rompendo dogmas para se vivenciar a espiritualidade

Em carta dirigida a Dorothee Hoch, datada de 23 de setembro de 1952, Jung, entre outras coisas relativas à questão da religião (que, enquanto instituição, é algo diferente da espiritualidade ou da religiosidade vivida), assim se expressou:

> Até que ponto Cristo nos é desconhecido? (...) Há a necessidade de se criar um novo ponto de partida, que não se pode encontrar sem estabelecer um novo sentido. A mensagem só vive se criar novo sentido. Eu não acredito que ela esteja esgotada, *mas talvez a teologia esteja*. (...)
>
> Só temos uma justificação para missionar quando chegamos a um acordo conosco mesmos, caso contrário só espalhamos a nossa própria doença. Como está a situação do Reino de Deus na Europa? Nem mesmo os selvagens seriam tão estúpidos para não verem nossas mentiras. Desavergonhada e infantilmente difundimos nossos cismas irreconciliáveis entre nossos irmãos negros e pregamos a eles o pacifismo, a irmandade, o amor ao próximo etc. etc., através da boca de evangélicos, luteranos, *High Church*, não-conformistas, batistas, metodistas, católicos, todos decididos até a morte a *não* se entender com o irmão. Cumprimos assim a vontade de Deus?

Poucos anos mais tarde, ao redigir suas lembranças sobre sua adolescência e de sua busca por Deus, tendo inclusive um pai e vários tios pastores, nos fala Jung de sua percepção de menino sobre as contradições da teologia profissional:

> Se Deus é o "Sumo Bem", por que Seu mundo, Suas criaturas, são tão imperfeitos, tão corrompidos, tão lamentáveis? *Evidentemente porque foram infectados e confundidos pelo Diabo*, pensei. *Mas o Diabo é também uma criatura de Deus, pois foi feito anjo*. Procurei, então, ler acerca do Diabo, ponto que me pareceu muito importante. Reabri minha dogmática e procurei a resposta à pergunta primordial das causas dos sofrimentos, da imperfeição e do mal, nada encontrando a respeito. Era o cúmulo! Essa dogmática não passava certamente de um belo palavrório, pior ainda, de uma tolice consumada que apenas obscurecia a verdade. Sentia-me decepcionado, e ainda mais: indignado.[1]

Um pouco mais adiante narra Jung:

> Pus-me então a aprofundar sistematicamente certos problemas que correspondiam a perguntas conscientes. Li uma pequena introdução à história da filosofia e assim adquiri uma visão de conjunto acerca de tudo o que já havia sido pensado. Com grande satisfação constatei que muitos dos meus pressentimentos tinham seus antecedentes históricos. Amei acima de tudo as ideias de Pitágoras, de Heráclito, de Empédocles e de Platão, apesar da longa trama da argumentação socrática. Eram belas e acadêmicas como uma galeria de quadros, embora longínquas. Em Mestre Eckhart[2] senti, pela primeira vez, o sopro da vida, ainda que não o compreendesse muito bem. A escolástica cristã medieval deixou-me indiferente e o intelectualismo aristotélico de santo Tomás me pareceu mais árido

---

[1] JUNG, *Memórias, Sonhos, Relfexões*, pp. 67-68

[2] Místico alemão medieval e teólogo que postulava que a única maneira de entrar em entendimento com Deus é senti-lo através de uma experiências mística, transpessoal, que ninguém, nem mesmo a Igreja, poderia dar a alguém, já que a União é ato entre Deus e o indivíduo, para além das construções da mentalidade racional.

> que um deserto. Pensava: Eles pretendem atingir à força, por meio de artifícios lógicos, algo que não puderam compreender e que permanece ignorado; querem provar a si mesmos um dogma que na realidade se trata de uma experiencia! – Davam-me a impressão de pessoas que sabiam, por ouvir dizer, que há elefantes, embora nunca os tivessem visto; tentavam então demonstrar logicamente, que esses deveriam existir tais como são.[3]

E aqui tocamos um ponto que foi fundamental na trajetória do pensamento não só de Jung mas de todas as almas sensíveis que, como ele, buscavam entender o transcendente sem que encontrassem qualquer sentido nas doutrinas e fórmulas das religiões institucionalizadas. Muito ao contrário, esses buscadores acharam apenas fórmulas vazias e muita hipocrisia em meio a Igrejas e teólogos, apesar de se justificarem como Igrejas de Deus, cada uma atribuindo a si mesma a primazia de deter doutrinariamente a única verdade capaz de unir Deus e os homens por intermédio de seus teólogos e representantes – como se Deus necessitasse de tal ajuda. E aqui cabe uma reflexão sobre a diferença entre religião, enquanto instituição humana, muitas vezes uma verdadeira empresa, e a espiritualidade ou religiosidade, que é mais uma espécie de manifestação de um sentimento inefável e que une, apesar de suas culturas, os sábios, profetas e poetas de todos os tempos e lugares, como irmãos, em um sentimento que surge da vivência pessoal da transcendência, sem intermediários entre o ser sensiente e o transcendente.

Jung despertou para esta diferenciação ainda na adolescência e foi, fora de dúvida, uma imaginária visão que teve de Deus destruindo a catedral de Basiléia (visão ao qual opôs uma grande resistência vindo, finalmente, a assimila-la, sentindo-se sumamente aliviado) que o sensibilizou ao ponto de discernir bem entre o que era divino e o que era construção propriamente humana... uma Igreja, por exemplo.

[3] JUNG, *Memórias, Sonhos, Reflexões*, p. 75.

O medo da experiência transcendente

O grande escritor cristão russo Fiódor Dostoievski (1821-1881), em seu romance *Os Irmãos Karamazovi*, narra uma parábola de profundo significado espiritual para a questão religiosa moderna.[4] Trata-se de *"O Grande Inquisidor"*, um velho e cioso funcionário eclesiástico que por conta de seu ofício inspirava terror a todos, não tendo se furtado de mesmo mandar prender e matar ao próprio Jesus Cristo, se este voltasse ao mundo, na Espanha do século XV, se com isto fosse-lhe assegurado preservar a estabilidade e eficiência da Igreja. E é esta dicotomia entre a vivência viva do sagrado e à submissão a uma instituição humana feita a pretexto daquela vivência que caracterizaria a distinção entre religião e "espiritualidade", ou, em outras palavras, da distinção entre uma religião e a experiências do sagrado, do transcendente, do transpessoal.

Tentemos dar uma ilustração desta diferenciação através de uma pequena história.

Suponhamos que somos parte da tribo de nativos de uma isolada ilha do Pacífico com quase nenhum contato com outros povoados e culturas, e muito menos com a civilização industrial do Ocidente. Toda a nossa vida está condicionada pelo nosso meio de produção e subsistência, baseado na caça, pesca e coleta e em nossa cultura modelada por esta realidade. Para nós e nossos companheiros o mundo se limita às bordas de nossa ilha e toda a nossa concepção de realidade é influenciada pelo nosso mundo familiar de interação com nossa ilha. Por falta de contato com outra, tomamos a nossa vivência como a única válida, por ser a única conhecida, modelo que pensamos ser universal e que, por falta de outros exemplos, acreditamos ser o mesmo até naquilo que intuímos existir além do visível, caso haja "vida além do mar", em uma hipotética dimensão para nós invisível e que poderia ser chamada de *continente*, por exemplo. Logicamente este hipotético mundo longínquo, *continente*, receberá todas as nossas projeções e anseios ligados ao nosso mundo conhecido e familiar. Seria este mundo, enfim, uma cópia melhorada – espera-se – do nosso próprio mundo.

[4] BAIGENT, M. & LEIGH, R., *A Inquisição*. Imago Editora, 2001, p. 158.

Mas, desse tal continente só teríamos a ideia formada por narrativas tradicionais ou por relatos de alguns visitantes de outras ilhas que conosco trocam seus produtos. Assim, tudo o que podemos discernir ao longe no horizonte é uma ou outra ilha, que, devido à sua distância da nossa, parece uma pequena pedra escura de alguma forma "parada" em alto-mar, quando algumas delas, na verdade, são ilhas bem maiores que a nossa e que, sem que saibamos bem, recebem visita de alguns desconhecidos. Por isso, através dos relatos desses vizinhos, temos uma ideia de existência do *continente,* mas o que se diz dele é tão diferente de nosso pequeno lar (e do lar de nossos vizinhos) que por vezes tais relatos soam, diante de nosso modo de ver o mundo, fantasiosos. Afinal, nossa cultura e tradições, que moldaram o nosso saber e nosso modo de ver e interpretar nossa ilha, vem funcionando tão bem por tanto tempo, garantindo nossa sobrevivência e permitindo desenvolver uma tecnologia apropriada para construir cabanas, barcos e prever as estações, que nossa ciência só pode ser uma representação verdadeira do mundo. Por isso, vez por outra nosso líder religioso e nossos chefes pensam em levar nossas ideias para as outras ilhas... Ao mesmo tempo que transmitiríamos nossas verdades, provavelmente com elas teríamos também algum ganho a mais, política e economicamente...

Porém, um belo dia, alguma coisa muito estranha acontece: pessoas que nunca vimos estão chegando próximas à ilha por meio de barcos diferentes dos nossos, como "coisas flutuantes não identificadas" e, pior, umas outras "coisas" que "voam" e depois pousam na água, como se fossem imensos patos ou gaivotas. Como não se faz ali na ilha a mínima ideia do que seja um hidroavião e por aquilo escapar aos limites do que me é familiar e do que seria o meu senso de possível, penso que aquele "monstro voador" seja realmente um ser sobrenatural, e ponho-me a tremer apavorado, já que *aquilo* escapa a todos os meus padrões de realidade e possibilidade. Se, além deste primeiro impacto, notar que de dentro deste *pato brilhante monstruoso* saem alguns seres esquisitos com traços humanos, porém de uma cor de pele parecida com a cor da areia e das nuvens e umas roupas completamente esquisitas, meu senso de realidade fica ainda mais estraçalhado, minhas certezas abaladas, e posso até pensar que estou em presença de "fantasmas" ou "seres divinos". Como esses "deuses" têm interesse na minha ilha, parecendo realmente que eles querem de alguma forma se utilizar dela, percebo apavorado que eles tentam se aproximar de mim, criar laços comigo e me utilizar como mensageiro deles para com meus companheiros, para lhes dar a "Boa Nova" de que eles virão e, com isto, de uma mensagem de que uma nova época estaria prestes a chegar, ou assim é como entendo a mensagem deles.

Aceito timidamente esta incumbência, mais por receio e medo do que propriamente por adesão voluntária e, como recompensa, estes seres estranhos me chamam nada mais nada menos para dar uma volta no ar naquela ser monstruoso que voa! Não quero ir, mas eles conseguem pôr-me dentro daquela "coisa" que não sei o que é, mesmo estando dentro dela. Para meu espanto e pavor a "coisa" corre pelo mar e começa a voar e eu fico encolhido num canto com medo de ver o mundo de cima, enquanto aqueles seres estranhos olham rindo para mim.

Supondo que diante de tanto medo e receio a pessoa não enlouqueça ou tenha uma cisão esquizofrênica, pode ser que, aos poucos, no contato com estes seres e seus barcos voadores, eu venha a aceitar tudo como algo maravilhoso que eu não saberia como descrever aos meus pares da ilha! Simplesmente me faltariam termos, palavras e meios de comparação porque tudo foi diferente demais, *transcendente* demais, impactante muito além dos limites do familiar do possível dentro de nosso mundo conhecido. O ocorrido foi de tão graves consequências e intensidade, que a pessoa que passou por esta experiencia simplesmente não sabe o que pensar, apenas que vivenciou algo fora do comum, que me mostrou que a realidade é mais profunda, mais rica e mais maravilhosa que tudo aquilo que fui capaz de pensar ou imaginar antes. Eu não sei como pensar sobre, mas sei que *vivi* algo que transcendia meus conhecimentos e minhas limitações, eu *vivi* uma outra realidade que me fez perceber coisas novas, que me promoveu uma "alteração de consciência", mudou meu modo de ver as coisas que me eram familiares e, ainda que passageira, da experiência me ficou o impacto da vivência que não sei explicar.

Nosso mensageiro hipotético, "pleno do Espírito de sua vivência", ainda que desorientado, passará dias tentando por ordem à sua aventura extraordinária, transpessoal, transrracional, e tentaria desesperadamente encontrar um modelo de explicação com base na sua anterior realidade para tudo aquilo. Logo ele percebe que é impossível transmitir sua experiência fielmente com os conceitos da linguagem de sua tribo, apropriada para a realidade de sua vivência ordinária comum. Mas ele precisa repassar o ocorrido a seus irmãos de ilha, e para isso ele vai ter de *interpretar* o ocorrido de alguma forma e se socorrer de símbolos ou alegorias para, ao menos, dar uma pista imperfeita da sua experiência. Assim, o hidroavião será ao mesmo tempo um barco voador e uma grande gaivota prateada, os seus tripulantes serão anjos, deuses ou espíritos superiores etc.

As pessoas escutariam assustadas meu relato, percebendo pelas minhas expressões que algo aconteceu de fato, mas não chegam a acreditar muito em minha história por ser absurda demais, por ir além dos limites de sua visão de mundo, até que alguns outros companheiros saem gritando que viram, de fato, um enorme pássaro ou um "objeto voador" que se aproximou da ilha, desceu no mar, subiu novamente, voltou, deixou o coitado que está narrando toda a história, e voltou a voar novamente para longe. Como muitos que viram o ocorrido eram pessoas normais e seus relatos se correlacionavam, boa parte da tribo passou a aceitar que havia algo de verdadeiro na história do "pato de metal" e de que o mensageiro era uma pessoa especial. Este, após ter repassado a mensagem de que foi incumbido, pensando que agora sua antiga tribo lhe é estranha, anseia por uma nova experiência do inefável, junta-se com os demais que viram o "pato de metal" e se retiram, preparando-se para a volta dos "deuses voadores". Já na tribo, logo uma pessoa mais viva começa a elaborar uma interpretação, *uma teologia* para todo aquele acontecimento e, embora não tivesse vivido pessoalmente o maravilhoso contato com o transcendente, ele reúne todos os relatos, discute-os, constitui um templo ao pássaro prateado e passa a ser o teólogo especialista no fenômeno, fazendo-se de elo de ligação entre as pessoas e estes seres do além-mar e, com isto, tornando-se, dentro da comunidade, uma autoridade recebedora de todo o respeito e homenagens. Na falta de qualquer outra manifestação, e vendo a transformação ocorrida no abençoado que se foi para meditar longe da tribo, com o tempo a memória das palavras e ações da primeira geração de visionários vai se cristalizando em páginas escritas e interpretações cada vez mais elaboradas, distintas dos informes iniciais e, assim, os demais acabam encarando como definitiva a interpretação dada pelo "teólogo", que passa a construir uma religião do "pato voador" enchendo o relato original do agora considerado santo homem que voou de vários elementos comuns das tradições da tribo, quase encobrindo completamente a história com adendos e exegeses, ficando a mensagem original cada vez mais contaminada das pequenezas triviais do dia a dia da tribo, incluindo disputas políticas etc.

Mas, um dia, o hidroavião inesperadamente volta e toma outras pessoas como mensageiros, porque o primeiro foi levado com eles para conhecer "o outro mundo", e desta vez eles estão pedindo urgência na transmissão de que eles, os "deuses voadores", logo estariam mais próximos, se os nativos quisessem; os novos arautos transmitem o recado às demais pessoas da tribo. Estas percebem que a versão do "teólogo" tem muito pouco ou quase nada da simplicidade vivencial do primeiro santo. Mas como o doutor da Lei tem suficiente poder social, conquistado por sua "Igreja", e este poder se mostrou útil para manter um certo controle social benéfico aos membros mais ilustres da tribo, o sujeito que teve uma experiência não usual com os anjos do pato voador é encarado como herege e uma ameaça que precisa ser perseguida eliminada para não perturbar o *status quo*. De resto, podemos esperar um final semelhante à história de Sócrates, Cristo, Joana D'Arc e Giordano Bruno.

Uma analogia parecida com esta que criamos podemos encontrar em Platão, no famoso *Mito da Caverna*.

Estas analogias servem como ilustração da distinção

profunda que existe entre uma instituição humana, social e voltada para o poder, como é a religião institucional, e entre algo muito diferente, muito profundo e ao qual todas as civilizações devem seus mais belos frutos, a experiência do *"Sagrado"* (Rudolf Otto, Mircea Eliade), do *"Numinoso"* (Jung), do *"Transpessoal"* (Weil, Grof), ou simplesmente, da "experiências espiritual" ou "religiosidade". Estas últimas são aspectos acima de tudo de uma vivência de algo que passou a ser diretamente sentido. Como dizem muito apropriadamente Michael Biagent e Richard Leigh,

> A "experiência religiosa" – que pode na verdade ser equiparada a "espiritualidade" – é acima de tudo uma experiência. Não exige nem envolve "crença" nem "fé". Implica o que o individuo que a sente no momento só pode apreender como uma forma de conhecimento direto e que se confirma por si mesmo; e conhecimento exclui qualquer necessidade de acreditar. Se pomos as mãos num fogão quente ou numa chama, não precisamos "acreditar" na dor. A dor é experimentada, imediata e diretamente, com uma intensidade que usurpa o primeiro plano da consciência, antecipando-se à crença e às interpretações intelectuais, tornando-as irrelevantes, secundárias e posteriores à apreensão ou conhecimento diretos. Nos primeiros um ou dois séculos da era cristã, essa apreensão direta era chamada de "gnose", que significa simplesmente "conhecimento" (...) e atribuir sua experiência a uma dinâmica psicológica ou "alteração da consciência". Mas qualquer que seja a terminologia, permanece a própria experiência bruta e não-diluída, dissociada de todas as interpretações racionais apostas após o fato.
>
> A religião, em contraste, baseia-se não na "gnose", mas numa teologia, que é a interpretação intelectual atribuída após o fato (...). Uma teologia tenta explicar a experiencia religiosa, determinar o que ela "significa" – embora possa não significar absolutamente nada, pelo menos em termos intelectuais. As teologias envolvem dogmas, proibições e sanções, ritos e rituais. Quanto mais complexas e

> elaboradas se tornam essas coisas, mais divorciadas e dissociadas se tornam da experiencia original (simples) e torna-se um edifício intelectual por si mesma, que se autojustifica e se basta. A religião baseada numa teologia dessas nada mais tem a ver com "espiritualidade". Transformou-se em nada mais que um instrumento de condicionamento e controle. É então apenas uma instituição social, cultural e política, responsável por legislar a moralidade e manter – ou em alguns casos contestar – a ordem civil. (...).
> (...) Por toda a historia humana, crentes têm feito guerra uns com os outros. (...) As pessoas estão demasiado dispostas em nome de uma teologia ou de uma fé. Estão menos dispostas a faze-lo em nome do conhecimento. Os dispostos a matar pela fé terão, portanto, interesse no abafamento da voz do conhecimento.[5]

Bem cedo Jung, devido às suas próprias experiências "numinosas", percebeu essa dicotomia entre a religião que cristaliza e estratifica e a experiência sensível do espiritual que abre consciências. Em seus textos da maturidade isto fica bem claro. Em especial, partindo de sua própria tradição religiosa cristã, ele discute a questão de como o exemplo e ideias de Jesus acabaram por ser quase que completamente sufocados por camadas opacas de dogmas, tradições, tradições de tradições e um sem número de ritos, fórmulas, cismas e dogmas, transformando uma mensagem libertadora em uma prisão de consciências. Em sua pluridimensional obra, esta foi uma das preocupações de seu pensamento, bem como a questão das experiências numinosas para além dos limites da razão, e que foram a marcas dos grandes sábios de todos os tempos, como Lao-Tsé, Pitágoras, Buda, Platão, Cristo, Eckhart, Juan da Cruz, Tereza D'Àvila e tantos outros.

De fato, os estudos de Jung sobre tais fenômenos o fariam lançar as sementes de uma nova abordagem em psicologia, chamada de psicologia transpessoal,[6] que estuda os limites

[5] BAIGENT & LEIGH, op. cit., pp 162 – 164.
[6] Para uma apresentação introdutória da psicologia transpessoal, veja-se GUIMARÃES, *Evidências da Sobrevivência*, Madras, 2004.

das possibilidades perceptuais e de expansão psíquica do ser humano através dos diferentes estados ou graus de consciência pelos quais passa a pessoa (para se ter ideia do que seja estados de consciência, basta lembrar que o estado de consciência de quando se está acordado é diferente do estado de consciência de quando se está dormindo). Em cada um destes estados de consciência (que são vários, alguns ainda desconhecidos) é experimentada uma forma diferente de se perceber ou interpretar a realidade ou muda-se o referencial de comparação com esta.

Anos mais tarde, já conhecido psicanalista, Jung, segundo Frank McLynn, apontaria que a forma cristalizada da religião frequentemente deturpa a mensagem original:

> O cristianismo nem ao menos guardava fidelidade aos preceitos de seu fundador, e Jung concordava com Dostoievski no famoso capítulo *O Grande Inquisidor* em *Os Irmãos Karamazov*, onde o romancista russo dizia que se Jesus voltasse à terra seria tratado com hostilidade e desprezo pelos príncipes da Igreja. Isso significava, perguntou um discípulo de Jung, que, se vivo, Jesus Cristo correria o risco de ser crucificado novamente? O mestre respondeu que não, "mas seria levado à prisão ou ao asilo de lunáticos".[7]

Em suas obras da maturidade, Jung nos relata que os grandes mestres espirituais da humanidade vivenciavam uma realidade outra, acima dos limites do conhecido no estado comum de vigília, mas que na tentativa de repassar tais experiências ao seus semelhantes, utilizavam do material conceitual que sua cultura lhes fornecia, chamando sempre a atenção de que as palavras não conseguiam exprimir a contento o que seria o "Nirvana" ou o "Reino dos Céus" e por isso esses mestres faziam uso do discurso figurado e de parábolas. Mas, apesar das diferenças culturais, um estudo atento mostra que seus ensinos tinham pontos em comuns entre si. É fato que um estudo comparado das religiões confirma que as mensagens de Krishna, Buda, Cristo e tantos outros

[7] FRANK McLYNN. *Carl Gustav Jung, uma biografia*. Record, Rio de Janeiro, 1998, p. 431.

possuem, acima de seus detalhes culturais, praticamente o mesmo conteúdo. E seu potencial de iluminação é tão grande que, mesmo contaminadas pelas interpretações, chegam a criar tradições e civilizações inteiras.

Mas especificamente com respeito ao cristianismo na História e o mal da dessacralização de hoje, com o materialismo capitalista formando uma nova religião, diz-nos Jung:

> Seria um grande mal-entendido tomar como um simples "acaso" o fato de que Jesus, o filho do carpinteiro, anunciado pelo Evangelho, tenha se tornado o *salvador mundi*. Sua personalidade deve ter sido de uma envergadura extraordinária para poder exprimir e responder de maneira tão perfeita à expectativa geral, se bem que inconsciente, de seu tempo. Ninguém mais, senão precisamente ele, o homem Jesus, poderia ter sido o portador de tal mensagem.
>
> O poder esmagador de Roma, encarnado no César divino, havia criado um mundo no qual não somente inúmeros indivíduos, mas povos inteiros tinham sido despojados da sua independência cultural e espiritual. O homem enquanto individuo e as comunidades culturais de hoje encontram-se diante de uma ameaça semelhante de massificação (...).[8]

Ao constante ataque dos positivistas que o taxavam de místico, e dos religiosos, que o taxavam de positivista, Jung respondia que seu trabalho e a sua obra eram construídos sobre a observação empírica de sua experiência clínica, tanto com psicóticos quanto com neuróticos e com pessoas normais e bem sucedidas, e nunca pretendeu dar a impressão de enunciar um sistema ou uma "verdade eterna":

> Minha obra não pretendia ser mais do que a voz e a interrogação de um ser isolado, que se entrega à meditação dos leitores aos quais se dirige. Jamais pensei que alguém pudesse censurar-me de pretender chegar a uma verdade metafísica. Disso acusaram-me os teólogos, uma vez que o pen-

[8] JUNG, *Memórias, Sonhos, Reflexões*, pp. 195-195.

> samento teológico está habituado a tratar de verdades eternas. Quando o físico diz que o átomo é desta ou daquela constituição e dele constrói um modelo, não tem em mira exprimir uma verdade eterna. Mas os teólogos não conhecem o modo de pensar das ciências, ignorando particularmente as ideias da psicologia. O material da psicologia analítica, seus dados essenciais, são expressões humanas e, sobretudo, expressões humanas que se apresentam de maneira concordante em lugares diferentes e em épocas diferentes.[9]

Esta compreensão de Jung se fortaleceu quando começou seu estudo de religiões comparadas para lidar com o material arquetípico e espiritual que surgia espontaneamente em muitos dos seus pacientes. Mas em sua adolescência, Jung ainda estava longe de ter uma compreensão psicológica destas emergências espirituais surgidas em suas próprias "experiências de pico", como assim Abraham Maslow denomina os estados alterados de consciências significativos, mas intuitivamente ele sabia que o cristianismo das igrejas institucionalizadas parecia longe da mensagem original proposta por Jesus e ficava chocado pela forma como a mensagem parecia ser moldada em fôrmas elaboradas com os traços culturais e políticos de uma Europa fragmentada em correntes antagônicas de busca pelo poder.

Por essa época de sua vida, um de seus tios pastores mais cultos o convidava para almoçar com ele todas as quintas-feiras. Jung sentia-se especialmente agradecido pela oportunidade que estes encontros lhe davam de acompanhar as conversas intelectualmente mais excitantes dos adultos, dificilmente possíveis entre ele e seu pai, pois tais conversas tocavam em suas próprias dúvidas existenciais e religiosas.

O seu tio debatia tranquilamente com seus primos acerca de opiniões dogmáticas dos pais da Igreja (que eram os mesmos tanto na Igreja Católico-Romana quanto na Igreja Luterana) e sobre as ideias mais recentes em questões de teologia, mas silenciavam sobre qualquer questão que se referisse à filosofia niilista e anticlerical de Nietzsche e teólogos como

[9] JUNG, idem, pp. 198-199.

Jacob Burckhardt eram considerados "liberais" e "livre-pensadores" demais e, como tais, questionadores da ordem tradicional cuja "herança" lhes dava a certeza de estarem certos. Possuíam ainda seu tio e primos um posicionamento bastante dúbio com relação a Kant, pois aceitavam seus argumentos quando eram usados para desacreditar pontos de vistas adversos, mas nunca quando se mostravam críticos das ideias tradicionais que eles defendiam. Jung passou a achar tais debates, com o tempo, meros jogos retóricos, onde se tentava, à maneira dos escolásticos medievais e na tradição de santo Tomás de Aquino, buscar se convencer e fundamentar certezas teológicas sobre algo que, na verdade, eles desconheciam exatamente por não terem – ou muito pouco terem – vivenciado, e que não podia ser tão somente abarcado pelas construções lógicas.

Chegou-se então a um ponto onde Jung sentia-se "cada vez mais constrangido à mesa de meu tio e de sua família. (..). Naquele clima de segurança e de calma social e espiritual eu me sentia cada vez mais deslocado, se bem que tivesse sede das gotas de estímulo espiritual que ocasionalmente emanavam desses encontros".[10]

De fato, Jung era agradecido ao pai por este nunca o ter questionado sobre o porquê de quase nunca ir ao culto e de jamais participar da comunhão.

"Quanto mais me afastava da Igreja", diria ele, "mais me sentia aliviado; sentia falta da música de órgão e do coral, mas não da 'comunidade da paróquia'. Ela nada significava para mim, pois aqueles que iam habitualmente ao templo pareciam ser menos 'comunidade' entre si do que os 'seculares'. Estes, ainda que menos virtuosos, eram mais amáveis e seus sentimentos mais naturais, afáveis, calorosos, alegres e cordiais."[11]

---

[10] JUNG, op. cit., pp.79-80.
[11] JUNG, Idem, p. 80.

Capítulo V

A entrada na universidade e a morte de Paul

Paul, Gertrud, Emilie e Carl Jung.

Em 1894, Carl Gustav Jung terminava seus estudos no Ginásio e se preparava para escolher um curso universitário. Acabou por optar por medicina, menos por afinidade pelo curso em si e mais por uma questão utilitarista: ele precisava fazer um curso universitário na própria Suíça, já que seu pai não tinha como o sustentar no estrangeiro; teria de ter uma profissão que lhe garantisse algum rendimento certo (sempre existiram doentes para sustentar médicos e nem Jung nem mesmo seu próprio pai, que era pastor, queriam que o primogênito da casa seguisse a carreira de teólogo) e, mais que tudo, nesta área Carl poderia tentar unir seus interesses em ciências naturais e humanas.

De início, o jovem desejava seguir carreira como arqueólogo, no entanto, percebeu que essa vontade era algo irrealista diante da necessidade de ganhar a vida de forma mais segura. Por isso, a medicina seria a segunda opção, a mais imediatamente rentável. Ele também não deixou a antiga opção de desbravar o desconhecido de lado. Ainda poderia lidar com a escavação, pesquisa e catalogação de elementos de alguma área menos estudada onde pudesse dar alguma contribuição pessoal. E nisso, suas leituras em filosofia, especialmente Kant e Nietsche, iriam exercer sua influência no decorrer de seus estudos universitários, tanto que iria decidir por se especializar no setor mais controverso, menos admirado e popular da medicina: a psiquiatria. Assim, na primavera de 1895, Carl Gustav Jung iniciaria seus estudos superiores na Universidade de Basiléia, para grande orgulho do pai, Johann Paul.

Antes disto, porém, as relações entre pai e filho, após um período tranquilo, passaram por uma grave crise, sempre tendo por motivo a questão da teologia. Entre 1892 e 1894 houve violentas discussões entre ambos. Nisto havia uma espécie de espelhamento entre ambos... O jovem Carl parecia, aos olhos de Paulo, o homem bem sucedido que ele poderia ter sido, mas não foi.

Johann Paul Achilles Jung havia sido um excelente estudante de línguas orientais na Universidade de Göttingen, sob a direção do famoso filólogo Ewald. Porém, após defender sua tese e terminar seus estudos, sua luz promissora começou a fenecer e Paul passou a perder seus traços e sua individualidade brilhante ao se identificar com o papel de funcionário da religião, um burocrata acomodado a um papel de líder religioso e pai provinciano. Na verdade, em alguns pontos, sua imersão na *persona*[1] de burocrata de rígida postura era semelhante à da arquetípica figura de Darth Vader do simbólico filme *"Guerra nas Estrelas"* que se tornou de tal modo um burocrata que perdeu seu traços humanos a ponto de ter de usar uma máscara negra, representativa de seu papel de sinistro ministro dos interesses do Império.

Sentindo-se um medíocre, espiritualmente longe de viver em si mesmo a fé que tanto apregoava aos demais no púlpito, maritalmente fracassado e sem forças para admitir suas pró-

[1] Na psicologia junguiana, a persona (nome dado às máscaras do antigo teatro grego e romano) é a representação, por vezes inconsciente, de um papel socialmente esperado ou valorizado. Torna-se patológica quando a pessoa sacrifica outras tendências ou inclinações pessoais para, com grande dispêndio de energia, alimentar e fortalecer o papel social que assume, reduzindo-se a isto.

prias dúvidas e desilusões, Paul passou seus últimos anos, ainda moço, rememorando suas lembranças de estudante brilhante horas a fio em seu escritório da casa paroquial, tendo como única companhia seu velho cachimbo. Era, socialmente, um homem honrado, dado à caridade, forçando-se a ser, ao menos na aparência, um bom cristão. Mas por não ter dado vazão às suas potencialidades e mesmo às suas dúvidas íntimas referentes à religião, que o poderiam ter levado a novos *insights*, intuições e percepções originais acerca de Deus e de suas relações com o mundo e os homens, Paul se via forçando-se desesperadamente ao mergulho na teologia "cristã" tradicional. Esta tensão entre o aparentar ser o que, no íntimo, não era, ou melhor, ao ter de viver como se acreditasse no que dizia sem o crer e ainda ter de servir de exemplo social era-lhe profundamente frustrante. O fato é que, por um mecanismo de compensação, o esforço que fazia para desempenhar seu papel de pastor exigia, emocionalmente, uma compensação, o que se expressava por reflexo em um comportamento irritadiço, moralista e explosivo dentro de casa.

Carl estava convencido de que o tormento íntimo do pai,

> (...) tinha uma causa precisa ligada às suas convicções religiosas. Uma série de alusões me convenceram disso. Eu achava que a razão dessas dúvidas era a falta de uma vivência indispensável delas. As tentativas de discussão confirmavam esta impressão, pois todas as minhas perguntas eram seguidas de respostas teológicas sem vigor e que eu conhecia bem, ou de um alçar de ombros resignados que excitava o meu espírito de contradição. Não podia compreender o motivo por que não lutava, confrontando-se com a situação. Percebia que minhas perguntas críticas o entristeciam, mas esperava chegar a um diálogo construtivo; parecia-me inconcebível que ele não tivesse a experiência de Deus, a mais evidente de todas. Eu estava suficientemente informado sobre a teoria do conhecimento para saber que é impossível provar a existência de Deus; mas esta se afigurava tão evidente, que não havia necessidade de provas, da mesma forma que não é necessário provar a beleza de um alvorecer

ou as angustias do mundo noturno. (...) Por que não discutia com Deus, o sombrio *auctor rerum creatorum*, o único e verdadeiro responsável pelo sofrimento do mundo? Certamente Ele teria lhe enviado um desses sonhos mágicos, de uma profundidade infinita, como aqueles que eu recebia sem pedir e que haviam selado o meu destino. Não sabia como – mas era assim.[2]

Prossegue Jung nas suas lembranças do pai:

A teologia nos tornara estranhos um ao outro (...). Certa vez ouvi-o rezar. Ele lutava desesperadamente por sua fé. Fiquei extremamente emocionado e ao mesmo tempo indignado porque avaliei o quanto ele era presa, sem esperança de libertação, da Igreja e de seu pensamento teológico. Então compreendi minha vivencia em toda a sua profundidade: Deus, em meu sonho,[3] desaprovara a teologia e a Igreja fundada sobre ela. (...) Eu compreendi que a fé, tão enaltecida, lhe pregara uma peça fatal, não somente a ele, mas à maioria das pessoas sérias e instruídas que eu conhecia O pecado capital desta fé parecia residir no fato de preceder a vivência."[4]

Se por um lado, a fé calcada e ancorada na teologia discursiva mais que na vivência do divino parecia ser algo sem sentido, para Jung o posicionamento do materialismo extremo era tão dogmático e sem sentido quanto aquela, em especial o materialismo dos psiquiatras. Estes apelavam para uma crença tão cega na causalidade mecânica do organismo, em espe-

[2] JUNG, op. cit. p. 95.
[3] Jung se refere a um sonho que tivera anos antes, onde via Deus destruindo a Catedral de Basiléia.
[4] JUNG, op. cit. p. 95-96.

cial do sistema nervoso, da mesma forma que os teólogos em seus argumentos e círculos viciosos costumava afirmar que tudo o que ocorria era por vontade divina. Jung diria mesmo que "era óbvio que faltava a esses dois mundos a crítica do conhecimento e da vivência".

Seja como for, a gradual desistência de Paul em viver iria repercutir inevitavelmente na sua saúde, ajudando no desenvolvimento de um câncer que o iria matar em breve. Antes disso, porém, ele teve a alegria ao ver o filho entrar na universidade e se filiar à mesma irmandade estudantil da qual ele próprio fizera parte, a *Zofingea*. Acompanhando o filho em um dos passeios da irmandade, Paul por um momento ressuscitou seu brilhantismo juvenil e fez um discurso brilhante para os confrades de Carl, mas este súbito e momentâneo resgate das potencialidades do pai fez com que seu filho refletisse na crueldade de se anular alguém diante de um sistema impessoal, político ou religioso, destruindo o que há de melhor no ser humano: seus potenciais e originalidade. Mais tarde Carl iria dizer que todos nascem originais, singulares, mas tendem a findar como cópias.

Aquele discurso frente aos estudantes foi o último lampejo de vida que ainda ardia em Paul. Logo, ele iria se entregar novamente ao seu marasmo destrutivo até que, por fim, caiu doente em fins de 1895, morrendo na primavera do ano seguinte, tendo Carl ao seu lado.

Em sua última noite, Paul, que entrava em agonia, fizera o possível por se manter lúcido até a chegada do filho, apenas para lhe perguntar se este tinha se saído bem nos exames do semestre. Carl respondeu-lhe afirmativamente, Paul sorriu e logo após entrou em coma, morrendo algumas horas depois.

Semanas após, Carl vê o pai em sonhos, um fenômeno comum em pessoas que perdem entes queridos. No sonho, seu pai lhe dizia que finalmente tinha descansado e que voltara a casa. É interessante constatar como o futuro grande psicólogo especialista em interpretar sonhos ainda estava imaturo e pouco familiarizado com a linguagem simbólica, pois na ocasião cometeu um erro primário interpretando o "voltar a casa" como se fosse uma volta à sua casa física, onde morrera.

> Seis semanas depois de sua morte, meu pai apareceu-me em sonho. Surgiu bruscamente diante de mim e disse que tinha voltado de férias. Tinha descansado e voltara para casa. Pensei que me censuraria, por ter-me instalado em seu quarto, mas ele não disse nada.

A mesma "visita" iria se repetir alguns dias depois, onde novamente a mensagem era que seu pai voltara para casa, curado. Jung ficara realmente sensibilizado com estes "sonhos", por terem tido um aspecto muito real. Jung diz que este fenômeno ocorreu em sonhos, mas uma controvertida hipótese alternativa seria a de que ele teria sido visitado pelo pai, enquanto em estado de relaxamento profundo antes ou durante o sono, como em vários casos coletados por Frederic Myers, Camille Flammarion e Ernesto Bozzano, dentre outros que tanto estudaram fatos semelhantes em suas pesquisas de metapsíquica,[5] sendo que o próprio Jung ficou extremamente

desconcertado diante de seu aspecto profundamente real, lúcido e vívido. Em suas *memórias* ele dirá que "esse acontecimento obrigou-me, pela primeira vez, a refletir sobre a vida depois da morte".[6]

Embora Jung diga que foram estes acontecimentos que o tenham forçado a refletir pela primeira vez sobre a possibilidade de vida após a morte, está claro que este interesse e estas reflexões começaram muito antes, quando

[5] Metapsíquica foi o nome cunhado pelo fisiologista francês e Prêmio Nobel Charles Richet para o estudo dos fenômenos psíquicos qualitativos, como os que ocorriam com médiuns, sensitivos etc. Foi o movimento predecessor da moderna parapsicologia. Para um maior aprofundamento, ver GUIMARÃES, *Evidências da Sobrevivência*, Madras, 2004.
[6] JUNG, op. cit., p.98.

não por suas próprias experiências extraordinárias tanto intuitivas quanto objetivas, como os fantasmas que viu quando das mudanças de personalidade de sua mãe, ao menos pelo fato de que uma pessoa de sua família, uma jovem adolescente, começou a apresentar características mediúnicas agudas que lhe atraíram a atenção.

Em junho de 1895, Carl, sua mãe e algumas de suas primas organizaram uma série de "sessões espíritas", familiares e amadoras, no próprio presbitério de Klein-Hüningen, ao que parece sem que Paul soubesse, tendo por médium principal sua jovem prima Hélène Preiswerck, então com 13 anos, embora Jung tenha posteriormente dito que suas primeiras experiências com Hélène (usando, um pseudônimo para a mesma) ocorreram em 1898. Neste primeiro ano, Emilie e Carl organizaram três sessões antes que a morte de Paul as interrompesse por cerca de dois anos, tempo, porém, que Carl aproveitou para ler bastante sobre o espiritismo, como iremos ver no próximo capítulo.

Portanto, o ano de entrada na Universidade, coincidindo com a morte do pai pouco depois, marca um ponto de inflexão na vida de Carl Jung. Uma fase e uma forma imatura de ver o mundo ficara para trás.... Novos desafios, como chefe de família e como pesquisador do mistério da alma humana começara e daria início a uma espetacular jornada pelo ainda desconhecido mundo da psicologia...

Capítulo VI

Jung e o espiritismo

Os fenômenos hoje chamados, um tanto genericamente – e de forma confusa, devido à falta de conhecimento mínimo da literatura adequada – de *paranormais,* já existiam e eram descritos bem antes do nascimento do espiritualismo anglo-saxão da América e da Inglaterra, e do espiritismo do continente europeu, ambos florescidos no século XIX. São relatados, por exemplo, fenômenos de aparições ou manifestações atribuídas aos mortos em todas as culturas, continuam a ocorrer e registros de tais coisas fazem parte de praticamente todas os rincões do mundo onde se conhece a escrita ou outra forma de expressão, escrita ou plástica,[1] estando alguns registrados na própria Bíblia, como no caso de I Samuel, 28. Porém o estudo sistematizado destes fenômenos só começou a ser feito a partir da segunda década do século XIX, e não antes, apesar de algumas tentativas esparsas, devido à resistência da Igreja. Paradoxalmente, a pesquisa sobre "fenômenos espirituais" surge quando o materialismo começa a dominar o pensamento ocidental.

A implosão do *Ancien Regime* e da estrutura de poder calcada no tríptico nobreza/clero/monarquia baseada na ex-

[1] C.f. Hernani Guimarães ANDRADE, *Parapsicologia, uma Visão Panorâmica,* Editora FE, Mircea ELIADE, *O Xamanismo e as Técnicas Arcaicas do Êxtase,* Editora Martins Fontes, Ernesto BOZZANO em *Povos Primitivos e Manifestações Supranormais,* Editora do Conhecimento e Charles RICHET, *Tratado de Metapsíquica,* Editora do Conhecimento.

ploração da população (*plebe*), estimulada em parte pelos filósofos do Iluminismo e em parte pelos movimentos sociais contestatórios, por sua vez financiados pela ambiciosa nova classe da burguesia, enfraqueceram sobremaneira vários tabus e tradições de poder vigentes desde o feudalismo, incluindo o controle do pensamento e produção do conhecimento.

Para além da tomada do poder pela burguesia mercantil, a mudança da rígida estrutura hierárquica permitiu certa liberdade relativa de pesquisa e de pensamento, ao mesmo tempo em que criou novas condições sociais pelo processo de industrialização que, abrindo empregos, estimulava o êxodo rural e criava bolsões quase sempre críticos de bairros de operários, que não tinham direitos trabalhistas e eram hiper explorados pelos primeiros industriais.

Buscando sempre maximizar o lucro, esse movimento industrial incentivava novas práticas de produção, mecânica e administrativa e, com estas, as ciências tiveram estímulo, financiamento e alento moral, social e financeiro para se desenvolverem, já que suas pesquisas podiam ser imediatamente aplicadas em tecnologia de produção, aumentando os lucros da burguesia, e auxiliando a formar uma "mentalidade de mercado" do qual hoje não só 3/5 da humanidade sofre as consequências funestas, como também afeta de modo dramático todo o ecossistema natural do qual somos dependentes. De qualquer modo, a explosão do conhecimento técnico-científico ocorrida nos últimos duzentos e cinquenta anos foi fruto de uma mudança econômica ocorrida com o solapamento de antigas estruturas de poder, mas isto não foi feito por amor ao conhecimento, mas por interesse, por parte dos financiadores, do lucro a partir da racionalização da produção, condicionando formas de trabalho humano e a interação dos empregados entre si e destes com as máquinas, bem como de táticas de estímulo ao consumo e imposição de mercados por todo o mundo. Neste mister, o estímulo ao pensamento mecanicista, que transforma o orgânico e o vivo, conceitualmente, em "coisas" similares às máquinas construídas pelo homem e à reificação e fetichização das mercadorias levaria, paulatinamente, à sedimentação do pensamento materialista (no sentido vulgar de que tudo se reduz ao físico) que solapou a visão orgânica e espiritual que era presente na sociedade ocidental, dessacralizando a vida e o mundo, criando a cultura hedonista, competitiva e imediatista em que vivemos hoje.

Tais condições sociais de trabalho e sua ênfase no domínio mecânico e econômico, estabeleceram uma visão de mundo, uma filosofia social que, ao mesmo tempo em que justifica a nova situação política em que a burguesia toma o lugar da nobreza, conforma a mentalidade da classe média, do operariado e dos camponeses a esta nova realidade, com sua característica basicamente competitiva (pela necessidade do predomínio dos mais fortes no mercado, originando por uma apropriação deturpada e indevida das ideias de Charles Darwin, o neodarwinismo social) e parcamente cooperativa. O individualismo egoísta (não confundir com o conceito junguiano de *individuação*, que é a ação de transformar em realidade, atualizando-as, as capacidades potenciais da pessoa, diferenciando-a das demais para, complementarmente, integrá-la em uma sociedade que, em seu desenvolvimento positivo, é cooperativa) foi, assim, incentivado socialmente.

Concomitantemente, surgiram escolas como o Positivismo de Augusto Comte, que procuravam garantir a "*Ordem e o Progresso*", lema positivista, do novo regime burguês, calcado num cientificismo racionalista instrumental (longe de uma razão sensível e ciente das implicações das ações na sociedade e no meio-ambiente, como foi amplamente discutido por Max Hockheimer, Theodor Adorno e outros membros da Escola de Frankfurt) e materialista que pretendia "gerir" a sociedade do mesmo modo como os princípios das ciências naturais estavam a gerir as fábricas e industrias da Inglaterra e França, atingindo seu ápice nas teorias de administração de pessoas de base "cientificista", do taylorismo e do fordismo, já em inícios do século XX.. De tal modo o fascínio pelo mecanicismo materialista era dominante nos meios intelectuais da Europa que mesmo movimentos contestatórios da alienação que o sistema burguês impunha ao ser humano, não escaparam à tentação de serem "científicos" dentro dos moldes do positivismo. O desenvolvimento tecnológico, com a invenção do telégrafo, do telefone, a descoberta das vacinas etc., parecia dar ao modelo materialista o aspecto de ser o único válido, e ao domínio dos mais fortes, pelo darwinismo social, a forma social "natural" a ser imposta a todos, inclusive às culturas não ocidentais.

Em meio a este surto ufanista de materialismo cientificista, com o enfraquecimento do poder intelectual das igrejas católica e protestante, alguns fenômenos interessantes ligados à psicologia começaram a ser melhor observados. Anton von Mesmer no final do século XVIII estabeleceria, em meio a muitas polêmicas, os primórdios da hipnose – rejeitada por um bom tempo pela ciência – que levaria à descoberta das manifestações do inconsciente humano. "Videntes" modernos de grande talento, além de sólidos dotes intelectuais, como foi o caso do filósofo e político sueco Emmanuel Swedenborg, através de seus escritos sobre o mundo espiritual, deixariam textos que tocariam a sensibilidade de muita gente no final do século XVIII e, na Alemanha da primeira metade do século XIX, o médico, cientista e poeta Justinus Kerner, faria uma observação meticulosa dos dotes de clarividência de Frederica Hauff, a famosa "*Vidente de Prevorst*" que, além de das capacidades de percepção extra-sensorial, PES, por várias vezes confirmada por testes, falava frequentemente, junto às pessoas que a visitavam, da presença de *espíritos*, um dos quais pudera mesmo ser visto pelo inicialmente cético Kerner junto à cama de Hauff, que durante os três anos de expressão intensiva de seus dotes, esteve confinada a um leito.

Fora os fenômenos subjetivos expressos por pessoas como Swedenborg e Hauff (embora esta última também parecesse provocar alguns fenômenos físicos), outros havia que chamavam a atenção de todos, de imediato e de forma mais objetiva. Estranhos fenômenos de batidas, "raps" e movimento de objetos e mesas começaram a surgir e a serem descritos, em jornais e revistas, na Europa e na América, quase ao mesmo tempo, tendo inclusive tido sua parcela de ocorrências no Brasil. Casos dramáticos de interação de vivos com, ao que parecia, seres invisíveis, como "A Bruxa dos Bells", nos Estados Unidos, por volta do primeiro quarto do século XIX, e da capacidade de alguns sujeitos de perceberem coisas à distância quando em estado de hipnose pareceram antecipar fenômenos que iriam se tornar o centro das atenções nas grandes cidades das Américas e Europa em meados do século, culminante, neste primeiro momento, com o modismo das "mesas girantes" que respondiam por batidas e movimentos a diversas questões formuladas por participantes, numa espécie de um trabalhoso telégrafo sem fio com o invisível que se tornou uma verdadeira febre nos salões aristocráticos e burgueses do Ocidente e mesmo da Rússia czarista.[2]

Na Inglaterra, Suíça e na França, cientistas intelectuais passaram a se questionar da natureza dos fenômenos e o professor e filósofo Denizard Rivail (1804-1869), vendo nestes fenômenos a manifestação de uma nova força causal, de aspecto inteligente, começa a sistematizar as respostas obtidas por diferentes meios mediúnicos e a estudar as condições de ocorrência destes fenômenos, estabelecendo um dos primeiros conjuntos teóricos sobre tais ocorrências e classificando os fenômenos, criando um sistema filosófico que deu início ao espiritismo no continente europeu, com forte impacto em países de língua latina, melhor sistematizado e estudado que o espiritualismo, corrente paralela desenvolvida na América e Inglaterra, que também tentava, por diferentes autores, ordenar e classificar. Rivail é melhor conhecido hoje pelo pseudônimo que adotava em suas obras espíritas, Allan Kardec.

Note-se que a emergência desse movimento difuso, voltando a atenção para fenômenos que surgiam em praticamente todo o mundo, dava-se em um contexto onde a visão de mundo mecanicista se expandia e esgarçava, nas consequências sociais, pela racionalização e impessoalidade do trabalho imposto em ambientes igualmente insípidos, os laços afetivos entre as pessoas, que separavam-se em busca de emprego e melhores condições materiais de subsistência, ao mesmo tempo que tirava qualquer alento quanto a uma vida mais significativa em termos afetivos e cognitivos. De repente, o contato com entes queridos, remediado em parte pelo telégrafo, pelos correios e, depois, pelo telefone, se tornou uma urgên-

[2] Cf. GUIMARAES, *Evidências da Sobrevivência*, e CHARLES RICHET, *Tratado de Metapsíquica*.

cia, ao mesmo tempo que um dos pontos frágeis de equilíbrio emocional, sendo o contato com os entes queridos falecidos uma esperança que, bem ou mal, trazia uma visão mais espiritualista – antes dada pelas religiões tradicionais, cada vez mais postas em descrédito pelo paradigma materialista, causando um vazio emocional, existencial que levou não poucas pessoas ao desespero.

Ainda assim, os fatos denominados então como espíritas ou espiritualistas, por si, eram suficientemente intrigantes e, malgrado a rejeição de grande parte do núcleo considerado erudito, vários cientistas voltaram-se, de algum modo, para esses fenômenos.

Vários foram os cientistas e intelectuais renomados do período vitoriano que se dedicaram ao estudo dos chamados fenômenos espíritas. Dentre estes destacamos, na Inglaterra, o biólogo Alfred Russel Wallace (1823-1913), o físico William Crookes (1832-1919), o fundador da *Society for Psychical Research*, e especialista em línguas e literatura clássicas Frederic William Henry Myers (1843-1901) o físico *Sir* Oliver Lodge (1851-1940). Na França, houve filósofos como Henri Bérgson (1859-1841), Léon Denis (1846-1927) e o astrônomo Camille Flammarion (1842-1925), entre inúmeros outros, que defendiam de um modo ou outro o estudo dos fenômenos espíritas e o espiritismo. O fisiologista francês e Prêmio Nobel de Medicina, Charles Richet (1850-1935), se debruçou a tal ponto sobre o estudo dos fenômenos espíritas que acabou por formar uma área de estudos chamada de *metapsíquica* que, posteriormente, serviria de alicerce para o que hoje se chama de *parapsicologia*. Na Itália, destacam-se, entre outros os nomes do criminólogo Césare Lombroso (1836-1909), do astrônomo Giovanni Schiaparelli (1835-1910) e, principalmente, do incansável e profícuo pesquisador Ernesto Bozzano (1861-1943), autor de livros extraordinários sobre metapsíquica e parapsicologia. Nos Estados Unidos, destaca-se o nome um dos pais da psicologia, William James (1842-1910). Na Alemanha e Suiça, destacam-se o físico Karl Friedrich Zöllner (1834-1882) e o médico Alfred von Schrenck-Notzing (1832-1903), junto com o russo Alexandre Nikolaievitch Aksakof (1832-1903). Na área literária, citemos, entre outros, alguns escritores franco-germânicos tais como Victor Hugo, George Sand e artistas diversos, como o compositor Robert Schumann, entre outros.

Portanto, reiteramos que a pesquisa sobre a mediunidade e os fenômenos espíritas desenvolveu-se a partir da segunda metade XIX em um momento de crescente materialismo científico, filosófico e social. Em um dos raros momentos explícitos de dualismo complementar, diante de uma crença cultivada pela burguesia mercantil que transforma tudo e todos em mercadorias de troca e venda e, como consequência, apenas aquilo que se podia ver e tocar era real, onde todas as coisas funcionavam de acordo com um princípio mecânico, sendo a morte o aniquilamento total da "máquina humana", iniciou-se uma busca para obter indícios de que existia algo mais do que aquilo que era visível, que para o homem havia alguma coisa além do corpo, algo que sobrevivia à morte.

Foi exatamente neste período que nasceu Carl Gustav Jung, em uma família em que eventos mediúnicos não eram raros e sendo ele próprio uma espécie de sensitivo e testemunha de diferentes fatos psíquicos, como podemos ver pela sua biografia. Não era de surpreender, portanto, que ele inevitavelmente se sentisse atraído pelo espiritismo, não tanto em sua filosofia, mas pelos fenômenos a este relacionados, ainda mais quando descobriu que esta área ainda pouco explorada poderia sê-lo por meio do conhecimento superior e da observação criteriosa, base do método científico que comumente esclarecia vários pontos do mundo físico, mas que era muito pouco significativo em termos humanos fundamentais, além de fragmentar as áreas em tantas especializações que tornava difícil uma visão ampla do conjunto do saber, com uma hipertrofia conceitual da objetividade esquecendo-se de que a consciência que observa e analisa faz parte da psique ou subjetividade. O mesmo método agora usado na pesquisa dos fenômenos psíquicos, tomando-se o devido cuidado em não deixar a paixão contaminar o equilíbrio intelectual que tais fenômenos exigem diante das possibilidades de fraude ou dramatização, poderia ajudar a ciência a ser mais significativa e dar um suporte a uma visão menos estritamente mecanicista de mundo e mesmo possibilitar canais de contato interdisciplinar para o diálogo construtivo entre diferentes saberes e ciências.

Nas palavras do próprio Jung:

> Durante meus primeiros anos de estudo universitário, descobri que as ciências naturais veiculavam uma infinidade de conhecimentos, mas sem grande profundidade e apenas em campos especializados. As leituras filosóficas haviam-me ensinado que no fundo de tudo havia a psique. Sem a alma, não havia saber nem conhecimento profundo. No entanto, nunca se falava da alma. Ela era tacitamente suposta, mas mesmo quando mencionada, como em Carl Gustav Carus, não era abordada em ideias precisas, mas segundo uma especulação filosófica de sentido ambíguo. Essa observação curiosa me deixava perplexo.
>
> No fim do segundo semestre fiz uma descoberta: encontrei na biblioteca do pai de um companheiro de estudos, um historiador de arte, um livrinho de meados dos anos 1870 sobre aparição de espíritos. Tratava-se de um relato a respeito dos primórdios do espiritismo, escrito por um teólogo. Minhas dúvidas iniciais dissiparam-se rapidamente: sem dúvida tratava-se, em princípio, de histórias semelhantes àquelas que desde a minha infância ouvira no campo. *O material era indubitavelmente autentico.* Mas a pergunta decisiva sobre a realidade física que essas histórias implicavam não era respondida com clareza. De qualquer modo, constatei que evidentemente, em todas as épocas, nos mais remotos lugares da terra, as mesmas histórias eram contadas. Qual a razão disso? A eventualidade de que isso pudesse repousar em pressuposições religiosas idênticas devia ser afastada. Tratava-se então de algo relacionado com o comportamento objetivo da alma humana. Entretanto, nada se podia compreender sobre o problema essencial da natureza objetiva da alma, além do que diziam os filósofos.[3]

O interessante nestas lembranças de Jung é que a mes-

[3] JUNG, op. cit., pp. 101-102

ma fascinação referente à descobertas dos fenômenos espíritas por outros deu-se praticamente da mesma forma que em nomes de peso da ciência, como William Crookes, físico notável, descobridor do quarto estado da matéria – estado radiante ou *gusa* –, do elemento químico tálio e que, com seus exaustivos estudos do espectro químico dos gases, ajudou na descoberta dos elementos químicos *Césio*, *Rubídio* e *Índio*, e o fisiologista e Prêmio Nobel de Medicina Charles Richet, para citar só dois exemplos, seguiram a mesma linha: ele e Crookes, a partir de relatos e descrições anteriores de outros, pesquisaram de forma sistemática e consistente as ocorrências dos fenômenos ditos espíritas, Crookes voltando-se para os de efeitos físicos, e Richet tanto para estes quanto para os fenômenos subjetivos de PES, aceitando – não sem um misto de pesar e surpresa – a validade e ocorrência dos mesmos. Ambos, porém, diferentemente de Jung, que conhecia os fatos ocorridos em sua família e ainda menino teve suas próprias experiências, foram inicialmente céticos e mesmo antipáticos – notadamente Richet – à realidade destes fenômenos.

Interessante notar que estes pioneiros dos estudos psíquicos, como que por uma ação intencional do destino, tiveram em mãos a possibilidade de trabalhar com sensitivos brilhantes. Os estudos de Crookes com médiuns – ou *psíquicos* – como Daniel Dunglas Home e Florence Cook foram de tão dramáticas consequências – covalidadas positivamente por alguns de seus colegas da *Royal Scientific Society*, como Sir William Huggins, presidente desta instituição, e do engenheiro elétrico e inventor Cromwell Varley – que muitos céticos ou falso-céticos (pois que, na verdade, existem crentes a priori no materialismo e, portanto, na não possibilidade destes fenômenos) que põem em questão a validade de seus experimentos, entre estes o conhecido auto-intitulado e tantas vezes contraditório parapsicólogo espanhol, residente no Brasil, Pe. Oscar Gonzales Quevedo,[4] ainda assim reconhecem a postura científica desses pesquisadores. A este respeito, fala-nos Charles Richet:

Em favor da nova ciência (a Metapsíquica), há de um lado certos sábios e de outro certo público.

[4] Para ver algumas das inúmeras contradições, falhas e erros de Quevedo, ver GUIMARAES, obra citada.

Em primeiro lugar falarei dos sábios.

É facílimo dizer que se enganaram ou foram enganados. É uma objeção que está a altura do primeiro sabichão que aparece. Quando o grande William Crookes relata ter visto, em seu laboratório, Katie King, fantasma capaz de se mover, de respirar *ao lado de sua médium*, Florence Cook, o dito sabichão pode erguer os ombros e dizer: "É impossível. O bom senso faz-me afirmar que Crookes foi vítima de uma ilusão, Crookes é um imbecil". Mas este pobre sabichão não descobriu nem a matéria radiante, o tálio, nem as ampolas que transmitem a luz elétrica. E assim, minha escolha está feita. Se o sabichão disser que Crookes é um farsante ou um louco, serei eu quem sacudirá os ombros. E pouco importa que rebocados pelo sabichão, uma multidão de jornalistas – que nada viram, nem nada aprofundaram, nem nada estudaram – diga que a opinião de Crookes de nada vale. Não me admirarei.

Se Crookes ainda estivesse só! Mas não! Há uma nobre plêiade de sábios que presenciaram esses fenômenos extraordinários. Em lugar de fazer essa simples suposição que eles presenciaram o inabitual, poderei considerá-los cretinos e mentirosos?[5]

Mais adiante Richet continua:

> Um primeiro fato é evidente: é que todas as vezes que um sábio assentiu em estudar de maneira aprofundada esses fenômenos, chamados outrora de ocultos, adquiriu a convicção da existência desses fenômenos. Na história da Metapsíquica, não conheço um caso, somente um, de um observador consciencioso que, após dois anos de estudos, tenha concluído por uma negativa.[6]

No mesmo sentido pensava Jung. Em suas memórias, naquilo que a editora das mesmas, Aniela Jaffé selecionou para publicação, ele nos diz que:

> Por mais estranhas e suspeitas que parecessem as

[5] CHARLES RICHET, *A Grande Esperança*, p. 77, editora Lake, São Paulo, 1999.
[6] CHARLES RICHET, ídem, p. 79

> observações dos espíritas, nem por isso deixavam de constituir os primeiros relatos sobre os fenômenos psíquicos objetivos. Nomes, tais como Zöllner e de Crookes, me impressionaram e li praticamente todos os livros sobre espiritismo dessa época.

De fato, Jung, que já na escola se sentia incomodado com a ênfase demasiado mecanicista das ciências e que desprezavam os relatos comuns de estranhos eventos objetivos e subjetivos carregados de significado para as pessoas que os vivenciaram, parecia ter encontrado o fundamento que lhe faltava para dar coerência a inúmeras experiências pessoais suas, de sua família e de inúmeros conhecidos, incluindo professores e camponeses. Ficaram famosas suas interessantes discussões e talentosas apresentações na sociedade estudantil *Zofingea*, constituída de estudantes brilhantes de áreas como Direito, Medicina, Filosofia e Teologia, debatendo vigorosamente em favor dos fenômenos e pesquisas psíquicas, apresentando detalhadas sínteses e interpretações dos trabalhos de Mesmer, Swendenborg, Kerner, Zöllner, Crookes, Lombroso e Schopenhauer.[7]

Seu melhor amigo desta época de Universidade (e, na verdade, de toda a vida), Albert Oeri (1875-1950), relata que Jung conseguia manter cinquenta ou sessenta estudantes, embebidos no modismo materialista, sob seu domínio intelectual, fazendo-os ao menos se interessarem em ler e manter certa abertura aos artigos dos pesquisadores acima mencionados que se debruçaram sobre os fenômenos psíquicos.

> Isso era possível – e não desejo escondê-lo, diz-nos Oeri, – porque ele se instruíra corajosamente por si mesmo, estudando intensivamente literatura dita então ocultista, realizando experimentos parapsicológicos e, finalmente, defendendo suas convicções, exceto quando elas eram corrigidas pelos resultados de estudos psicológicos mais cuidados e detalhados. Estarrecia-o que a posição cientifica oficial do tempo em reação aos fenômenos ocultos

[7] Cf. ALBERT OERI, *Algumas lembranças da Juventude*, in W. McGUIRE &R.F.C. HULL, *C. G. Jung: Entrevistas e Encontros*, Cultrix, São Paulo, 1982; e McKLYNN, *Carl Gustav Jung, uma Biografia*, p. 58, Editora Record, Rio de Janeiro, 1998.

> fosse, simplesmente, negar a existência deles, em vez de os investigar e explicar. Por essa razão, espiritualistas como Zöllner e Crookes, sobre cujos ensinamentos Jung podia discorrer horas a fio, tornaram-se para ele mártires heroicos da ciência. Entre seus amigos e parentes, ele arranjou participantes para as sessões. Sobre estas nada posso dizer de mais detalhado, porquanto eu estava então profundamente envolvido na crítica kantiana, ao ponto de não poder pensar em outra coisa. A minha posição psíquica teria neutralizado a atmosfera. Mas, em todo caso, eu tinha um espírito suficientemente aberto para merecer o zelo de Jung. Era realmente maravilhoso deixar-me ser lecionado por ele, quando nos sentávamos os dois em seu quarto. Seu querido cachorrinho *dachshund* fitava-me tão gravemente que parecia entender cada palavra, e Jung não perdia a oportunidade de me dizer que, por vezes, o sensível animal gemia deploravelmente quando forças ocultas estavam ativas na casa.[8]

Embora Jung tenha dito que lera *"praticamente todos os livros sobre espiritismo desta época"*, muitos autores importantes dedicados à pesquisa sobre os fenômenos espíritas e psíquicos ele só veio a conhecer após a publicação de sua dissertação "*Sobre a Psicologia e a Patologia dos assim Chamados Fenômenos Ocultos*", em 1902, quando interno na clínica Burghölzli de psiquiatria, e que faz parte do volume um de suas *Obras Completas*. Entre os autores que só posteriormente Jung viria a conhecer estão a maior parte dos membros da hoje centenária *Society for Psychical Research*, SPR, de Londres, e da *American Society for Psychical Research*, dos Estados Unidos, como William McDougall, bem como do *Institut Métapsychique Internationale*, de Paris, como Richet e Geley, e apenas nos anos 20 faria experimentos de ectoplasmia com Bleuler e Schrenck-Notzing, e, nos anos, 30 teria contato com Joseph Banks Rhine e seus estudos de parapsicologia na Universidade Duke.

Fortemente influenciado pelos trabalhos do médico e pesquisador alemão Karl du Prel (1830-1899) e diante das obser-

[8] Cf. OERI, op. Cit., p. 28.

vações de alguns de seus professores, Jung, que reconhecia a validade dos fenômenos psíquicos, passou paulatinamente a ter mais cuidado, contudo, sobre a interpretação dos mesmos. Afinal, estava em começo de carreira e uma demonstração global pública de sua parte da aceitação sobre as interpretações correntes de certos pesquisadores psíquicos que admitiam a existência e interação de espíritos com médiuns e mesmo pessoas comuns – apesar do acúmulo de evidências coletadas que davam suporte a esta conclusão, ela era frontalmente oposta às implicações da visão de mundo mecanicista dominante nas academias de então (e ainda hoje) – e ciente de que os próprios médiuns interferiam ou mesmo acabavam por contaminar fenômenos reais com certas dramatizações mais ou menos inconscientes, em especial se estes médiuns fossem muito exaltados em sua vaidade por elogios e reconhecimento, qualquer expressão oficial de aprovação à teoria espírita ou espiritualista da ação de mortos sobre vivos teria sido o fim de sua reputação de jovem cientista em ascensão. Assim, para unir a pesquisa e o reconhecimento dos seus pares nessa área sensível de estudos, Jung começou a se interessar pelas relações e interpretações entre os fenômenos espíritas a partir do enfoque psicológico, ou seja, em que medida pelo menos *parte* dos fenômenos não seriam facultados, facilitados ou provocadas pelo próprio médium sem que este tivesse consciência deles, quando, agindo de boa fé, na verdade estaria expressando como sendo de um agente externo capacidades ou manifestações da própria psique ao invés de supostos espíritos. Para Jung, este era um dos caminhos para se validar os fenômenos psíquicos (lembremos que Jung desconhecia, por esta época, os trabalhos de Richet e da SPR, e os trabalhos de Aksakof, Camille Flammarion e Ernesto Bozzano,[9] embora conhecesse bem os de Crookes e Zöllner que apontavam para a manifestação objetiva de "mortos" em, pelo menos, parte dos fenômenos, ao menos como hipótese válida de trabalho).

Jung sempre admitiu a existência objetiva de *fantasmas*,

[9] Para um estudo panorâmico das pesquisas psíquicas iniciadas com os estudos dos fenômenos espíritas, veja GUIMARÃES, obra citada, H. G. ANDRADE, *Parapsicologia – Uma Visão Panorâmica*, Fé, São Paulo, 2002.

como estivemos vendo até agora, mas, se quisesse ser levado a sério na comunidade científica, não podia descuidar do ranço positivista dominante. E se ele quisesse ainda unir uma carreira reconhecida por seus pares da academia com seus interesses nestes assuntos, teria de tentar enquadrar estes fenômenos dentro dos parâmetros reducionistas do meio acadêmico, como pesquisador e teórico, de alguma forma que pudesse se encaixar no paradigma mecanicista-materialista. Mesmo na questão dos ditos fantasmas, quando aceitos por parte dos pesquisadores, era fato na literatura pertinente a essas pesquisas que poderia haver duas explicações para os mesmos (que, no fundo, seriam apenas duas modalidades de um mesmo fenômeno), ou dois tipos de expressão causal: retirando a fraude e a má observação, uma manifestação de um fantasma poderia ser provocada por agente externo ao médium e, também, em alguns casos, seria a manifestação de uma ideoplastia cuja fonte seria o próprio médium. Esta última possibilidade, ainda que igualmente estranha ao paradigma mecanicista, ao menos poderia, em parte e com certo cuidado, se adequar à psicologia e à fisiologia de alguma forma, "explicando" fatos que cientistas renomados diziam ser reais sem cair no desprezado contato com o "religioso", o "ilusório" e o "supersticioso", a explicação dos céticos adequada ao modelo materialista mas que pouco ou nada explicava.

Os experimentos, ou *séances*, que o próprio Jung estava realizando pouco antes de sua entrada na universidade e que durariam até pouco antes de sua entrada na clínica Burghölzli, que foram citados por Oeri, se restringiam às sessões "espíritas" amadoras feitas com sua prima Hélène, quase sempre de improviso, sem um andamento realmente sistemático e muito menos sem que Hélène estivesse sob orientação de um pesquisador/dirigente experimentado, o que Jung nesta época ainda não era. Além do mais, a falta de autocontrole e crítica do grupo familiar fez com que a jovem médium adolescente se sentisse de tal modo o centro das atenções que até mesmo os eventos mais indiscutivelmente espiríticos ocorridos em sua presença (*raps* e outras batidas de aspectos intencionais sem causas físicas aparentes, mesas girantes que respondiam à questões etc.) ficaram comprometidos quando, ao apaixonar-se pelo primo, Hélène passou a criar eventos pretensamente mediúnicos tentando impressioná-lo ainda mais, o que acabou causando o sentimento oposto, quando Jung descobriu suas pretensões e truques – que afinal, ficavam aquém dos fenômenos mais reais que ela mesma conseguia produzir.

Seja como for, Jung aprendeu bastante com o ocorrido: que os médiuns são simplesmente pessoas com certa sensibilidade ou capacidade – nem sempre controlável e muitas vezes fugidia – de apresentar fenômenos de PES e PK e que, a depender de como são tratados, podem mesmo fraudar se isso ajudar a manter a admiração alheia, o que aprofundou seu interesse ainda mais por psicologia até que, finalmente, a leitura do *Manual de Psiquiatria* de Kraftt-Ebing selou seu destino profissional (Jung estava em dúvida entre a cirurgia e a clínica como especialização).

Sua intuitiva certeza sobre a existência de "forças estranhas" não esmoreceu mesmo diante de parte de sua frustração com Hélène. Aliás, veremos no decorrer deste trabalho que Jung, posteriormente à publicação de sua dissertação de formatura, e diante de outras vivências e leituras, passou a julgar menos rigidamente os anos de sessões familiares com sua prima (que acabou profundamente afetada, além do desinteresse romântico do primo por ela, pelo descuido de Jung em evitar dar demasiadas pistas sobre a identidade da médium pesquisada na sua dissertação).

Porém, mesmo nesta época, e em outros momentos que não os das sessões familiares, eventos estranhos e inesperados ocorreram na casa de Jung.

Durante as férias de verão de 1898, no auge de seu interesse pelo espiritismo, Jung estava estudando no seu escritório, com a porta entreaberta, enquanto a mãe fazia tricô na vizinha sala de jantar, onde havia uma robusta mesa redonda de nogueira que havia pertencido à sua avó paterna. A mesa estava a pouco mais de um metro da poltrona onde se encontrava Emilie, perto da janela. Sua irmã, Gertrud, estava na escola e a empregada, na igreja. Repentinamente, um estrondo parecido com um tiro se fez ouvir. De um salto, Jung precipitou-se para a sala de jantar, onde viu a mãe espantada e ainda sentada olhando a mesa, o tricô caído das mãos, gaguejando ao perguntar a ele o que acontecera. Observaram que uma parte inteiriça de madeira sólida no tampo da mesa havia rachado até mais da metade de seu comprimento sem causa aparente. Jung e a mãe ficaram perplexos, porque a mesa era de madeira de nogueira extremamente sólida, grossa e perfeitamente envernizada e seca havia mais de setenta anos, e o fato se deu em pleno verão, o que diminuía muito a possibilidade de choque térmico ou inchaço da madeira seguido de rachaduras. "*Há acasos estranhos*", pensou Jung. Sua mãe que, como já vimos anteriormente, frequentemente parecia adotar uma outra personalidade mais sóbria e profunda, neste momento em que Jung pensava no evento como mais um "caso estranho", imediatamente olhou para o filho e disse-lhe, como se tivesse "ouvido" seu pensamento: "Sim, sim, isso significa algo!".[10] Jung ficou muito impressionado com este fato, ou associação entre a mesa, seu pensamento e olhar fixo seguido da resposta da mãe. Para nós, que não vivenciamos a cena, provavelmente tal evento tenha pouco significado, mas Jung citou esta ocorrência em cartas a Joseph Rhine décadas após. Mal sabia ele que este "*acaso estranho*" e significativo iria posteriormente se repetir de forma similar em presença sua e de outro gênio da psicologia contemporânea, Sigmund Freud, onze anos depois.

Catorze dias após este primeiro "*acaso estranho*", ao voltar à tardinha para casa, Jung encontrou a mãe, a irmã e a empregada em grande agitação, pois uma hora antes, por volta das cinco da tarde, ouvira-se um barulho ensurdecedor, mas não da mesa, e sim de um outro móvel do início do século XIX, um armário. Parecia ter sido algo como o estrondo de um canhão. Já esperando encontrar alguma outra rachadura na madeira, soube que as mulheres haviam vistoriado todo o armário e não encontraram nada de errado com a madeira. Jung também examinou o móvel e elementos adjacentes e também nada encontrou. Mas ao abrir a gaveta onde se guardava a cesta de pão, ele descobriu que uma faca usada para cortar

[10] JUNG, op. cit., . 107.

pão estava com a lâmina quase totalmente partida em partes diferentes. O cabo estava em um canto da cesta de pão, mas partes da lâmina estavam nos outros três cantos. A faca, de metal, havia sido usada uma hora antes do estrondo na sua função corriqueira de partir o pão e depois guardada, ninguém havendo se aproximado do bufê, posteriormente, até depois do barulho ter ocorrido.

Jung, impressionado, levou no outro dia a faca partida até a oficina de um cuteleiro da cidade, que, examinando a lâmina e seus pedaços, afirmou que a faca era de boa qualidade, sem defeito algum no aço. Só poderia ter sido partida se alguém a tivesse quebrado e ainda assim fazendo algum esforço, pois a qualidade do aço não o permitiria "estourar". A hipótese de acaso era absurda demais para ser levada em consideração.[11] Jung guardou esta faca por toda a vida, tendo enviado uma foto da mesma a Rhine, quase quarenta anos depois destes acontecimentos, o que mostra o quanto este evento, posterior ao da mesa, o impressionara.

Na primeira missiva de Jung dirigida a Rhine, datada de 27 de novembro de 1934, ele resume o ocorrido nestes acontecimentos (com alguns detalhes diferentes do que ele escreveu 22 anos depois em *Memórias, Sonhos, Reflexões*), e, ao final, os associa de alguma forma com seus experimentos mediúnicos com a prima (que ele tenta não identificar dizendo que a médium já era uma mulher casada), que não estava presente em nenhuma destas ocorrências de suposta psicocinesia:

> Eu suponho que ambos os fatos estavam ligados a um conhecimento que eu travara há pouco antes com uma pessoa. Havia conhecido uma jovem senhora com declarada aptidão mediúnica (aqui Jung confirma que a prima tinha sim dons mediúnicos autênticos, embora viesse a usar o triste expediente da fraude posteriormente) e resolvera submeter-me a algumas experiências. Ela morava a uns quatro quilômetros distante de nós. Naquela ocasião ela não estava nas proximidades de nossa casa, mas pouco depois começara as sessões com ela (melhor seria dizer, recomeçaram, pois as primei-

[11] JUNG, idem, pp. 107-108

ras sessões, lembremos, datam de 1895). Contou-me que exatamente na época em que aconteceram as explosões havia pensado intensamente nessas sessões. Ela podia provocar um ruído claramente perceptível em algum móvel e nas paredes. Às vezes aconteciam as batidas ruidosas mesmo que estivesse a quatro quilômetros de distancia.

Mandarei ao senhor uma fotografia da faca.

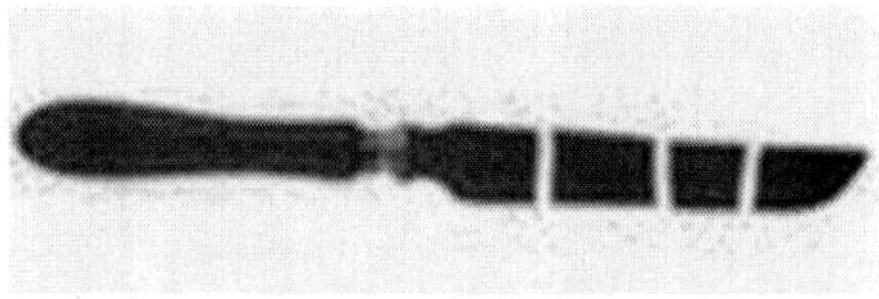

Foto da faca de pão que subitamente apareceu partida em várias partes e que foi citada por Jung a Joseph Rhine e também em suas memórias ditadas a Aniela Jaffé.

O pai da Parapsicologia moderna, Joseph Banks Rhine (1895-1980), diretor do laboratório de Parapsicologia da Universidade Duke, em Durham, Carolina do Norte, EUA, soubera das experiências vivenciais de Jung em inícios da década de 1930, por intermédio de seu mentor, o Prof. Dr. William McDougall (1871-1938), britânico, membro da *Society for Psychical Research*, e inicialmente professor em Cambridge, posteriormente professor em Harvard e, depois, em Duke.

Rhine, em sua primeira carta, havia pedido a Jung que lhe contasse suas experiências paranormais. Além da resposta de Jung, cujo trecho acima transcrevemos, ele de fato enviou em anexo a foto da faca, cuja história muito interessara a Rhine. Este foi o início de uma grande amizade e admiração mútuas, útil a ambas as partes, como iremos ver no decorrer deste livro. O trabalho heroico de Rhine muito iria influenciar Jung, a partir de então (meado dos anos 30 em diante), em especial em suas ideias sobre a questão da *sincronicidade.*[12]

O fato de estes eventos terem se dado no exato momento em que Jung pesquisava com sua prima em sessões privadas, mas sem que esta estivesse presente no momento de sua ocorrência, é exemplo evidente de *sincronicidade,* em outras palavras – e de forma resumida – ocorrências físicas externas

[12] Sincronicidade: eventos inter-relacionados que apresentam notável significado para a pessoa que os vivencia, chamadas de "coincidências significativas". Apresenta uma relação acausal impactante entre estados mentais/emocionais e ocorrências físicas.

que repercutem situações ou processos subjetivos em dado contexto que, para a pessoa, não parece ser possível de se interpretar como mera coincidência. O Jung de vinte e três anos de 1898 estava profundamente envolvido, até mesmo existencialmente, com seus estudos universitários, ansiosamente procurando associá-los com seus estudos psíquicos e suas experiências com a jovem Hélène, de 16 anos à época. Esta, por sua vez, estava igualmente ligada a Jung por esses experimentos e por estar apaixonada por ele. Em ambos os acontecimentos, do tampo sólido da mesa que rachou e da faca de aço que se quebrou em diferentes partes, a médium não estava no local, mas, em outro ponto, estava pensando nas sessões de que participavam. Associe-se a isso a estranha mudança de personalidade seguida de provável telepatia por parte de Emilie, a mãe de Jung, e então podemos entender porque tais ocorrências, neste contexto, impressionaram tanto o jovem estudante.

Em 20 de maio de 1935, Jung se dirigia a Rhine, em resposta a outra carta por este enviada ao primeiro. Jung, nesta missiva, em que ele envia a foto da faca já mencionada, demonstra o quanto o modelo mecanicista/materialista de mundo dos intelectuais europeus fazia com que ele se acautelasse de expressar publicamente suas opiniões e vivências parapsíquicas. Essa confissão e a cautela, nos seus livros, (especialmente os primeiros) em ajustar os eventos mediúnicos à psicologia nos padrões tradicionais mostra que uma parte do que Jung expressava sobre estes fenômenos encobria uma outra parte, mais profunda e por vezes de convicções bem diversas do que era expresso, e que textos posteriores confirmam. Ainda assim, perguntamo-nos quantos *insights* e teorias geniais Jung não teria tido receio de manifestar abertamente em sua obra por causa disso, do duro muro paradigmático dominante na mentalidade moderna:

> Caro Dr. Rhine,
>
> Alegro-me em saber que colaborei com suas pesquisas, mas como sou menos otimista do que vocês, americanos, não trago a público as minhas ex-

periências. Neste campo aprendi muito no passado. Há coisas que são simplesmente incompreensíveis à inteligência rústica das pessoas de nosso tempo. A pessoa se arrisca simplesmente a ser considerada maluca ou falsária; e eu já fui acusado de ambas as coisas, de modo que aprendi a calar-me com prudência. Eu pediria a todo o psicólogo da Europa que não pendurasse esta fotografia[13] na parede, mas como a Carolina do Norte está longe da Europa, tão longe que provavelmente só raríssimas pessoas sabem da existência de uma Duke University, nada tenho contra.

Constatei que poucas são as pessoas que têm real interesse nesse assunto e menor ainda é o número daqueles que estariam em condições de refletir sobre esse e outros temas semelhantes; por isso cheguei à conclusão, no correr dos anos, de que a dificuldade principal não está em como dizer, mas antes em como não dizer estas coisas. O horror ao novo das pessoas é tão grande que elas, para não perder sua modesta capacidade intelectual, preferem declarar maluco aquele que intranquiliza sua mente.[14] Se quisermos realmente ensinar algo de valor às pessoas, devemos fazer todo o possível para contornar esses preconceitos. São essas as razões por que prefiro não tornar conhecidas muitas de minhas experiências. Elas colocariam o mundo cientifico diante de problemas bem desconcertantes.

Sincerely yours,
C.G. Jung[15]

Claro está que foram as experiências vivenciais de Jung, seu contato com o espiritismo e as experiências com sua prima que o levaram à certeza de que a psiquiatria, por ser um

[13] A foto da faca de pão partida misteriosamente em sua casa em 1898.
[14] Este é o expediente muito utilizado, por exemplo, pelo Pe. Quevedo e seus discípulos. Ver GUIMARAES, obra citada.
[15] JUNG, *Cartas*, volume I, p. 203

ramo da medicina, ainda que "polêmica", e posteriormente a psicologia, estavam mais próximas dos mistérios da alma humana que as outras áreas da medicina ou das ciências humanas. Para continuar, contudo, no estudo dessa alma e suas faculdades e capacidades de expressão, incluindo as manifestações psíquicas ditas paranormais, no entanto, ele teria de se adequar aos padrões rígidos de cientificidade newtoniana da Europa da virada do século. Teria de se acautelar quanto a seus interesses sobre o "ocultismo" e adotar oficialmente uma atitude positivista. Isso era o desempenhar de um papel, que velava algo que um olhar mais atento poderia perceber e descobrir, mas era um papel necessário se quisesse se lançar à carreira de pesquisador científico. Pensando em comparação com outros pesquisadores da área das ciências psíquicas, como Richet e Bozzano, ele não foi o único a usar desse mister.

Assim, ao decidir seguir em frente, Jung decidiu se especializar em psiquiatria, solicitando uma vaga como médico assistente na famosa Clínica Burghölzli de Zurique, sob a direção do famoso alienista Eugen Bleuler (foto). Lá ele teria de adotar o esteriótipo do pesquisador em uma área da medicina que fora criada, de início, apenas para controlar pessoas indesejáveis e não para curá-las. Sobre isto, discorreria Jung posteriormente:

> Com meu ingresso no Burghölzli, minha vida entrou numa realidade total, feita de intencionalidade, de consciência, de dever e de responsabilidade. Era o ingresso no claustro do mundo, a submissão ao voto de acreditar apenas no verossímil, no médio, e no banal, naquilo que tivesse escasso significado; era o voto de renunciar a tudo o que fosse original e significativo e de banalizar tudo o que não fosse. Apenas importam as superfícies que nada cobriam: começo sem continuação, contingências sem relações, conhecimentos que se comprimiam em círculos cada vez menores, insuficiências que

> pretendiam ser problemas, horizontes de uma estreiteza opressiva, um deserto incalculável de rotinas.

Isso explica, em parte, o porque sua tese de final de curso sobre os "*assim chamados fenômenos ocultos*", feita sob a supervisão de Bleuler, parecer tão ligada à escola reducionista de Pierre Janet, o formulador da teoria do "subconsciente", antecessor de muito do que posteriormente seria desenvolvido por Freud. Janet também estudou muitos médiuns, atestou a capacidade de clarividência de muitos deles, mas não pôde ou não teve coragem de ir adiante. Temendo por sua carreira e reputação, chegou mesmo a dizer, para adequar sua pesquisas à mentalidade e ao esperado por seus pares clínicos, que os médiuns eram psicóticos, no que foi criticado fortemente por Richet, Osty e outros.[16]

Rhine, no seu livro *O alcance da Mente*, mostra que Janet se recusou a publicar seus estudos quando estes apontavam para as capacidades mediúnicas acima da barreira de espaço e tempo, como na percepção de acontecimentos remotos efetivamente ocorridos e narrados em detalhes com o médium em estrado de transe, e não podiam, portanto, superando os limites sensoriais, ser reduzidos às funções da estrutura neurofisiológica do cérebro.[17]

Porém o trabalho de Janet tem também sua importância, já que ele foi um dos primeiros a apontar funções inconscientes no comportamento e psiquismo do ser humano, algumas

---

[16] Para uma estudo comparativo das opiniões de Janet, Charcot, Richet e outros, ver GUIMARAES, obra citada; e RICHET, *Tratado de Metapsíquica*. Neste Richet textualmente escreve sobre os médiuns e a opinião de seu colega e amigo Janet: "em todo caso nego-me, em absoluto, a considerá-los doentes, como está disposto a fazer Pierre Janet". Pretensos parapsicólogos, em especial os que usam batina, contudo, retomam os preconceitos de Janet e dizem que qualquer manifestação de capacidade psíquica paranormal é sintoma de doença e que, portanto, deve ser "curada", preferencialmente pela sua equipe de "terapeutas" religosos. Sobre uma destas afirmativas levianas feitas pelo mais famoso autointi tulado "parapsicólogo" no Brasil, que citara o trabalho do pesquisador norte americano, Charles Tart, afirmando que este havia chegado à mesma conclusão, Tart enviou uma carta ao prof. Wellington Zangari, da PUC, São Paulo, desmentindo categoricamente esta afirmativa tendenciosa do sr. "Padre Parapsicólogo". Ver GUIMARAES, obra citada, e o site do Portal Psi, da Puc de São Paulo, em *http://www.portalpsi.cjb.net*.

[17] Cf. J. B. RHINE, *El Alcance de la Mente*, Editorial Paidós, Buenos Aires, 1965, p.35

das quais pareciam englobar informações há muito esquecidas na instância consciente da psique. Bleuler seguia Charcot e Janet, e Jung chegou mesmo a estudar brevemente com este último em Paris antes de seu encontro com Freud.

Jung já estava de certa forma familiarizado, portanto, com o conceito de inconsciente (ou, no caso, do subconsciente de Janet) quando, em 1903, começou a estudar Freud e seu inconsciente psicanalítico, mas o conceito já estava mais ou menos sedimentado nele antes dessas leituras, por meio também de seus próprios estudos experimentais em psiquiatria, notadamente com o teste de associação de palavras. Ele sempre foi cauteloso quanto aos modelos teóricos da mente, mesmo quando se sentia por eles atraídos. De qualquer modo, tanto pelas suas cartas, quanto pelas suas *memórias*, sabemos que nem sempre o que era escrito e oficialmente dito, quando parecendo ligar-se aos preconceitos mecanicistas da medicina, era, necessariamente, o que ele acreditava e sentia e isto é especialmente válido na questão dos fenômenos *psi*, mediúnicos ou paranormais...

Jung, no seu trabalho acadêmico sobre os "assim chamados fenômenos ocultos", baseados nas sessões que vivenciou em sua casa e com sua prima, expôs acertadamente a questão do *animismo*, ou seja, que em todos os médiuns (uns mais, outros menos) boa parte do material expresso por meio da fala ou da escrita advém da ação inconsciente do próprio médium, que nada mais é que uma espécie de indivíduo com uma estrutura neurofisiológica diferenciada (segundo Richet) ao ponto de doar os meios necessários para a produção de eventos PES e PK, o que não derroga que estes meios possam igualmente ser trabalhados hipoteticamente, no todo ou em parte, por associações com *agentes THETA*, embora na dissertação mencionada Jung, pelos motivos antes discutidos e tendo em vista que seu texto seria lido por seus pares da academia e da clínica, desse destaque a que os poderes da prima seriam produtos de estados psicológicos especiais.

Bem ou mal, porém, eventos estranhos, muito deles bem objetivos, acompanhariam Jung por toda a vida. Alguns incluiriam a visão de fantasmas vistos não só por ele, mas por vários membros de sua família e, em ao menos um caso, por um de seus amigos, fora as inúmeras manifestações físicas, ao estilo *poltergeist*. Muito embora essas ocorrências fossem relativamente frequentes, igualmente constantes e até mesmo irracionais eram as resistências das pessoas da ciência a estes eventos quando Jung tentava abarcá-los. Por isso, escreve Jung de forma poética em suas memórias, ao constatar a resistência de seus companheiros de universidade e de profissão sobre estes eventos psíquicos, captando-lhes por baixo das ironias, um medo e ansiedades maquiadas:

> (...) mas afinal de contas, por que não deveria haver fantasmas? De um modo geral, como poderíamos saber que algo é impossível? E o que significava aquela ansiedade? Quanto a mim, achava essas *possibilidades* extremamente interessantes e atraentes.
> Medo de quê? Eu não sabia. Afinal de contas, a ideia de que talvez certos acontecimentos escapassem às limitações de espaço, tempo e causalidade não era algo que pudesse abalar o mundo, algo inaudito. Certos animais não pressentiam a tempestade e os tremores de terra? Não havia sonhos premonitórios da morte de certas pessoas? Relógios não se detinham no instante da morte de alguém? Copos não se partiam inesperadamente? Tudo isso era natural no mundo em que até então vivera, mas eis que de repente parecia que eu era o único a saber disso. Perguntava-me a mim mesmo, perplexo, em que mundo eu caíra! Naturalmente, esse era o mundo das cidades, que ignorava tudo acerca do campo, do mundo real das montanhas, de rios e florestas, dos animais e dos pensamentos divinos (...). Achei esta reflexão consoladora; em todo caso ela aumentou minha autoestima, fazendo-me compreender que o mundo citadino, apesar da plenitude de seu douto saber, era espiritualmente limitado.[18]

Jung, Richet, Flammarion, Bozzano, Gustave Geley, J. B. Rhine e outros admitiam que o psiquismo era muito mais com-

[18] JUNG, obra citada, pp.102-103

plexo do que seria corrente imaginar, sendo que a totalidade psíquica incluiria instâncias muito mais profundas que o tênue padrão consciente. Admite-se, portanto, há muito tempo que os fenômenos parapsíquicos emergem como efeitos de uma disposição especial da personalidade total psíquica humana, o que inclui aquela instância mais profunda e inconsciente da psique.

O material mais profundo do inconsciente é acessado em estados específicos de alteração de consciência (sono, transe etc.) onde há uma integração das duas instâncias em um nível diferente do da vigília, ou é inferido a partir de comportamentos que alguém expressa sem que se dê conta. Mas há o perigo de se utilizar desta concepção teórico-interpretativa como um guarda-chuva invertido que abarcasse tudo o que ainda não podemos explicar na área dos fenômenos *psi*, partindo para um reducionista crasso e atribuir ao inconsciente, muitas vezes de forma leviana e precipitada, atributos quase divinais, em hipóteses ousadas que tentam enquadrar nos modelos clássicos os fatos coletados pelos estudos psíquicos, sem perceber que os fatos é devem ditar a interpretação e a explicação, ou abrir novos campos de teorização, e não se enquadrar em padrões e modelos teóricos pré-estabelecidos.

Capítulo VII

Além da psiquiatria

Refletindo sobre modelos de ciência

Calcada em um discurso técnico, ideologicamente baseado em uma concepção utilitarista de *domínio* e *poder* (domínio sobre a natureza, poder sobre os recursos naturais, domínio sobre instituições, poder sobre as pessoas etc.) a ciência ocidental é uma espécie de saber especializado que se impõe, enquanto geradora de potência técnica, como o mais válido. Extremamente bem-sucedida na questão da uniformização de conceitos e sistemas abstratos (onde apenas aquilo que é geral é passível de ser controlado e facilmente transformado em números e médias para manipulação eficaz), o singular, o único, geralmente não é objeto das ciências clássicas. Visivelmente dependente do sistema econômico e financeiro atual, a ciência é a forma mais eficaz de se obter conhecimento aplicado na perpetuação deste mesmo sistema.

Como esclarece o professor Renato Machado,

> (...) a ciência não é um objeto natural, um objeto dado; *é uma produção cultural*, um objeto construído, produzido. (...) A ciência é essencialmente discurso, um conjunto de proposições articuladas sistematicamente. Mas, além disso, é um tipo específico de discurso: é um discurso que tem a pre-

tensão de verdade".[1]

O mesmo autor afirma ainda que...

> (...) a questão da verdade significa a dos critérios do conhecimento dito verdadeiro, que dependem da própria ciência enquanto processo de produção do conhecimento ou daquilo que Canguilhem chama veridicidade: "A veridicidade ou o dizer-o-verdadeiro da ciência não consiste em uma reprodução fiel de alguma verdade inscrita desde sempre nas coisas ou no intelecto. O verdadeiro é o dito do dizer científico". A ciência não reproduz *uma* verdade; cada ciência produz *sua* verdade. Não existem critérios universais ou exteriores para julgar da verdade de uma ciência.[2]

Esta característica de produção da "verdade" no discurso, criando uma realidade culturalmente aceita – porque ainda calcada no princípio da autoridade do especialista ou da disciplina –, é particularmente aguda na medicina e, nesta, na psiquiatria. Se tomarmos a medicina como uma hiperespecialização da biologia, podemos dizer que estas, como de resto todas as outras ciências, não escaparam ao triunfo olímpico do sistema newtoniano de mundo e de sua física clássica calcada em um modelo do universo entendido, em linhas gerais, como sendo uma máquina. Este modelo foi recebido com ardor pela burguesia devido à sua aplicação prática na produção de equipamentos e, com estes, do aumento da produção e racionalização dos lucros. Mais que isso, ela abraçou ardorosamente a filosofia subjacente a tal modelo, elaborada por René Descartes, e que estabelecia o universo e todos os seres vivos como sendo igualmente máquinas semelhantes em sua constituição às máquinas construídas pelos homens, cabendo, portanto, apenas desmontar estas e analisar-lhes as peças e a forma como elas se relacionam para entender seu funcionamento. Indo mais além, como qualquer máquina semelhante às construídas pelo ser humano, qualquer elemento composto do universo não passaria de subproduto casual de

[1] RENATO MACHADO, *Ciência e Saber, a Trajetória Arqueológica de Foucault*. Rio de Janeiro, Edições Graal, 1988, p. 20.
[2] MACHADO, idem, p. 21.

conjuntos mais ou menos "analisáveis", medidos enquanto elementos puramente materiais, sem qualquer significado ou valor além dos estabelecidos pelo aspecto quantitativo. Dai para a dessacralização e banalização da própria vida e da natureza não demorou muito e hoje temos uma atitude, baseado no predomínio predador do capitalismo, profundamente anti--humana, anti-social, anti-natureza e anti-vida.

Na medicina, o modelo biomédico também é baseado no conceito da "máquina humana" ou do "corpo mecânico" que põe o médico no papel do grande *especialista* iniciado nos segredos do conserto do "sistema orgânico" – o que dispensava tacitamente e quase completamente qualquer participação efetiva do "paciente" na manutenção da saúde do corpo e no processo de cura, por ser este um *leigo*, portanto, um ignorante, dispensado compassivamente dos conhecimentos necessários para o entendimento do próprio corpo, doados privativamente pelas universidades de medicina. Esta ideologia marcou profundamente a atitude dos profissionais de saúde no Ocidente.

É interessante notar o modo como o discurso científico é uma narrativa culturalmente produzida que, em sua estrutura intrínseca, estabelece, promove e cristaliza *relações de poder*. Bastar olha a história de uma ciência para perceber isso... Toda a forma de saber e toda a ciência, por ser uma aproximação e por ser uma construção, é coerente com o contexto político e econômico onde se situa e triunfa. Conceitos superados e conceitos sancionados estão mais ligadas à ideologia de poder de uma sociedade do que se pensa, o que não significa que o que foi rejeitado num dia não possa ser ressuscitado, em sua totalidade ou parcialmente reformado, em outro. Canguilhem explicita isso em seu conceito de "ideologia científica", que é um discurso que, por ser aceito e apoiado por um conjunto de pessoas socialmente reconhecidas como especialistas, tem a presunção de verdade – mesmo que seja de uma verdade temporária, o que nem sempre é explicitado.

Por ter a ambição de cientificidade, este discurso imita os procedimentos de ciências tecnológicas ou teoricamente mais bem sucedidas, em especial a física. Esta disciplina permitiu o desenvolvimento de tecnologia variada, especialmente bélica, expressão máxima do poder político e, em parte por isso, e em sua "objetividade", serviu de modelo às demais ciências. No caso, o modelo de máquina abarcaria todas as áreas da medicina alopática. Nesta, o pressuposto básico é de cunho estreitamente mecanicista: qualquer perturbação do "funcionamento" normal do corpo deve-se à desestruturação do organismo em seu funcionamento por meio de invasões de agentes etiológicos externos (bactérias, fungos, vírus), traumas físicos ou transformações causadas por agentes químicos. Dispensava-se até bem recentemente (e em certa medida, ainda é desprezado) qualquer estudo mais atento à questão das relações entre hospedeiro, microorganismo e meio-ambiente, bem como sobre qualquer influência de fatores psicológicos e sociais na manifestação ou cura de doenças.

A ênfase reducionista é expressa de forma linear pela definição precisa de agentes patogênicos, seu comportamento, e das "táticas", "estratégias" e "intervenções" necessárias ao seu controle pontual, o que faz a fortuna de inúmeras indústrias da saúde, em especial a farmacêutica, que frequentemente impede qualquer estudo cujo enfoque escape da intervenção imediata para a prevenção de doenças, menos mercadologicamente lucrativo.

Como não poderia deixar de ser, esta ênfase na definição precisa de características objetivas de estados doentios, partindo de uma concepção mecanicista de saúde, foi aplicado

ao estudo das doenças mentais. Michel Foucault demonstrou em seu *A História da Loucura* que a psiquiatria fora originalmente criada e estimulada como um instrumento formal para a punição e controle de pessoas julgadas "nocivas" pelos poderes instituídos nos burgos (ver Michel Foucault, "*História da Loucura*", ed. Perspectiva). A ênfase, portanto, em um primeiro momento, foi o de afastar e punir o comportamento considerado desviante e, só depois, foi o de tentar descobrir as causas "orgânicas" para tentar melhor controlar, primeiramente por meios físicos de punição e controle e, depois, também por meios químicos, as manifestações da doença mental, não se levando em conta a questão da psicogênese ou causas puramente psicológicas e sociais da eclosão do desequilíbrio mental. Posteriormente, foi tentada uma taxonomia das doenças mentais como fruto de perturbações orgânicas. Muito embora seja reconhecido que muitos problemas mentais sejam resultado de disfunções orgânicas precisas, estas constituíam apenas parcela de um quadro psicopatológico muito mais complexo. De fato, é cada vez mais aceito que o chamado comportamento "desviante" nada mais é que uma reação, por vezes extremada, à patologia que está presente no meio social em que o doente esteve inserido.

Carl Gustav Jung foi um dos primeiros a apontar as falácias deste modelo biomédico estrito em psiquiatria quando adotado exageradamente, e apontou que muitos dos distúrbios mentais não tinham uma origem fisiológica, mas sim, *psicológica*. Traumas emocionais eram tão ou até mais responsáveis pelas perturbações mentais quanto os traumas físicos.

O trabalho psiquiátrico de Jung

Tendo iniciado sua residência em psiquiatria na Clínica Burghölzli da Universidade de Zurique em 1900, sob supervisão de Eugen Bleuler (1857-1939) em ambiente de austera disciplina, cedo Jung começou a se destacar como aplicado pesquisador.

A conselho de Bleuler, Jung absorveu toda a literatura disponível sobre psiquiatria em língua alemã e os mais recentes teorias sobre a psique humana. Em especial a obra de

Freud, *A Interpretação dos Sonhos*, com sua ênfase na dinâmica psicológica, logo despertou grande interesse em Jung. Este, de um modo geral, sentia que muito do que era feito no Burghölzli era extremamente avançado, em relação a instituições congêneres, graças ao trabalho de Bleuler (foto). Havia uma marcante preocupação humanista na instituição, com ênfase em promover a integração dos pacientes como seres responsáveis, a quem eram dados cargos inclusive de auxiliares de enfermagem. Procurava-se também evitar que os pacientes, geralmente jogados pelas famílias nesta instituição, se acomodassem ao rótulo de loucos e se institucionalizassem a partir desta rotulação, sendo enviados para suas casas tão logo melhorassem ou mesmo se seus progressos fossem insuficientes. Mas a postura mecanicista e descritiva, mais do que propriamente terapêutica, ainda dominava a mentalidade psiquiátrica (o que, convenhamos, mudou muito pouco desde aqueles tempos, na medicina alopática como um todo), até mesmo na Burghölzli. Diz-nos Jung:

> O problema que ocupava o primeiro plano de meu interesse e de minhas pesquisas era o seguinte: o que se passa no espírito do doente mental? Nesse momento ainda não o sabia, e entre meus colegas ninguém se interessava por isso. O ensino psiquiátrico procurava, por assim dizer, abstrair-se da personalidade doente e se contentava com os diagnósticos, com a descrição dos sintomas e dos dados estatísticos. Do ponto de vista clinico que então predominava, os médicos não se ocupavam com o doente mental enquanto ser humano, en-

quanto individualidade; tratava-se do doente número X, munido de uma longa lista de diagnósticos e sintomas. Uma vez "rotulado" e carimbado com o diagnóstico, o caso era de certa forma encerrado. A psicologia do doente mental não desempenhava papel algum.[3]

Extremamente incomodado com o modo como a pessoa humana desaparecia diante do peso dos rótulos sofísticos dos diagnósticos médicos, agravando a separação entre o doente e o sujeito de suposto saber que é o médico (reapresentando, nesta relação em microcosmo da hierárquica relações de poder da sociedade entre ricos e assalariados, refletido igualmente a relação sociológica entre *o diferente*, rotineiramente chamado de "louco," e a sociedade), Jung percebeu que as ideias e alucinações de seus pacientes continham, em si, um germe de significado e apontavam para as causas que, se não geraram, ao menos serviram para a eclosão da doença mental.

Quando se tentava manter uma relação com o sujeito doente, Jung buscava romper a separação basicamente cultural entre o médico e o paciente e, superando o esquema organicista interventivo distanciado da psiquiatria, ele usava a psicologia buscando aceitar e compreender a expressão do doente a partir do que ele podia expressar sobre o que sentia. Assim podia-se perceber na pessoa perturbada indícios de um núcleo coerente de personalidade que parecia ver e compreender o drama psíquico do sujeito e se esforçava para deixar claro como a história de vida do mesmo o levara a tal situação. Em alguns casos, mesmo durante as piores crises, tal "núcleo" era capaz de expressar observações sensatas, emergindo e dando uma aparência quase normal ao sujeito. Isso parecia apontar que ainda existia uma parte do psiquismo perturbado que se esforçava para superar a doença. Esta percepção deu origem a ideias que, posteriormente, iriam adquirir as feições do conceito junguiano de *self*, ou seja, um fator nuclear interno, profundo, de orientação, conciliando o consciente e o inconsciente, superior às demais instâncias psíquicas, expressão de uma tendência própria aos seres vi-

[3] JUNG, obra citada, p. 114.

vos que é orientada para a diferenciação e superação de dificuldades em buscar, de alguma forma, o desenvolvimento das potencialidades do ser, fazendo mesmo da doença uma modalidade de adaptação (nem sempre bem sucedida) que nada mais seria que expressão desta tendência natural de busca de equilíbrio e superação de dificuldades.

A equipe da Burghölzli, sob orientação de Bleuler, dava especial ênfase à terapia ocupacional, ajudando os pacientes a reatarem a noção de pessoa responsável, produtiva e criativa.

Jung em frente a Burghölzli, em 1901.

Aprofundando suas pesquisas, utilizando-se do método de associação de palavras, Jung concluiu genialmente que as psicoses eram efeitos de uma divisão parcial severa da mente em subpersonalidades autônomas cujo núcleo seria constituído por uma emoção extremamente forte e – por não trabalhada pela instância funcional responsável pela ligação consciente com a realidade, o *ego* – exerceria uma grande pressão interna tentando forçar sua expressão emocional.

Estes núcleos seriam os pontos emocionais daquilo que Jung denominou "complexos", termo por ele criado e amplamente popularizado e aceito por todos os psicólogos dinâmicos do mundo.

Enquanto em uma neurose comum, o sujeito se sente martirizado por um peso difuso que lhe perturba a paz, como um complexo de culpa, por exemplo, mas sem que sua percepção da realidade e seu *ego* estejam gravemente comprometidos, podendo ainda desempenhar medianamente suas atividades normais, em uma psicose os complexos possuem grande autonomia, sem que o ego consiga lidar ou entrar em acordo com eles, muitas vezes sendo completamente por eles dominado, o que faz o paciente pensar que existem outras "pessoas" distintas em si mesmo e que estão agindo sobre ele de modo independente, como no caso, por exemplo, da esquizofrenia (termo cunhado por Eugen Bleuler para caracterizar esta clivagem perceptual).

Por serem frutos de uma carga emocional de grande intensidade, Jung demonstrou que, quando a causa da demência não era devida a fatores exógenos como traumas, degeneração do sistema nervoso ou intoxicações, as psicoses da maioria dos pacientes tinham como gênese um trauma afetivo, emocional, seja por sentimentos violentamente reprimidos ou frustrados, seja pela sensação angustiante de desamparo.

Para demonstrar experimentalmente tais ocorrências, Jung montou um laboratório de psicopatologia experimental, onde teve por colaboradores Franz Riklin e Ludwig Biswanger, que deixaram nome na psiquiatria e psicologia, e onde os experimentos eram feitos com o famoso teste de associação de palavras, em grande parte desenvolvido e aperfeiçoado pelo próprio Jung, Riklin e Biswanger (ao contrário do que muitos pensam, não foi Jung quem inventou este método, embora ele o tenha aperfeiçoado).

Nestes experimentos, os participantes ouviam a leitura de uma série de palavras, às quais deviam responder com a primeira ideia, imagem ou palavra que lhes viesse à consciência. O tempo das respostas era cronometrado e toda a vez que uma palavra tocava em algum elemento desagradável para o sujeito – mesmo que ele não tivesse consciência disso – era comum que a pessoa "emperrasse" na resposta, demonstrasse perplexidade, apresentassem sintomas de resistência como gagueiras, silêncios, movimentos negativos de cabeça ou agitação das mãos e outros sinais físicos involuntários. Ante estas expressões físicas involuntárias do complexo estimulado pelo conteúdo de uma palavra, Riklin e Biswanger, sob orientação de Jung, construíram um galvanômetro para medir alterações fisiológicas originadas pela psicologia da resistência e para dar uma formulação ainda mais científica à questão dos complexos. Este aparelho seria a base do agora famoso polígrafo detector de mentiras, conhecido pelas polícias do mundo inteiro. Com estes experimentos, ficou patente que emoções reprimidas e traumas poderiam continuar existindo e causando psicologicamente determinados comportamentos e expressões fisiológicas (mudança de resistência elétrica, emissão de hormônios e outras substâncias e secreções etc.) mesmo que inconscientes ao sujeito.

A maior parte dos trabalhos de Jung deste período está publicada nos três primeiros volumes de suas obras completas: Volume I: *Estudos Psiquiátricos*; Volume II: *Estudos Experimentais* e Volume III: *Psicogênese das Doenças Mentais*. Embora atuais em sua maior parte, estes magníficos trabalhos de análise e síntese vêm sendo negligenciado por psiquiatras e psicólogos.

Por esse tempo Jung também começou a perceber que pessoas que passavam por crises existenciais ou de desenvolvimento (puberdade, casamento, trabalho, nascimento, morte, guerras) semelhantes costumavam ter sonhos que, apesar de diferentes em termos de colorido, repertório e detalhes, possuíam entre si elementos semelhantes. Ampliando ainda mais, ele percebeu que os mesmos elementos eram também encontrados em outras culturas. Tal constatação levaria Jung ao estudo da mitologia e das religiões comparadas e a delinear as primeiras linhas de seus conceitos fundamentais de arquétipos e de inconsciente coletivo.

Antecipando-se décadas em relação a Carl Rogers e demais psicólogos humanistas, Jung estabelece que não é o trabalho puramente intelectual entre terapeuta e paciente que irá levar uma terapia a bom termo, mas o envolvimento vivencial entre ambos. Até mesmo o clima terapêutico criado entre médico e paciente (ou terapeuta e cliente) é o "terceiro" elemento fundamental ao processo, o fator que estimula o processo de recuperação e que se dá em uma instância muito mais profunda que o da mera e superficial análise intelectual. Reflete Jung que:

> Naturalmente, é necessário que um medico tenha conhecimento dos assim chamados "métodos". Mas deve evitar o engajamento mecânico a um caminho determinado, rotineiro. Deve utilizar-se com muita prudência das hipóteses teóricas. Talvez elas

sejam válidas hoje, e amanhã surgirão outras. Em minha analises não desempenham papel algum. Intencionalmente evito ser rigidamente sistemático. A meus olhos, diante de um paciente só existe a compreensão individual. Cada doente exige o emprego de uma linguagem diversa. Assim, numa análise, posso falar a linguagem adleriana, em outra, uma linguagem freudiana.

O fato decisivo é que, enquanto ser humano, encontro-me diante de um outro ser humano. A análise é um diálogo que tem necessidade de dois interlocutores. O analista e o doente encontram-se face a face, olhos nos olhos. O médico tem alguma coisa a dizer, mas o doente também tem.
Em psicoterapia o essencial não é "aplicar um método", a formação psiquiátrica por si só e insuficiente. Tive de trabalhar muito tempo ainda depois de tornar-me um psiquiatra, antes de possuir preparo necessário para a psicoterapia. Já em 1909 compreendera que não que não podia tratar uma psicose latente sem compreender sua simbologia. Foi então que comecei a estudar mitologia.

Emma Rauschenbach

Em fins de 1902 e início de 1903, o diretor Bleuler concedeu a Jung licença e meios para que este frequentasse aulas, conferências e seminários de Pierre Janet, em Paris. Jung frequentou apenas parte das atividades agendadas com Janet, o tempo restante ele passou conhecendo o maravilhoso mundo da "cidade luz", seus artistas e intelectuais... afinal, ele já se tinha "encharcado" de Janet na Burghölzli. Provavelmente, Jung deve ter assistido a algum discurso ou conferência de Charles Richet sobre metapsíquica, mas infelizmente sua tese sobre "fenômenos ocultos" já havia sido publicada. Encontrou-se também com Alfred Binet, um dos primeiros psicólogos a usar e popularizar os hoje discutíveis testes de inteligência.

Foi também em Paris que Jung, pela última vez, se reencontraria com Hélène Preiswerk, que morreria apenas alguns anos depois, aos 27 anos.

Como seu casamento com Emma Rauschenbach ocorreu em 14 de fevereiro, com uma lua de mel passada na ilha da Madeira e nas Canárias, o tempo de licença total da Burghölzli contou-se em seis encantadores e privilegiados meses. Porém, em seu retorno, já casado, Jung reassumiu com ardor seus trabalhos de assistente médico, o quediminuiu um pouco a decepção de Bleuler por seu pupilo não ter conseguido uma associação efetiva entre a Burghölzli e Paris.

Emma e Carl Gustav Jung

Em 1905 Jung recebe o título de professor de psiquiatria e de médico chefe da clínica psiquiátrica da Universidade de Zurique. Era responsável pelos cursos de psicopatologia, calcado nos trabalhos de Bleuler e Pierre Janet, além de seus próprios sobre a questão dos complexos; fundamentos de psicanálise freudiana e hipnotismo. Ao mesmo tempo, sua fama de competente terapeuta começara a encher seu consultório particular de pacientes. Desta forma, o antes pobre estudante de medicina agora tinha resolvido seus problemas financeiros. Aliás, estes últimos foram inteiramente banidos quando, em 1903, casou-se com Emma Rauschenbach (1882-1955), a filha de um grande empresário suíço e da já citada Bertha Schenk que tanto o tinha impressionado na infância pela sua beleza.

Além do conforto financeiro, todos os junguianos e psicólogos simpatizantes das teorias de Jung devem a Emma muito mais do que possam imaginar. Bela, inteligente, perspicaz e brilhante, ela própria foi analista talentosa, escritora de inegáveis dotes literários e a rocha emocional e intelectual capaz de dar apoio ao gênio muitas vezes irascível e instável de Jung.

Emma também se mostrou uma heroína como poucas ao aguentar a notória infidelidade do marido, aceitando a contragosto que uma de suas amantes, Toni (Antonia) Wolf, viesse a morar na mesma casa em que residiam Jung, ela e os filhos, nos anos 1910.

Outra amante que hoje se tornou famosa devido a livros e filmes sobre ela, Jung e Freud, Sabina Spielrein (1885-1942) – foto ao lado – foi também uma brilhante analista e pivô involuntário tanto na aproximação quando no afastamento de Jung junto a Freud, fato que só foi descoberto em 1977 quando se encontram as cartas entre estes três personagens. Sabina foi paciente de Jung e tinha sido internada na Burghölzli como um caso de esquizofrenia. Jung conseguiu ajuda-la a reequilibra-se e ela tornou-se, posteriormente, uma analista teórica, tendo aberto uma clínica para tratamento de crianças na Rússia e, na Suíça, chegou a ser uma das professoras de Jean Piaget.

Após 1903, tendo a vida já estabilizada e sua carreira estabelecida, as ideias de Sigmund Freud (1856-1939) passaram cada vez mais a atrair a atenção de Jung e a influenciar seu trabalho como psiquiatra e terapeuta.

Freud era um neurologista que havia passado a se interessar pela questão psicológica das neuroses e a aplicar um método eminentemente psicológico para tratamento desse distúrbio. Jung, fascinado, passou a aplicar o método freudiano em suas próprias sessões de psicoterapia, obtendo muito bons resultados, embora não aceitasse desde então a ênfase freudiana redutora de todos os distúrbios neuróticos a traumas e repressões de natureza eminentemente sexual, direta ou indiretamente. Mas a forma de abordagem do problema e o método de tratamento, bem como a conceituação e importância dos fatores inconscientes influenciando o comportamento e os humores das pessoas, eram, para Jung, eminentemente corretas.

Assim, enquanto Freud ainda era visto com desconfiança pela academia e instituições psiquiátricas, Jung não teve receios de elogiar fartamente a contribuição psicoterapêutica do autor de "*A Interpretação dos Sonhos*". A admiração – que seria mútua – logo daria lugar a uma intensa e tumultuada amizade e a uma contribuição generosa e importante entre os dois gênios – a ponto de Freud querer indicar Jung como seu discípulo herdeiro –, mas desde o início do contato entre ambos, iniciado primeiro de forma epistolar e, depois, por encontros pessoais, o que ocorreria a partir de 1907, a independência intelectual de Jung e a excessiva imposição de fidelidade de Freud às suas próprias ideias já mostravam-se como elementos de tensão, sendo as sementes que, apesar do trabalho mutualmente enriquecedor, levariam a um conflito de egos, ambições e conflito de ideias e, finalmente, a um amargo desfecho.

Com relação, finalmente, à questão dos fenômenos psíquicos em ambiente terapêutico, o grande psiquiatra que Jung então já era, expressando grande lucidez (ao contrário do que diz o impagável Pe. Quevedo, ao afirmar levianamente que a eclosão de fenômenos paranormais, até mesmo dos mais comuns, como telepatia, seria indício de sintomas patológicos que deveriam ser "curados"), descobriu – como mais tarde o confirmariam Carl Rogers e, depois, Stanislav Grof – que na relação terapêutica entre médico e paciente (ou terapeuta e cliente), quando existe um profundo enlaçamento necessário ao progresso da terapia, e mesmo depois de uma progressão bem-sucedida, a ligação entre ambos poderia promover a eclosão de fenômenos espontâneos de natureza paranormal, especialmente a telepatia ou mesmo a clarividência, por vezes expressa em alguma forma de pressentimento de ocorrências dramáticas:

> Muitas vezes me ocorreu essa experiência. Fiquei particularmente impressionado com o caso de um doente que eu tirara de uma depressão psicógena. Depois disso, ele regressou a casa e se casou. Sua mulher, entretanto, não me via com bons olhos. Quando a vi pela primeira vez, senti uma certa inquietação. Observei que, devido à influencia que eu tinha sobre seu marido e ao reconhecimento que ele sentia por mim, eu era uma pedra no seu sapato. Às vezes, as mulheres que não amam verdadeiramente os maridos sentem ciúmes e destroem as amizades deles. Querem os maridos sem admitir partilha, justamente porque não lhes pertencem. O núcleo de todo o ciúme é a falta de amor.
> A atitude da mulher constituía para o doente uma carga incomum e insuportável. Um ano depois de seu casamento, sob o peso dessa tensão, ele sentiu-se novamente deprimido. Eu combinara com ele – prevendo esta possibilidade – que me procurasse, assim que observasse uma alteração no humor. Mas ele não o fez, e sua mulher teve parte nisso, uma vez que não dava importância ao seu humor depressivo. Ele não me procurou.
> Nessa época, eu devia fazer uma conferência em B. Quase à meia-noite, voltei ao hotel. Depois da conferencia jantei com alguns amigos e logo fui deitar-me. Não conseguia dormir. Por volta das duas horas – tinha acabado de dormir – acordei espantado, persuadido de que alguém viera ao meu quarto; tinha também a impressão de que a porta se abrira precipitadamente. Acendi a luz, mas não vi coisa alguma. Pensei que alguém se enganara de porta; olhei no corredor, havia um silencio de morte. Estranho, pensei, alguém entrou no meu quarto! Procurei avivar minhas lembranças e percebi que

acordara com a sensação de uma dor surda, como se algo tivesse ricocheteado em minha fronte e em seguida tivesse batido na parte posterior do meu crânio. No dia seguinte recebi um telegrama avisando-me que aquele paciente se suicidara. Dera um tiro na cabeça. Soube mais tarde que a bala se detivera na parte posterior do crânio.[4]

Charles Richet.

Portanto, apesar da influência de Pierre Janet, Jung teve de se bater com a constatação de realidades paranormais objetivas ao mesmo tempo que os limites da visão de mundo positivista adotada pelos primeiro o levava ao incômodo fato de que suas experiências e interesses nesta área eram vistas com descrédito ou desconfiança pelo *establishment* convencional, o que o levou a ser bastante cuidadoso na divulgação destes fatos em seus escritos deste período. O mesmo incômodo foi também experimentado profundamente por *Sir* Alfred Russel Wallace, *Sir* William Crookes, *Sir* Oliver Lodge, Friedrich Zöllner e tantos outros, e foi particularmente expresso pelo fisiologista e Prêmio Nobel francês Charles Richet (1850-1935) em seu *Traité de Métapsychique.*

Nesta extraordinária obra, o descobridor da profilaxia estuda a resistência dos "sábios" aos fenômenos psíquicos:

> A questão deve ser apresentada, porque, para muitos sábios, nada do que é alegado no domínio do magnetismo (hipnotismo) e do espiritismo merecer ser considerado como coisa séria. "Não se faz", di-

[4] Idem, p. 132

zem eles, "ciência com crendices. As alucinações, narradas por pessoas ingênuas com abundância de pormenores, pertencem ao domínio da alienação mental,[5] e as representações dadas pelos médiuns não passam de velhacarias. Os médiuns que pretendem ser dotados de propriedades sobrenaturais e alegam ser intermediários do mundo dos mortos e dos vivos são ou alucinados, ou farsantes. Desde que se tomem precauções contra a credulidade e a fraude, o erro e a impostura acabam sempre por ser descobertos. Perante comissões de inquérito, que têm autoridade cientifica, nunca um fato irrecusável de lucidez ou de movimentos de objetos sem contato pôde ser afirmado. Sendo eliminados os acasos, as faltas de observação, os embustes – nada mais fica da chamada metapsíquica senão imensa ilusão. À medida que as condições de controle vão sendo mais rigorosas, os fenômenos vão sendo menos intensos – e acabam por desaparecer. A ciência que quer ser tida na conta de experimental e se apóia em experiências que se não podem repetir, não é ciência. Falais de coisas extraordinárias, inverossímeis, que põem por terra tudo o que a ciência até aqui reconheceu como verdadeiro; porem sois incapazes de apresentar uma prova do que afirmais, porque até o presente momento essa prova não foi submetida a nenhuma pesquisa metódica".

"Não nos compete a nós provar que o que asseverais é falso; compete a vós provar que ele é verdadeiro. Na verdade, esses fatos estranhos, mesmo que os testemunhássemos, os iríamos considerar como truques ou ilusão, porque estais entre impostores e as vossas afirmações são demasiadamente absurdas

---

[5] Nesto ponto, visando demonstrar o modo como certos pretensos parapsicólogos, em especial os de batina, utilizam e manipulam velhos preconceitos já caídos, lembremos que em um programa de televisão o Padre Quevedo afirmou quem uma "pesquisa" – não citando a fonte – mostrava que 30% dos loucos internos em hospícios eram espíritas. Ao que o jornalista Luciano dos Anjos, espirituosamente, comentou: "Mas isto é uma boa notícia! Se 30% são espíritas,. Sobram 70% para dividir entre católicos e protestantes!" Desta vez, ao ouvir este comentário, o ilustre padre não desperdiçou a segunda melhor oportunidade de ficar calado.

para serem consideradas como verídicas".[6]
Esta é, mais ou menos, a linguagem dos ilustres sábios que recusam qualquer realidade à metapsíquica. (...).
Mas, pelo nosso lado, (...) temos lido e relido, estudado e analisado as obras que se publicaram sobre o assunto e podemos declarar ser enormemente inverossímil, quando não até mesmo impossível, que homens ilustres e probos como o são Sir William Crookes, Sir Oliver Lodge, Reichenbach, Russel Wallace, Lombroso, William James, Schiaparelli, Fr. Myers, Zöllner, Albert de Rochas, Ochorowicz, Morselli, Sir William Barret, Edward Gurney, Camille Flammarion e tantos outros se tenham deixado lograr por centenas de vezes, não obstante a sua atenção vigilante, por fraudadores, bem como tenham sido vítimas de uma admirável credulidade. Eles não puderam ser, todos e sempre, tão cegos que se não apercebessem de fraudes que a vários deles poderiam ter sido percebidas como grosseiras, nem tão imprudentes para chegarem a uma conclusão que não fosse legítima, tão inábeis ao ponto de não serem capazes, nem um nem outros, de fazer uma única experiencia irreprochável. A priori, as suas experiências merecem ser meditadas seriamente e não rejeitadas com desprezo.

A história das ciências nos ensina que as mais simples descobertas foram repelidas, *a priori*, sob o pretexto de que estavam em contradição com a ciência. A anestesia cirúrgica foi negada por doutores como Margendie. A existência dos micróbios foi contestada durante vinte anos por todos os acadêmicos e todas as academias. Galileu foi parar no xadrez por afirmar que a terra girava. Bouillaud declarou que o telefone não era senão ventriloquia. Lavoisier disse

[6] Esta é a postura, entre outros, do conhecido mágico e pseudocéptico James Rendi que, menosprezando tantos pesquisadores contemporâneos sérios em universidades como a de Duke e Califórnia, com Rhine, Tart, Osis e outros, fala exatamente desta forma como Richet está expondo que falavam os céticos de fins do século XIX e início do século XX.

> que os meteoros não caiam do céu, porque não havia pedras no céu. A circulação do sangue só foi admitida depois de quarenta anos de estéreis e escolásticas discussões acadêmicas (...). Ora, os sábios julgam que traçam limites que a ciência futura é incapaz de romper. Como disse espirituosamente Camille Flammarion, "chegados ao limite aparente das coisas, põem um ponto final no caminho do progresso".
> Tão logo declarem que tal ou tal fenômeno é impossível, confundem desastradamente o que é *contraditório* com a ciência e o que é *novo na* ciência. Convém insistir nesta tecla, porque ela é a causa profunda de um cruel mal-entendido.[7]

Em uma carta a J. B. Rhine datada de 25 de setembro de 1953, Jung se lamentava que os melhores esforços das melhores mentes que constituíram a *Society for Psychical Research* e da *American Society for Psychical Research*, como Myers, Lodge, Marie Curie e William James, tão rigorosos tanto na experimentação quanto na observação de fenômenos psíquicos, muito mais que muitos experimentos e observações da psicologia, não tivessem tido força suficiente para fazer frente à resistência de pretensos sábios e falsos céticos (os que criam na impossibilidade, *a priori*, dos fenômenos e mantendo uma postura intelectual fechada à observação e análise dos mesmos): "*encontrei tanta resistência desencorajadora que estou fartamente convencido da estupidez do mundo erudito*" . Mas Jung, de certa forma, começou a perceber que a própria ciência estava dando passos a caminho de ampliar seus limites para além das linhas paradigmáticos mecanicistas. Seus primeiros *insights* a estes respeito lhe foram estimulados por Albert Einstein, que Jung conheceu em 1904 e que durante um certo tempo frequentou esporadicamente o apartamento dos Jung, na Burghölzli. Posteriormente, sua amizade com Wolfgang Pauli e suas leituras de Niels Bohr e Werner Heisenberg iriam lhe mostrar que existiam novas ideias a espan-

[7] CHARLES RICHET, *Tratado de Metapsíquica*, Editora Lake, São Paulo, s/d, volume I, p. 23s.

tar os eruditos acadêmicos, muitos meros conservadores que usufruem de suas peças intelectuais antigas e seus títulos obtidos quase sempre em repetir velhas verdades já aceitas.[8]

No tocante à visão de mundo dada direta e indiretamente pelo modelo científico dominante, é interessante notar a reflexão de Richet de que a nossa percepção é condicionada para aceitar o familiar e o trivial, e para rejeitar o não comum e o diferente, fazendo-nos *acreditar* que sabemos ser impossíveis de antemão fenômenos que não são esperados pelo modelo de realidade dominante, já que nossos pressupostos sobre como deve ser a realidade assim o dizem.

Este, porém, é um posicionamento que se mostra bastante frágil quando nos fazemos as perguntas fundamentais que preocupam a mente inocente de qualquer criança: Que é, de fato, a matéria? Aquela massa constituída até 1905 de pequenos blocos sólidos, entendidos como indivisíveis (átomos) ou apenas um estado especial de condensação de energia (Einstein) cujos "nódulos" condensados são constituídos em grande parte apenas de espaço vazio (Rutheford)? O que é a vida? Temos uma biologia, claro, que prefere trabalhar com seres mortos para entender a vida a estrutura morfológica dos seres, e que não nos dão, em si, enquanto matéria analisada, nenhuma definição amplamente aceitável do que seja a vida. Por que existem psicólogos que dizem que a consciência não existe (behavioristas radicais), se a psicologia seria o estudo dos processos mentais que se expressam pelo comportamento? E se não existem a mente e a consciência, o que é, afinal, que existe neles que os fazem afirmar tal coisa? Quais as causas reais que levam dois irmãos a ser, um deles, um gênio e outro um medíocre, se as condições iniciais de criação e educação foram as mesmas ou bem parecidas?

Embora na verdade nada saibamos sobre as causas profundas destes acontecimentos, eles não nos espantam porque estamos familiarizados com eles, são ocorrências "normais", mas que constituem, de fato, um profundo mistério. Até mesmo em experimentos de ciências ditas exatas, especialmente hoje, ninguém é absolutamente senhor de todas as variáveis e nem

[8] Cf. Jung, *Cartas*, volume II, p. 297.

pretende ter uma concepção teórica perfeita das ocorrências experimentais, mas apenas uma média destas, onde a realidade, ao contrário do que pressupõe o modelo newtoniano, passa a ser *PROBABILÍSTICA* e não mais *DETERMINÍSTICA*.

A questão da relação *mente/cérebro* também se constituiu em um grande interesse de Jung – aliás, de todo e qualquer psicólogo e psiquiatra mais sério –, pois ele supunha – embora evitasse afirmá-lo oficial e claramente – que a primeira pudesse ser independente da segunda, embora a mente necessitasse da estrutura cerebral para expressar-se no mundo físico, tal como o *software* (programa lógico) necessita do *hardware* (computador) para interagir com o meio físico, ou as ondas de rádio e tv necessitem um aparelho receptor que possam decodificar tais ondas invisíveis e inaudíveis em sons e imagens visíveis e audíveis.

Esta questão toca inescapavelmente outra, ainda mais importante, qual seja a da sobrevivência da consciência após a morte, o que indiretamente também provaria a existência dos espíritos. Pena que Jung não tenha visto as pesquisas de Ian Stevenson, Karlis Osis, Harold Puthoff, Charles Tart, Stanislav Grof, Sam Parnia e as diferentes estratégias de estudos das EQMs, as Experiências Próximas da Morte (aliás, experiência que ele mesmo viveu tempos depois), nas últimas décadas do século XX. Em carta a Alice Raphael Eckstein, de 16 de setembro de 1930, assim se expressou Jung a respeito da relação consciência/cérebro e as implicações desta, àquela época (seu posicionamento mudou um pouco ao longo dos anos, para uma esperança cada vez maior de que meios adequados para evidenciar a independência da mente seriam encontrados):

> Muito obrigado por sua longa e interessante carta. A questão da relação entre cérebro e consciência é de fato bem interessante. A experiência cotidiana ensina que a união entre consciência e cérebro é indispensável. Bérgson, no entanto, tem razão quando aventura a possibilidade de uma relação relativamente frouxa entre cérebro e consciência, pois, ao contrário de nossa experiência comum, a

> união poderia ser menos estreita do que imaginamos. Nada se opõe à suposição de que a consciência pudesse existir separada do cérebro.
>
> Até aqui, nenhuma dificuldade para a nossa afirmação. Difícil se torna realmente quando se trata da questão decisiva, isto é, de *provar* que a consciência existe sem cérebro. Isto levaria a uma prova da existência, até agora não comprovada, de espíritos.[9] Do ponto de vista científico, considero uma das coisas mais difíceis do mundo dar uma prova satisfatória da existência de espíritos. É realmente a coisa mais difícil que posso imaginar. Como se poderia provar convincentemente a existência de uma consciência sem cérebro? Se semelhante consciência estivesse em condições de escrever um livro inteligente, descobrir algo novo, dar uma informação que ainda não estivesse em qualquer outro cérebro e se estivesse comprovado que entre os participantes (numa pesquisa relativa a isso) não se encontrasse nenhum médium com dotes especiais, então eu poderia dar-me por satisfeito (...). Os estados de transe são na realidade muito interessantes, e eu sei bastante sobre isso – embora nunca o suficiente. Mas eles não trariam provas de peso porque pressupõem um cérebro vivo.

Já em uma outra carta, de 14 de junho de 1934, endereçada a Mark Richardson, Jung se diz impressionado com os dotes mediúnicos de Mrs. Margery,[10] estudados pela *American Society of Psychical Research*, confirmando que a sua área de interesse se ateria mais aos aspectos psicológicos em que se expressa a ação mediúnica, perguntando se não haveria um estudo autobiográfico de Mrs Margery como o que foi feito pela famosa médium de materializações e *apports*, Mme. Elizabeth D'Espérance, autora do livro "*No País das Sombras*".[11]

[9] Jung voltaria a discutir esta ideia abertamente em 1952 em seu ensaio sobre "Sincronicidade: um principio de conexões acausais", baseando-se nos casos de fenômenos conhecidos como "Experiências fora do Corpo".

[10] Mrs. Margery era o pseudônimo da senhora L. R. Grandon, conhecida pelas suas capacidades telepáticas, embora suas pretensas materializações sejam alvo de descrença por ter sido pega em fraude.

[11] Existe uma edição deste livro em português, da Federação Espírita Brasileira. Os apports eram os transportes paranormais de objetos para lugares onde não existiam. Mme. D'Esperance foi uma das mais extraordinárias médiuns de efeitos

Embora haja algo dúbio em suas missivas com relação a um posicionamento favorável ou não à questão da sobrevivência e, nesta, da possibilidade da comunicação entre vivos e "mortos", se dermos uma olhada nos seus estudos espíritas e nas suas cartas e obras, temos como perceber que Jung tinha a mais ou menos secreta convicção da vida após a morte e da possibilidade da comunicação, que fica patente no que ele diz em suas memórias, embora difícil e rara, sujeita ainda à interferência do próprio médium, mas que, segundo ele, era um "*ponto que toca a realidade transcendental*". Suas vivências e experimentos posteriores parecem ter reforçando esta convicção particular, como veremos ao longo do restante deste trabalho. Esse posicionamento oficialmente um tanto cauteloso, dúbio, também foi adotado por Charles Richet.

Em uma difícil carta dirigida ao Dr. Fritz Künke, datada de 10 de julho de 1946, Jung toca neste assunto nevrálgico com cautela. Nesta carta, Jung agradece a Künke pelo envio de alguns livros de Stewart Edward White (1873-1946), escritor americano que coletou as "mensagens" enviadas por sua esposa Betty, morta em 1939, através de um médium. De um destes livros, *The Unobstructed Universe*, de 1949, Jung chegou a escrever um prefácio, encontrado no volume XVIII de suas obras completas. Na carta Jung destaca a importância deste livro, apesar de não gostar de parte de seu estilo literário.

Tentando se expor como psicólogo neutro, Jung diz que nas ideias de importância do livro "as coincidências com os resultados da psicologia do inconsciente são até surpreendentes". Ele depois expressa mais uma postura dúbia ao dizer que a busca por contato com espíritos é uma "necessidade compensadora do inconsciente para com a conscientização, isto significa que nossa consciência está muito dissociada da vinculação natural com o inconsciente, sendo por isso da maior importância uma nova vinculação" que seria dada pelas sessões espíritas. Em seguida, ele diz que "não é de admirar que os conteúdos inconscientes se manifestem na forma de personificações (espíritos). Em primeiro lugar, porque esta foi,

físicos não profissionais de fins do século XIX e início do século XX.

desde tempos imemoriais, a forma tradicional de compensação inconsciente e, em segundo lugar, porque é difícil provar com certeza que não se trata realmente de espíritos". Comenta então, que as provas de que realmente se tratam realmente de espíritos é bastante difícil de obter. Neste ponto, porém, parece que Jung se cansou do próprio esforço em parecer imparcial e acaba por escrever explicitamente o que realmente pensava sobre isto:

> Certa vez conversei longamente em Nova York com um amigo de William James, Prof. Hyslop,[12] sobre a questão da prova da identidade. Ele admitiu que, considerando todos os fatores, a *totalidade* desses fenômenos metafísicos seria melhor explicada pela hipótese dos espíritos do que pelas qualidades e peculiaridades do inconsciente. *Com base em minhas próprias experiências, preciso dar-lhe razão neste aspecto.* Em cada caso particular preciso ser necessariamente cético, mas no geral devo conceder que a hipótese dos espíritos traz melhores resultados na prática do que outra qualquer.[13]

Mais adiante Jung volta a se acautelar em adotar uma posição muito explícita com relação à possibilidade de comunicação entre vivos e "mortos" mas, ao passar a comentar a questão do suposto espírito Betty, ele tem dificuldade em pô-la como simples expressão da "*anima*" de White captada e dramatizada pelo médium. Ao mesmo tempo, no mesmo texto, ele não se permite admitir que um outro espírito comunicante que se fazia presente às seções como uma espécie de guia, chamado Anne, fosse algo além que uma personificação inconsciente de outra figura feminina, como o de um arquétipo[14] da Grande Mãe, pois tal arquétipo não seria tão atuante na psicologia masculina, e o médium era um homem.

---

[12] Famoso pesquisador psíquico e professor da Universidade de Columbia. Realizou experimentos e relatórios notáveis a respeito de inúmeros médiuns, como Leonore Piper, assim como o fizera William James (1842-1910), ambos plenamente convencidos da autenticidade das faculdades psíquicas desta médium

[13] JUNG, *Cartas*, volume II, p. 35.

[14] Arquétipo: a rigor, uma estrutura psíquica vinculada à ideias elementares com significado emocional, estimulando uma reação ou comportamento mais ou menos universal.

> (...) se Betty nada mais fosse do que uma *anima*, precisaria haver no caso de um homem a figura masculina (o 'velho sábio') correspondente à Anne. Portanto Betty comporta-se neste sentido como verdadeira mulher e não como *anima*. Isto parece indicar que Betty é neste caso ela mesma e não uma *anima*".

Jung, porém, se depara com sua resistência frente aos colegas leitores que avaliariam este prefácio e, mais uma vez, acrescenta meio forçadamente um posicionamento que pudesse agradar a gregos e troianos:

> Talvez consigamos com a ajuda desses critérios constatar ao menos indiretamente se se trata de uma *anima* (que é um arquétipo que nunca falta na psicologia masculina) ou de um espírito. Devo adiantar que no caso de Betty tenho *duvidas em negar sua realidade* como espírito; isto significa que estou inclinado a aceitar que ela seja mais provavelmente um espírito do que um arquétipo, ainda que represente supostamente as duas coisas ao mesmo tempo. Parece-me que os espíritos têm uma tendência cada vez maior de se aglutinar aos arquétipos.[15]

Jung teve muitas experiências marcantes com fenômenos paranormais, alguns bastante dramáticos, como o encontro com espectros e fantasmas entre os anos de 1916 e 1924, como veremos adiante. Ele, além disto, estava mergulhado no clima de pesquisa metapsíquica que estimulava o intelecto de grandes gênios da época, entre as décadas de 1870 a meados dos anos 30 do século XX.

Anos depois, como bem aponta o biógrafo Frank McLynn, diante do acumulo de material de outros pesquisadores, Jung foi forçado a admitir publicamente a existência "externa" de espectros. Em carta para uma de suas discípulas, Esther Harding – da qual transcrevemos o texto abaixo –, ele admitiu estar convencido da inanidade de qualquer causa psicológica, ao estilo do Pe. Quevedo, que fosse apontada como capaz de criar fantasmas complexos, com todos os atributos de um ser

[15] Idem, p. 36.

independente – eles não podiam ser sempre explicados desta forma; ademais, o fato de que o *self* humano era capaz de operar fora dos limites do espaço e do tempo – como a PES e a PK demonstravam – evidenciava que alguma parcela da alma não era limitada absolutamente pelas limites da matéria e, assim, permanecia depois da morte. Em 1960 Jung rejeitou explicitamente as causas naturalistas para explicar os fenômenos fantasmagóricos.[16]

> Não sou capaz de explicar os fenômenos localmente restritos de fantasmas. Há neles um fator que não é psicológico. É preciso procurar a explicação adequada em outro lugar. Inclino-me a acreditar que resta algo da alma após a morte, pois já na vida consciente temos evidência de que a psique existe em um espaço e tempo relativos (...). Provavelmente os fenômenos de fantasmas são indicações de tais existências (...)".[17]

[16] McLYNN, *Carl Gustav Jung, uma biografia*, p. 511.
[17] Cf. JUNG, *Cartas*, volume II, p. 205.

Capítulo VIII

Sigmund Freud

Os primeiros contatos de Jung com o trabalho de Sigmund Freud (1856-1939) iniciaram-se bem cedo. Antes mesmo de ter decidido a carreira de psiquiatra, Jung lembrava-se que um dos poucos livros que o seu pai tinha lido com real interesse, além dos maçantes livros de teologia moralista, romances e relatos de viagens, foi o livro de Hyppolite Bernheim, psiquiatra francês, sobre a hipnose e a sugestão mental intitulado *A Sugestão e seus efeitos Terapêuticos*, traduzido para o alemão por Freud.

Na Burghölzli, o antecessor de Eugen Bleuler, Auguste Forel, já tinha certa familiaridade com o trabalho conjunto de Freud e Joseph Breuer, *Estudos sobre a Histeria*, publicado em 1895, o que se adequava aos seus esforços, e ao de Bleuler, de humanizar o tratamento dos doentes menos por castigos físicos e intervenção medicamentosa e mais por psicoterapia. Nesta obra o destaque era dado ao problema dos traumas psicológicos reprimidos que originavam vários sintomas histéricos, ou seja, problemas psicodinâmicos funcionais sem causa orgânica certa, como na histeria (hoje denominada de neurose de conversão) que provocava sintomas sem uma causa orgânica precisa, como uma cegueira tendo os olhos perfeitos, por exemplo.

No primeiro semestre de 1901, Bleuler pediu a Jung que fizesse um relatório sobre *A Interpretação dos Sonhos* de

Freud e o apresentasse à equipe do Burghölzli. Embora Jung tivesse dito que o entendimento de muito material importante do texto lhe escapasse, por falta de uma melhor base clínica, nesta *primeira* leitura, não resta a menor dúvida que o livro deixou marcas profundas. Sua segunda leitura do livro, em 1903, constituiu-se para ele (como a muitos psicólogos posteriores) uma verdadeira "iluminação". Apesar disso, o conceito geral de "inconsciente" já era familiar a Jung pelos seus estudos com Pierre Janet em Paris (Janet falava de um "subconsciente") e até mesmo antes disso, com seus estudos de Nietzsche, que já falava de pensamentos e afetos que surgem fora da tirania da razão. Com seu trabalho árduo em psiquiatria e nos testes de associação de palavras, partindo, pois, diretamente do estudo de sintomas graves, psicóticos, Jung teve a certeza empírica, além de clínica, do inconsciente e sua atuação quer em pessoas "normais", quer em diferentes níveis de perturbação mental ou emocional, ao contrário de Freud, que era neurologista e partia de sintomas mais suaves da neurose para chegar ao mesmo conceito.

O fato da existência de uma instância inconsciente a interferir no comportamento era visível nos testes de associação de palavras feitos nos pacientes de Jung, que não eram capazes de reagir adequadamente, ficando mesmo em estado involuntário de perplexidade, ante alguns dos estímulos verbais do teste. Estes travamentos diante de algumas palavras apontavam para questões emocionais íntimas associadas de alguma forma com o significado dos termos "problemas", mesmo sem que os pacientes estivessem conscientes daqueles, o que demonstrava perfeitamente que esta inibição provinha de uma instância não consciente da mente, portanto, *inconsciente*. Ora, Freud havia chegado oito anos antes ao mesmo conceito por um caminho parecido, ao constatar que, diante de um estímulo ou situação, as pessoas reagiam, faziam ou diziam coisas sem saber ou entender porque as tinham dito (por exemplo, trocar nomes) e/ou feito ou deixado de fazer (esquecer um importante compromisso agendado) alguma coisa. Estes *atos falhos* ficavam comprovadamente patentes com o teste de associação de palavras: a memória falha ou o rosto enrubesce, fazendo alguém ficar indeciso quando a palavra toca em um complexo, causando um bloqueio momentâneo no tempo de resposta, além de outros comportamentos físicos ou fisiológicos aparentemente involuntários associada à palavra desencadeadora da resistência, incluído o abaixar dos olhos, o desvio do olhar, ou, por outra, sintomas não apresentados antes são repentinamente expressos. A pessoa tosse, começa a gaguejar, suar, muda fisiologicamente a resistência cutânea ao fluxo elétrico, além de dar outros sinais de que "tem dificuldade em falar do assunto" associado a uma palavra específica ou que esta, ativando material reprimido, a incomoda.

Mas já ai, na própria demonstração experimental da ação psíquica de material inconsciente, Jung começava a ter algumas divergências de Freud. Para este, o rebaixamento de material consciente para o inconsciente era feito por recalque, ou seja, era ajudado por uma força de repressão ou mecanismo de defesa repressor por si já inconsciente. Mas Jung, embora não negasse a ação de um recalque, também supunha, com Janet, que o *abaissement du niveau* mental para parte considerável de material mental ocorria sem qualquer repressão forçada, de cima para baixo, por si mesmo, com uma certa autonomia que, dependendo de fatores emocionais futuros e de sua carga emocional, poderia se juntar a complexos já constelados, o que explica como até mesmo momentos felizes podem ser esquecidos, mas não de todo perdidos. A autonomia do material depositado em uma instância inconsciente aparece nas interferências dos lapsos verbais e motores, dos chistes, dos esquecimentos ou, de forma positiva, nos impulsos, nas inspirações, nos lampejos, nos atos impulsivos e nas súbitas lembranças e intuições.

O outro ponto de divergência – o mais conhecido e importante – era que Jung achava complicado supor que o foco de *todos* os problemas emocionais, inclusive neuróticos e psicóticos, estaria relacionado a traumas de natureza sexual, geralmente ocorridos em tenra idade ou durante a puberdade. Sem negar que a pulsão sexual (em suas várias ramificações, desde o prazer sensorial ao prazer erótico propriamente dito), ou em outras palavras, a gratificação sensual era uma das maiores forças a impulsionar o ser humano, Jung não a aceitava como sendo a única e, a depender da pessoa e do contexto, nem mesmo a mais importante. O próprio Freud, anos depois, em parte influenciado pelas ideias de Sabina Spielrein, iria admitir a pulsão agressiva, chamada por ele "pulsão de morte", *todestrieb* ou *Thânatos*, bem como chegou a avaliar a importância do desamparo, como eventos igualmente importantes na dinâmica das forças inconscientes, porém sem se aprofundar no assunto.

Para Jung, a fome, o medo, a agressividade, o desejo de poder e o desamparo eram tão – e dependendo do contexto, até mais – importantes como a pulsão sexual. Ademais, como psiquiatra, ele estava ciente de que ao menos algumas das doenças mentais e emocionais deviam-se a causas orgânicas que poderiam ser agravadas pelo contexto social que abalaria o emocional do paciente, sendo que outras tinham por base um fator físico e ambiental. Mas ele se sentia ainda imaturo para supor que estas "divergências" pudessem ter algum peso significativo, em um primeiro momento, diante da originalidade e importância do trabalho de Freud.

Então, desde ao menos 1903, com grande coragem diante da resistência acadêmica (infelizmente os acadêmicos por vezes são os piores conservadores), Jung passou a se mostrar partidário fervoroso das ideias do mestre austríaco, defendendo energicamente as inovações da psicanálise em trabalhos, publicações e congressos, em especial quando passou a aplicar com êxito a técnica psicanalítica no tratamento da esquizofrenia, psicose do qual se tornou especialista.[1] A própria Sabina Spielrein, que fora internada pela família na Burghölzli em um quadro emocional grave, com sintomas próximos da esquizofrenia, foi praticamente "curada" por Jung usando, de modo adaptado, muito da técnica psicanalítica de Freud. Portanto, apesar das reservas em relação à hipervalorização da sexualidade, Jung nunca negou o mérito de Freud no estudo do inconsciente e que as suas ideias de repressão, resistência, transferência, contratransferência (fenômenos indispensáveis ao método terapêutico psicanalítico), mecanismos de defesa

[1] Cf. PETER GAY, *Freud – Uma vida para o nosso tempo*, Cia das Letras, São Paulo, 1989, p. 192.

(repressão, racionalização, sublimação etc.) e todo o seu trabalho com os sonhos como a porta para o material simbólico do inconsciente eram descobertas cientificamente válidas, importantes e fundamentais para a compreensão do homem.

Percebendo o interesse do jovem médico por Freud, e também desejoso de estreitar os vínculos do Burghölzli com a capital do império Austro-Húngaro, bem como incorporar as novas técnicas de Freud a uma psiquiatria sinóptica, Bleuler incentivou Jung a lançar uma ponte entre Zurique e Viena. Ao mesmo tempo, Freud, que já havia recebido o trabalho de Jung sobre a associação do testes de palavras com a psicanálise e seu estudo sobre a demência precoce (esquizofrenia), iniciando com ele uma importante e contínua correspondência em 1906, estava ansioso por almejar aceitação científica a partir de uma instituição séria formada por homens de várias raças e credos, pois temia que sua obra fosse vista e reprimida como uma "teoria de judeus". Também estava agradecido a Jung pelo modo corajoso como defendia suas ideias diante da resistência de parte considerável dos profissionais de psiquiatria, e isso o fazia relevar, de início, os questionamentos de Jung sobre o primado da sexualidade em sua teoria.

A mútua admiração e afeto que se destaca na correspondência inicial entre os dois gênios demonstra que a empatia de ideias (melhor dizendo, a correspondência e ressonância de grande parte de suas ideias) não permite negar que um realmente admirava o trabalho do outro, e isto logo passou a um nível de respeito e afeto pessoal. Jung passou a ser visto por Freud como alguém mais que um mero defensor e paladino cristão da sua teoria e passou a depositar grandes esperanças nele e no seu potencial intelectual. Um pouco para além destas utilidades estratégicas, Freud realmente passou a ter um grande afeto por Jung e este, por sua vez, sentiu em Freud um pai. Aliás, muito próximo ao ponto de posteriormente despertar novamente as feridas e mal resolvidos traumas da sua relação com seu finado genitor, Paul.

O primeiro encontro pessoal entre Freud e Jung deu-se em 1907, em um domingo de inverno ameno, 03 de março, na casa de Freud, em Viena. Além de Jung e sua esposa, também

Ludwig Biswanger esteve presente ao evento, acompanhando o casal. A simpatia crescentemente cultivada ao longo das cartas trocadas até então foi imediatamente cristalizada no encontro pelo sintomático fato de que a conversação entre Freud e Jung, testemunhada por admirado Biswanger, Emma e a esposa e filhos de Freud, Martha, Martin, Mathilde, Sophie e Anna, estendeu-se praticamente sem interrupções por nada menos que treze horas seguidas. Freud diria depois a Ernest Jones que a compreensão de Jung das neuroses era a mais sofisticada que já ouvira até então. Jung, por sua vez, afirmava que Freud fora o primeiro homem realmente importante que conhecera, seguro de suas ideias e com um dom de convencimento quase sobre-humano.

De volta a Zurique, Jung não escondia sua euforia e admiração por Freud, tendo mesmo escrito impulsivamente a este para dizer que já havia superado a sua resistência à concepção freudiana da sexualidade. Claro, isso ocorreu devido ao "numinoso" impacto do primeiro encontro, o que não garantia que tal superação fosse realmente autêntica (e ainda bem que não foi). Freud, por sua vez, igualmente impressionado com a fortaleza intelectual de seu jovem novo amigo, já pensava em fazer de Jung seu herdeiro no movimento psicanalítico, passando mesmo por cima de seus discípulos pessoais mais antigos e, até então, mais ligados a ele, àquela época, como Stekel, Rank, Adler e outros. A empatia e simpatia mútua e imediata vinculação surpreendeu tanto a Emma quanto a família de Freud, como se tivesse em ambos despertado algo difícil de explicar em termos convencionais ao mesmo tempo que a intensidade poderia já fazer antever uma posterior ação de divergência, e Biswanger já tinha notado isso no encontro de Viena.

Mas Jung não tinha como suplantar indefinidamente seu interesse pelos aspectos que "tocam o transcendente", quer a nível psicológico, quer a nível filosófico, quer a nível paranormal, por mais "numinosas"[2] que fossem as pepitas de ouro que encontrava no trabalho de Freud, nem poderia deixar de sentir um grande incômodo à maneira como este parecia

[2] O qualificativo numinoso vem do substantivo latino numen, e se refere aquilo que empolga ou causa grande impacto sem que se saiba bem definir o motivo.

aparentemente menosprezar tais aspectos, reduzindo-os a expressões ou de sublimação da libido sexual, ou como mecanismo de defesa e expressão de recalques. Dirá Jung em suas *Memórias*, à página 142:

> Foi principalmente sua atitude em relação ao espírito que me pareceu problemática. Cada vez que a expressão de uma espiritualidade se manifestava num homem ou uma obra de arte, ele desconfiava e recorria à hipótese da "sexualidade recalcada". Tudo o que não era imediatamente interpretável como sexualidade reduzia-se, segundo ele, à "psicossexualidade". Objetei que, logicamente, levada às últimas consequências, suas hipóteses conduziam a raciocínios que destruíam toda a civilização: esta tomava a aparência de uma simples farsa, consequência mórbida do recalque sexual. "Sim", confirmou ele, " é isso mesmo. É uma maldição do destino em face do qual somos impotentes". Eu não estava absolutamente disposto a dar-lhe razão, nem a permanecer nesta atitude. Não me sentia, porém, à altura para discutir com ele.

Além de suas descobertas teóricas sobre o inconsciente, Freud parecia ter um problema sério com relação ao poder, por querer impor a sua visão da energia psíquica, ou *libido,* quase como um novo dogma ao qual não caberia qualquer apelação. Parte desta rígida imposição era explicada pelo fato de que dois trabalhos anteriores de Freud, antes de se dedicar à psicologia, lhe tinham escapado das mãos e, com eles, sua oportunidade de gravar o nome na ciência. O primeiro caso se referia aos seus estudos sobre o uso da cocaína como anestésico clínico, bem avançados e já a ponto de serem enviados para publicação quando um colega de Berlim se antecipou em alguns dias e fez o mesmo; e um outro trabalho sobre neurologia fora furtado por um colega que o publicou em seu próprio nome. Porém apenas isso não parecia ser explicação suficiente para o dogmatismo doutrinário de Freud, mesmo que ele estive em grande medida certo e a maioria dos seus pacientes realmente tivessem desenvolvido seus problemas neuróticos diante da repressão sexual tremenda que a sociedade vitoriana impunha a todos, em especial às mulheres e jovens. Jung dirá mais tarde que "era evidente que Freud tinha um apego extraordinário à sua teoria sexual. Quando falava sobre isso, era em um tom insistente, quase ansioso, e desaparecia sua atitude habitual, crítica e cética".

Mais que isso, Freud, segundo Peter Gay, pensava que era necessário adotar uma postura positivista radical para compreender adequadamente suas ideias e para que estas se tornassem incólumes às críticas. Mas mesmo este autor, em sua famosa biografia sobre Freud, revela uma tendência à parcialidade, muito comum entre os psicanalistas, na sua avaliação de Jung, chegando mesmo a afirmar que a relação de Freud com ele tinha um cunho mais eminentemente utilitarista e mesmo mais uma estratégia oportunista que de reconhecimento pessoal:

> Jung, filho de pastor, abrigava perigosas simpatias pelos místicos do Oriente e do Ocidente, como pareciam fazer tantos cristãos. Para um psicanalista, era muito melhor ser um ateu – como Freud –, sendo judeu ou não. O que importava era o reconhecimento da psicanálise como uma ciência, cujas descobertas não têm absolutamente nenhuma relação com as origens religiosas de seus praticantes (...). Mas as realidades da política psicanalítica, julgava Freud, obrigavam a ter em mente as diferenças religiosas entre seus adeptos. Por isso, empenhava-se ao máximo para cultivar igualmente seus seguidores judeus e cristãos. Prendia Jung a si com uma afeição paterna, e Abraham com afinidades 'raciais', nunca perdendo a Causa de vista. Em 1908, correspondia-se com Abraham e Jung em termos quase idênticos; sua estratégia parecia estar dando resultados.[3]

A distinção com que Freud tratava publicamente Jung não era segredo para ninguém. Só que ao mesmo tempo que tal distinção lisonjeava o jovem psiquiatra, na mesma medida o incomodava, pois teria de se adequar às expectativas de Freud às custas de seu temperamento independente e rebelde,

[3] PETER GAY, obra citada, p. 198.

e de suas próprias pretensões teóricas. A posição "paternal" adotada por Freud se transformou em pressão que começou a fazer emergir os conflitos mal resolvidos de seu "complexo paterno" criado nos tempos de suas crises com Paul. Além do mais, dificilmente seria crível que Jung se conformasse ao papel de mero continuador da obra de alguém. Ele mesmo já vinha traçando as linhas de uma teoria da personalidade que englobava muito mais do que o inconsciente e a sexualidade. Esta situação de relação *mestre e discípulo amado* não poderia se prolongar mesmo por muito tempo.

Em março de 1909, em uma visita tumultuada, Freud pedia dramaticamente a Jung – que assumiria o posto de primeiro presidente da Associação Internacional de Psicanálise no ano seguinte – que nunca abandonasse a teoria sexual. Era mais do que óbvio que, neste ponto central da sua teoria, Jung não se sentia confortável de modo algum.: "Meu caro Jung, prometa-me nunca abandonar a teoria sexual. É o que importa, essencialmente! Olhe, devemos fazer dela um dogma, um baluarte inabalável", teria dito Freud, segundo Jung. Um tanto perplexo com estas palavras angustiadas, Jung pergunta-lhe contra quais perigos deveriam ser erguidos tal baluarte. A resposta não poderia ter sido mais chocante para Jung: "Contra a onda do lodo negro do ocultismo!"[4] Não sabemos se foram bem estas as palavras trocadas entre ambos neste diálogo, mas é quase certo que essencialmente algo muito próximo a isto assim se deu, e a rebeldia congênita de Jung certamente deve ter ficado inflamada. Diz Jung:

> O que me alarmou em primeiro lugar foi o "baluarte" e o "dogma"; um dogma, isto é, uma profissão de fé indiscutível, surge apenas quando se pretende esmagar uma dúvida, de uma vez por todas. Não se trata mais de um julgamento cientifico, mas revela apenas uma vontade de poder pessoal.

Esse "choque", diz Jung, talvez exageradamente, havia ferido o cerne da amizade entre os dois. Na verdade, outros foram os fatores que os levariam ao rompimento. Mas sem dúvida, o posicionamento crítico de Freud quanto aos fenô-

[4] JUNG, *Memórias, Sonhos, Reflexões*, p. 142.

menos psíquicos também pesou – e muito. Jung tomou a palavra "ocultismo" tal como dita por Freud como uma referência àquilo que para ele fundamentalmente havia de mais caro: tudo o que a filosofia, as tradições de sabedoria e religiosidade e até mesmo a parapsicologia (ou metapsíquica, como nesta época era chamada o estudo dos grandes médiuns) diziam da importância e existência da alma humana para além dos padrões de cientificidades reconhecidos então. Por isso, Jung diria:

> Mas para mim a teoria sexual era tão "oculta" – isto é, não demonstrada, ainda mera hipótese – como tantas outras concepções especulativas. Eu considerava uma verdade científica como uma hipótese, momentaneamente satisfatória, mas não um artigo de fé eternamente válido.
>
> Parecia-me claro que Freud, proclamando sempre e insistentemente sua própria irreligiosidade, construíra um dogma, ou melhor, substituíra o Deus ciumento que perdera, por uma imagem que se impusera a ele: a sexualidade. Ela não era menos premente, imperiosa, exigente, ameaçadora e moralmente ambivalente.[5]

O tal choque se tornou ainda mais cadente porque, nesta visita específica ao líder do movimento psicanalítico, Jung queria saber quais as opiniões de Freud com respeito aos fenômenos paranormais. No último encontro de ambos em casa de Freud, este chamara Jung para uma conversa particular em seu escritório, onde comunicava-lhe pessoalmente que decidira faze-lo seu herdeiro no movimento psicanalítico. Isso não chegava a ser realmente novidade, e a conversa logo caiu em torno das opiniões de Freud sobre a questão dos fenômenos psíquicos, que era o interesse de Jung e a causa real de sua visita ao pai da psicanálise.

Visivelmente contrariado diante das questões levantadas por Jung em um momento que deveria ter sido de solene importância – a confirmação do pupilo como seu sucessor –, Freud teria repelido estas questões como meras tolices. Porém

[5] Idem, p. 143.

esta demonstração de impaciência não deve levar à apressada conclusão de que Freud não se interessasse pelos fenômenos psíquicos. Talvez até tenha começado a se interessar por estes devido ao exemplo do próprio Jung. Seja como for, ele deixou patente tal interesse em seus estudos sobre telepatia, feitos anos depois, coisa que mesmo Jung reconhece ao escrever "alguns anos decorreram antes que Freud reconhecesse a seriedade da parapsicologia e o caráter do lado real dos fenômenos 'ocultos'". Veremos mais sobre as relações de Freud com a parapsicologia no próximo capítulo.

Foi ainda neste encontro que o posicionamento de negativa impaciência de Freud ante tais questões – que para Jung eram fundamentais – fez despertar certo ressentimento no "príncipe herdeiro" e um clima de tensão começou a se tornar bastante visível na conversa entre os dois. Não era de espantar que tal tensão, justamente com uma pessoa que tinha dado mostras de ter certa capacidade psíquica, como Jung, viesse a se expressar de algum modo justamente em uma modalidade de efeitos físicos, como que para chamar a atenção de Freud. No momento em que Jung escutava os argumentos do até então mestre contra as tais "tolices", sentiu uma sensação esquisita à altura do diafragma, como se fosse "ferro em brasa". Ao mesmo tempo, um barulho forte ouviu-se vindo da estante de Freud, assustando a ambos. O ruído foi tal que causou a impressão que a estante iria desabar sobre os dois. Jung não perdeu a deixa e disse a Freud que o caso foi justamente um exemplo daquilo que ele estava desprezando, uma expressão psíquica de "exteriorização catalítica", ou, traduzindo, uma projeção a nível físico de uma tensão psíquica. Certamente, tensão era o que não estava faltando entre os dois naquele momento. Freud perdeu a paciência e disse que tudo aquilo não passava de um disparate. Jung respondeu que não, e que o fenômeno se repetiria e, de fato, mal terminara de pronunciar estas palavras, a estante "estalou" outra vez de forma tão barulhenta quanto a primeira.

Tendo ou não este segundo ruído liberado toda a tensão que estava se acumulando àquele momento em Jung (provável epicentro causal deste episódio momentâneo de um efeito

Poltergeist), o resultado foi que Freud olhou assustado para a estante, voltando os olhos desconfiados para Jung, enquanto este tinha a íntima certeza de que seu relacionamento com o mestre nunca mais seria o mesmo.

Ainda neste movimentado ano de 1909, Freud e Jung tiveram o ensejo de verem seus trabalhos reconhecidos internacionalmente em um momento em que a psicanálise, apesar de focos isolados de adeptos e praticantes pela Europa e América, ainda não tinha obtido qualquer reconhecimento acadêmico. O reitor da Universidade Clark, Massachusetts, Stanley Hall, convidara a ambos para palestrarem sobre seus trabalhos durante os festejos dos 20 anos da universidade, onde, em comemoração, seria dedicado a Freud o título de *Doutor Honoris Causa* pelas suas contribuições de vanguarda sobre o inconsciente, enquanto Jung seria convidado a discorrer sobre seus testes de associação de palavras enquanto especialista mundialmente reconhecido no estudo da esquizofrenia e na aplicação do método psicanalítico no tratamento de psicoses. Outro dos principais discípulos de Freud, Sandor Ferenczi, também foi convidado. Os três decidiram embarcar juntos em direção aos Estados Unidos, encontrando-se em Bremen.

Durante o almoço à espera do embarque, Jung estava um tanto tenso devido ao fato de que suas ligações com Sabina Spielrein, sua antiga paciente depois transformada em amante, a esta altura temporariamente desfeitas, tivesse assumido uma proporção tal que envolvessem o próprio Freud, embora este tivesse tomado o partido do discípulo e se mantido reservado diante do caso sem o comentar diante dos demais discípulos. De qualquer modo, talvez até por isso, Jung estivesse um tanto quanto tenso neste almoço, pois sabia que Freud ficara aborrecido como o ponto a que a história chegara e, provavelmente, estava se sentido "avaliado". Mas Freud, sempre cioso de sua autoridade, já estava desconfiado da autonomia de Jung e sua coragem de, intimamente, questionar suas ideias.

Conversando, durante uma refeição, sobre algumas múmias achadas em um pântano na Alemanha, Jung se mostrou tão fascinado sobre estes "cadáveres" que Freud, que realmente acreditava na sua teoria do Complexo de Édipo, tomou tal fascínio e atitude em trazer este tema à mesa como uma forma indireta de Jung dizer que entre eles três havia uma múmia pré-histórica que seria ele mesmo, Freud. Iniciou-se uma pequena discussão, onde Freud dizia interpretar o interesse de Jung por estes cadáveres como uma maquiagem do suposto desejo edípico oculto de Jung por sua morte. Ora, por mais tensas e potencialmente explosivas que começassem a ser as relações entre os dois, a admiração de Jung por Freud era ainda genuína, assim como sempre foi seu fascínio pela história do Egito e de formas como os antigos costumavam lidar com seus mortos, e mesmo que uma crescente concorrência intelectual começasse a se fazer explícita, um desejo de morte, tal como Freud estava sugerindo, seria algo impensável na cabeça de Jung.

Mas Freud tinha percebido que Jung estava se afastando cada vez mais de seu círculo de controle estrito, e acabou projetando nele suas próprias angústias de perda. Como Jung tinha um gênio explosivo, podemos supor que suas réplicas devem ter sido suficientemente duras ao ponto do material reprimido do próprio Freud em relação a Jung ter vindo à tona com tal força que fez Freud desmaiar na frente de todos. Infelizmente, porém, esta não seria a última vez que Freud desmaiaria frente ao até então discípulo amado".

Mas apesar deste início conturbado, e uma outra ocorrência desgastante no meio do trajeto de travessia do Atlântico – em que Freud, talvez lembrando do desmaio humilhante que teve ante aquele que deveria ser seu mais fiel discípulo, se recusou a narrar um sonho que tivera na noite anterior, temendo que Jung, ao analisá-lo, viesse a questionar definitivamente a sua autoridade, receio este que ele verbalizou sem qualquer receio, ou mesmo de forma desafiante ante um atônito Jung e a um surpreendido Ferenczi – a viagem aos Estados Unidos foi muito bem sucedida e importante para ambos. Para Jung, além de permitir divulgar seu trabalho na América, possibilitou igualmente uma reaproximação com Freud, e a viagem e o reconhecimento americano trouxe-lhe as benesses da novidade de uma cultura bem diferente da europeia, bem como a possibilidade de conhecer pessoas interessantes. Uma delas, em especial, já lhe era conhecida dos estudos psíquicos, mas agora iria exercer um impacto cujas consequências repercutiriam no desenvolvimento de sua obra: William James, um dos maiores psicólogos e filósofos americanos de todos os tempos.

Antes de falar de James, contudo, mister se faz refletir sobre a questão do posicionamento de Freud com relação aos fenômenos psíquicos.

Na foto batida nos Estados Unidos, em 1909, abaixo, sentados, estão Freud, Stanley Hall e Jung. Em pé, A. Brill, Ernest Jones e Sandor Ferenczi.

Capítulo IX

Freud e a parapsicologia

Em suas *Memórias*, Jung narra que Freud buscava a todo custo apresentar seu trabalho como fruto de uma pesquisa empírica e concatenação lógica de ideias e apelava para um positivismo extremado, cientificista, adotando uma postura materialista comum aos movimentos intelectuais da época, esperando elevar a psicanálise ao patamar de disciplina acadêmica, cartesiana, aceita por seguir os padrões cartesianos, apesar das polêmicas que esta teoria levantava, então e depois, nos meios acadêmicos. Com isto, Freud aparentava fechar-se ou opor uma grande resistência a qualquer coisa que pudesse trazer, por mais leve que fosse, a associação, o ranço de crenças ou ideias intelectualmente consideradas ultrapassadas, nisto incluindo a religião e o que se chamava de "pensamento mágico" ou pré-científico. Neste mesmo rol estava, claro, qualquer tipo de referência a um mundo invisível com pretensos fenômenos para além das possibilidades dadas pelo modelo mecanicista. Neste conjunto, ele incluía os movimentos espiritualistas e, aparentemente, a pesquisa psíquica, englobando a todos no que ele chamava de "ocultismo".

Na verdade, muitos freudianos ainda hoje concordariam com este resumo sobre o posicionamento de Freud frente a estas questões, que tanto interessavam a Jung e, de forma mais amena, a outro discípulo seu, Sandor Ferenczi. O retrato intelectual mais conhecido de Freud, para a maioria das pessoas, é o de um ardoroso ateu, positivista, cético e crítico das manifestações espirituais tradicionais (religião, cultos, filosofias espiritualistas) como sintomas de conflitos edipianos mal resolvidos. Muito pouco é dito, porém, que apesar de seu receio de que tal área pudesse contaminar a já polêmica psicanálise, ele, de fato, se interessava – segundo sua filha Anna, em um misto de atração e certa repulsão – pelas pesquisas psíquicas, em particular pelo fenômeno da telepatia.

Na verdade, Freud tinha suas razões para se manter cauteloso quanto à questão da metapsíquica, pois naquela época – como hoje, infelizmente – havia muitos místicos de ocasião, superficiais e charlatões, apropriando-se inadequadamente dos esforços sérios de pesquisadores idôneos nesta área – como ainda hoje ocorre –, dela servindo-se descaradamente em proveito próprio, misturando a pesquisa séria com teorias esdrúxulas de cunho pretensamente místico, e ainda apelando para tentativas de dar um fundamento cientificista às suas crenças. Freud temia que isso ocorresse também com a psicanálise, por si só objeto de grandes polêmicas. Seria interessante imaginar sua reação se visse como certos sacerdotes de hoje se apropriam de suas ideias e da parapsicologia para elaborar uma pretensa *parapsicologia de batina* justificando suas próprias crenças exclusivistas, e isso apesar de a Igreja ter-se colocado contra grande parte das ideias de Freud até bem recentemente.[1]

Já o desconcertante interesse de Jung por fenômenos psíquicos, com suas apresentações de pesquisas e, muito provavelmente, pelas suas próprias vivências pessoais de ocorrências estranhas durante seu trabalho clínico, teriam feito Freud

[1] Ver a este respeito o excelente livro do psiquiatra Dr. Alberto Lyra, *Parapsicologia, Psiquiatria e Religião*, Ibrasa, São Paulo, 1993.

se abrir à possibilidade da paranormalidade. Tanto assim foi que já em 1911 Freud aceitou filiar-se à *Society for Psychic Research, S.P.R.*, de Londres, como membro correspondente, o que nos leva, no mínimo, a supor que suas leituras dos resumos das pesquisas desta sociedade devem ter se iniciado anos antes e, mais do que isso, que ele as levasse em consideração como válidas, caso contrário não teria se associado a esta instituição. Não fosse assim, seria difícil de entender sua filiação enquanto cético radical, levando-se em consideração que em 1915 Freud também iria se tornar membro correspondendo da associação irmã americana, a AS.P.R.

Seus biógrafos Ernest Jones e Peter Gay confirmam que Freud sempre teve um interesse cauteloso pela pesquisa psíquica, para não dizer certo fascínio. Gay afirma que o próprio Freud resolveu fazer algumas experiências diretas com telepatia, incluindo a sua filha, Anna, pois levava bastante a sério a possibilidade deste fenômeno. "Como Anna Freud certa vez observou com perspicácia a Ernest Jones, 'o assunto devia fasciná-lo e, em igual medida, desagradá-lo'. Jones atesta que Freud gostava de contar histórias de coincidências estranhas e de vozes misteriosas (...)" (GAY, 1988, p. 404). Isso mostra que a inicial posição crítica e extremadamente cética de Freud foi, aos poucos, abrandando. Mais que isso, Freud chegou de fato a encorajar Ferenczi a trabalhar junto com Jung no intuito de levar adiante uma pesquisa nesta área com base nos postulados da psicanálise.[2] O próprio fato de ter eleito Jung como seu herdeiro e sucessor, *apesar de* seus interesses pela mediunidade e a metapsíquica, já mostra que ele era menos "freudiano" nesta tolerância do que tradicionalmente se costuma supor. Ademais, não é encontrado em parte alguma de sua obra qualquer crítica ou menosprezo aos trabalhos dos metapsiquistas clássicos, muitos dos quais, como Richet e William James, ele tinha em alta consideração. Em 1923, Freud chegaria a receber, pelo seu trabalho como correspondente e pelo conjunto de suas obras, o título de Sócio Honorário da *Sociedade Grega de Pesquisas Psíquicas*.

Em carta dirigia a Max Eitingon, datada de 04 de fevereiro

[2] Cf. McLYNN, *Carl Gustav Jung, uma biografia*, p. 193.

de 1921, um Freud maduro refere-se aos "fenômenos ocultos" como uma maçã verde cujo pensamento o fazia estremecer, mas a qual não poderia deixar de morder.[3] Esta postura de Freud contrasta com a de muitos de seus pretensos seguidores ortodoxos de hoje, que desprezam como sendo sem valor as pesquisas na área da parapsicologia.

Também em 1921, Freud afirmava que não estava "entre aqueles que rejeitam frontalmente os estudos dos chamados fenômenos psíquicos como algo não científico, desprezível ou até perigoso". Assumindo uma postura surpreendente para seus seguidores mais ortodoxos, entre eles o materialista Ernest Jones, ele chegou mesmo a dizer que era um "*completo leigo e recém-chegado*" a esta área (mas talvez isso fosse apenas um jogo de retórica, pois já vimos que, pelas suas leituras e testes, não seria assim tão recém-chegado, ainda mais se nos lembrarmos de suas conversas com Jung). Foi neste ano, 1921, que Freud escreveu um texto chamado "*Psicanálise e Telepatia*", que pretendia apresentar no Congresso Psicanalítico Internacional do ano seguinte, mas foi desaconselhado por Ernest Jones, sob o pretexto de que a Psicanálise já era alvo de pesadas polêmicas, e este trabalho poderia acentuar ainda mais a situação. O texto de "*Psicanálise e Telepatia*" foi lido, então, em uma reunião fechada com os membros mais próximos de Freud: Jones, Abraham, Sachs e Ferenczi. Nesta, segundo Gay, "Freud observou com certa malícia que a psicanálise não tinha porque seguir a opinião estabelecida, condenando com desdém os fenômenos ocultos. 'Não seria a primeira vez', dizia ele, 'que a psicanálise prestaria apoio às suposições obscuras, mas indiscutíveis, do povo simples contra a arrogância estudada dos cultos'".

> Mas ainda assim, era difícil para Freud largar sua rígida herança cartesiano-newtoniana, do qual tanto se orgulhava. Na mesma reunião em que lia "Psicanálise e Telepatia" ele diria que os psicanalistas (especialmente ele mesmo) eram "fundamentalmente mecanicistas e materialistas incorrigíveis" (*op. cit.*, p. 405). O assunto dos fenômenos psi, por-

[3] Cf. ERNEST JONES *Vida e Obra de Sigmund Freud*, volume III, p. 383, Imago, São Paulo, 1989.

> tanto, ficaria reservado às reuniões mais íntimas de Freud. O trabalho de Freud sobre *Psicanálise e Telepatia* só foi publicado após sua morte em 1939, junto com um outro, escrito em 1922, chamado *Sonho e Telepatia.*

Mas seja como for, uma passagem de Freud em uma carta por ele enviada a Hereward Carrington repete o que também disse a Ernest Jones, e que é extremamente significativo. Nela, diz o pai da Psicanálise: "Se eu soubesse que podia recomeçar a viver, dedicar-me-ia à pesquisa psíquica e não à psicanálise".

Capítulo X

William James

Figura ímpar na história da filosofia e da psicologia, William James (1842-1910) é um daqueles gênios difíceis de se enquadrar em escolas ou conceitos, embora ele seja frequentemente chamado de psicólogo da consciência, ou também de funcionalista, e filósofo empirista, dentre outros rótulos dados por diversos autores. Gênio polimorfo, foi um médico dedicado à psicologia no seu sentido mais específico de estudo da alma (*psique*, em grego).

Junto com Wilhelm Wundt (1832-1920), James é considerado o pai da psicologia moderna, embora os conceitos de James, ainda atuais, estejam sendo resgatados do esquecimento e reconsiderados como sendo, para sua época, de vanguarda, enquanto Wundt é apenas lembrado como pioneiro da psicologia científica mais por ter fundado um laboratório de psicologia experimental em Leipzig, Alemanha, em 1879, que pela originalidade de suas ideias, francamente mecanicistas. Além do mais, James interessava-se intensamente pelas pesquisas psíquicas, tendo sido membro eminente da SPR e da ASPR e levado a cabo pesquisas rigorosíssimas com, talvez, a mais importante médium mental, ou subjetiva, de sua época, a Sra. Leonora Piper, e ainda com mais alguns outros. James foi o primeiro a atestar a autenticidade das capacidades psíquicas de Piper, no que foi seguido por Hodgson, Hyslop, Myers, Lodge e outros ilustres membros da SPR que, afinal, a conheceram por intermédio de James.

Seu trabalho é uma das bases das pesquisas atuais sobre a consciência e estados alterados ou não-ordinários de percepção, sendo um dos pais, junto com Jung, Assagioli e Maslow, da Psicologia Transpessoal e suas relações com os fenômenos paranormais.

Em termos teóricos, James não aceitava o reducionista estreito dos modelos convencionais sobre a personalidade, afirmando que são necessários diferentes modelos para a investigação de diferentes tipos de dados e de capacidades psicológicas, tão diferentes entre si como as cores do espectro luminoso de um mesmo arco-íris, devendo-se ter sempre em mente que, em psicologia, nenhum pesquisador pode ser totalmente objetivo, transferindo sempre grande parte seus pressupostos filosóficos para a descrição da realidade psíquica simplesmente porque nesta área é a própria psique que pretende estudar a psique.

Profundamente interessado em Filosofia, a arte-atitude de refletir, questionar e estabelecer parâmetros para a compreensão da realidade, e na adoção de uma filosofia do significado para a vida, semelhante ao que intencionavam Kierkegaard e Nietzsche por outras vias, James teve um imenso interesse pela questão da religião, ou melhor, da religiosidade e da experiência vivencial desta, bem como esta experiência condicionava o modo de ser e dar significado ao mundo e às relações sociais, no que se pode ver em seu esplêndido livro *As Variedades da Experiência Religiosa*, publicado no Brasil pela editora Cultrix.

James nasceu nos Estados Unidos em 11 de janeiro de 1842, de uma família de posses, tendo passado a infância e adolescência viajando pelo seu país e pela Europa. Esteve no Brasil, em uma expedição ao Amazonas. Estudou em Harvard primeiramente ciências naturais, depois optando pela Medicina. Partiu para a Alemanha para complementar seus estudos. Foi professor em Harvard, inicialmente lecionando Fisiologia e Anatomia, mais tarde dedicando-se à Psicologia.

No campo da filosofia, fundou o *pragmatismo* com o sentido explícito de que só aquilo em que se acredita e se vivencia pode ser testado para que se saiba de sua real repercussão na pessoa em seu agir. Lutou toda a vida para que a psicologia fosse aceita e definida como uma área independente da neurologia e da fisiologia, e foi o primeiro presidente da Associação Norte-Americana de Psicologia, entre 1894 e 1895. Era irmão do grande romancista Henry James, autor de *A Outra Volta do Parafuso*, algumas vezes também intitulado de *Os Inocentes*, romance espiritualista inspirado nos trabalhos de William sobre o espiritismo e já adaptado, por diversas vezes, para o cinema e a televisão.

William James morreu em 26 de agosto de 1910.

Os estudos com Leonora Piper

Segundo o Dr. Alan Gauld, membro atuante da SPR nos dias de hoje:

> A Sra. Leonora E. Piper (1857-1950) é importante na história da pesquisa psíquica por, pelo menos, três razões. Dos médiuns mentais submetidos a estudo pelos membros da SPR e da ASPR ela foi a primeira a fornecer evidência substancial de ter alguma faculdade paranormal; os registros de seu caso ainda não foram superados em quantidade e detalhe – se os artigos sobre ela reunidos nas *Atas* da SPR britânica e norte-americana fossem reunidos, encheriam alguns volumes, e ela é dos poucos médiuns cujas palavras e escritos em transe foram submetidos a uma séria e extensa análise psicológica.[1]

Foi em meados da década de 1880 que James descobriu

[1] ALAN GAULD, *Mediunidade e Sobrevivência, Um Século de Investigações*. Ed. Pensamento, São Paulo, 1986, p. 41.

e testou a mediunidade de Piper, sendo ela ainda bem jovem. Sua grande impressão sobre as capacidades da médium o fizera buscar todas as formas de testar sua idoneidade, buscando descobrir algum tipo de truque, posto que eram notáveis as informações que seus "guias" espirituais e espíritos comunicantes prestavam em relação aos consulentes (que, aliás, ela atendia gratuitamente). Em um de seus testes, James enviou 25 pessoas, de forma anônima ou sob pseudônimos, dos mais diversos lugares e previamente preparadas a não dar informações diretas ou indiretas (por meio de expressões faciais ou corporais) sobre si próprias e sem que elas tivessem vínculo algum com Piper ou amigos desta, para participarem das sessões com ela. Impreterivelmente, Leonora Piper, sob a supervisão de seus guias, Phinuit e, posteriormente, George Pellew, descrevia detalhes e acontecimentos, com nomes de familiares (vivos e mortos) das pessoas enviadas, algumas vezes transmitindo de imediato mensagens em detalhes de entes já mortos e só conhecidos da pessoa à sua frente, ou de atos desconhecidos de todos no momento, mas que se mostraram verdadeiras posteriormente, sob pesquisa.

Tendo dado prosseguimento a seus testes, envolvendo colegas de academia, magistrados, médicos e outros profissionais de confiança, James, em 1886, declarou: "estou persuadido da honestidade da médium e da autenticidade do seu transe; e muito embora de início disposto a pensar que os acertos dela eram felizes coincidências ou resultado de conhecimento prévio, por parte dela, sobre quem era o assistente, e de seus assuntos de família, agora acredito que ela disponha de um poder ainda inexplicado".

Comentando esta afirmação de James, o Dr. Alan Gauld destaca que a expressão

> "feliz coincidência" era algo muito pouco considerado por todos os que tiveram contato com Piper, pois a quantidade de detalhes das mensagens transmitidas por ela dos parentes "mortos" aos assistentes eram de tal monta e qualidade que a hipótese de adivinhação ou coincidência caia no ridículo, ainda mais quando o Dr. Richard Hodgson

(1855-1905), membro da SPR, veio da Inglaterra a Boston à convite de James para dar continuidade à investigação. Inicialmente cético e um reconhecido desmascarador de fraudes, Hodgson providenciou um cuidadoso e elaborado registro de todas as sessões, tomando todas as precauções contra qualquer tipo de truque, inclusive contratando detetives que seguiam Piper em segredo, procurando-se obter qualquer sinal de que ela fizesse investigações sobre a vida de algum dos assistentes que, de todo modo, eram escolhidos de antemão sem que ela soubesse até a hora das sessões. Nada foi descoberto. Muito pelo contrário, ficou patente que a Sra. Píper tinha uma vida tranquila e bastante comum.

Os assistentes eram escolhidos dentro de uma imensa faixa de pessoas, de ambos os sexos, faixa etária variável e grau de instrução diferente. Ela também foi levada à Inglaterra, onde não conhecia ninguém. Apenas os membros da SPR estavam presentes nos locais de sua estadia e eram os únicos responsáveis na preparação das sessões, evitando-se a presença de algum possível comparsa. Ainda assim, os resultados eram tão bons quanto os conseguidos em Boston. A pesquisa da mediunidade de Piper tomou contornos dramáticos quando um de seus guias passou a ser a "personalidade" de um jovem intelectual morto havia pouco, chamado George Pellew.

Diz-nos Gauld que Pellew era "conhecido de Hodgson e cinco anos antes, sob um pseudônimo, comparecera a uma só sessão da Sra. Piper. Primeiro, manifestou-se numa sessão para a qual Hodgson trouxera um amigo íntimo (de Pellew). Daí por diante o George Pellew comunicador mostrou conhecimento detalhado dos negócios do Pellew vivo. De 150 assistentes que lhe foram apresentados, George Pellew reconheceu 29 dos 30 que foram conhecidos dor Pellew em vida" (o trigésimo, que reconheceu depois de um fracasso inicial, era uma criança quando Pellew o conheceu). "Conversou com cada um deles de maneira apropriada, e mostrou conhecimento íntimo de suas vidas e de seu suposto relacionamento anterior com elas. Só raramente George Pellew falhava (...). No período de predominância de George Pellew, Hodgson ficou convencido (o que antes ainda não estava) de que os (guias) controles da Sra. Piper, pelo menos em muitos casos, eram o que alegavam ser, a saber, os espíritos sobreviventes de seres humanos anteriormente encarnados".[2]

A hipótese da Super-PES não se sustenta

Em casos como o de Leonora Piper, mas em outros também, como Daniel Dunglas Home (1833-1886) ou Chico Xavier (1910-2002), o alto índice de acertos sobre detalhes transmitidos por supostos mortos é de tal modo desconcertante que muitos pesquisadores da parapsicologia de tendências reducionistas e/ou anti-espíritas entram em um grande incômodo teórico. O nosso já famoso Padre Quevedo, por exemplo, se contradiz ao afirmar em seus livros que "não há médium ou psíquico que não fraude", mas cita igualmente em seu pretensioso livro As Forças Físicas da Mente que "Home nunca foi pego em fraude e que as condições de controle, nas sessões que realizava, foram frequentemente satisfatórias..."[3]

Explicando todos os eventos não conscientemente fraudulentos (pois que, para ele, o inconsciente também frauda fazendo a sua ação passar por fruto de "mortos" e não de inconscientes dos vivos), apela ele para as supostas capacidades quase divinas do inconsciente. Quevedo diz que casos assim obtêm suas informações por uma super telepatia ou outras formas hipertrofiadas de percepção extra-sensorial, ou seja, de *Super-PES* (ou *Super-Psi*). Esta hipótese, no entanto, não é científica, porque não pode ser realmente testada e aparenta tudo explicar não explicando nada. Aliás, se existem fortes indícios de telepatia, estes são bem menos dramáticos e personalizados que as mensagens transmitidas pelos médiuns citados. Aliás, o telepata sabe que consegue captar uma informação mas, ao que se saiba, quase nunca afirma que foi

[2] GAULD, obra citada, p. 43.
[3] QUEVEDO, *As Forças Físicas da Mente*, volume I, p. 75.

um "morto" que a transmitiu, a não ser em casos muito especiais e raros e, neste caso. seria apenas telepatia?

Porém, o que de fato sabemos sobre PES, pelas pesquisas de Rhine e outros, é que ela se faz presente muito sutilmente, e em geral é encontrada, nos testes, em meio a dezenas ou centenas de erros.

A PES é, portanto, uma capacidade sutil do qual o sensitivo pouco ou nenhum controle tem, quase sempre se dá espontaneamente e de modo súbito, e ainda é sujeita a um grande número de interferências pessoais e ambientais, o que implica que até mesmo transmissões reais de fatos ou dados por telepatia ou clarividência podem ser distorcidos por fatores como pensamentos, emoções etc. O interessante é que algumas pessoas que possuem considerável capacidade de clarividência obtiveram esta após alguma experiência de cunho espiritual, como as Experiências Próximas da Morte onde, muitas vezes, "viam pessoas já falecidas", o que não é o caso dos médiuns citados, que não passaram por EQMs antes do início de seus trabalhos como médiuns.[4] Além do mais, estes raros sensitivos bem dotados possuem uma variação flutuante do grau de acertos que dificilmente ultrapassa a marca dos 50%.

Um caso de *Super-PES constante* nunca foi, de fato, comprovado em laboratório. O Dr. Karlis Osis chega mesmo a dizer que quem trabalha com PES em condições de laboratório se acha ainda muito menos inclinado a aceitar a hipótese da *super-PES*. Quando se encontra um bom sensitivo, ainda é necessário um número imenso de testes para que, só pela estatística, se possa chegar a um desvio relativamente grande do índice de acertos não ocorridos ao acaso. Mesmo médiuns, quando sujeitos a testes de PES, têm em geral um índice de acerto em telepatia dentro da média ou, mesmo quando apresentam traços desta capacidade ou também algum tipo de PES (além da telepatia, a precognição, a pós-cognição ou a visão remota), estes eventos são inconstantes e sua margem de acertos, embora possa ser significativa, não é tão grande em termos estatísticos. Isso significa, então, que se pode atribuir todos os milhares de informações detalhadamente corre-

[4] QUEVEDO, *As Forças Físicas da Mente*, volume I, p. 75.

tas transmitidas em fluxo quase contínuo por Piper, Home e Xavier pela telepatia ou clarividência do médium com os assistentes? Alan Gauld diz que tal conclusão seria demasiado apressada, na verdade mesmo não científica, pois seria amarrar um complexo de evidências concretas a uma única hipótese, geralmente usada para adaptar fatos críticos à ideias ou dogmas pré-aceitos ou pré-concebidos, não amparados em experimentos ou mesmo impossível de sê-lo.

Como diz acertadamente o Dr. William G. Roll, a hipótese da super-PES ardorosamente defendida no Brasil pelos Padres Quevedo, Edivino Friedrich e Juarez da Silva Farias e seus discípulos falha exatamente por ter em si um elemento explicativo tão elástico que perde sua cientificidade, posto que, segundo ele, "é incapaz de ser cientificamente válida porque é impossível de ser refutada, ou melhor, contrariada".[5]

Diz Gauld referindo-se ao caso da Sra. Piper: "Não sei de nenhum caso de indiscutível telepatia entre dois seres vivos, ou qualquer outra variedade de PES, em que o fluxo de informação paranormalmente adquirida tenha sido tão rápida, copiosa e isenta de erro". No caso de Chico Xavier, por exemplo, muitas das mensagens transmitidas o eram através de psicografias obtidas em meio a centenas de pessoas desconhecidas e, mesmo assim, a mensagem era dirigida a alguém específico e nunca d'antes visto, ou a pessoas muitas vezes vindas de longe e desconhecidas de todos os presentes, com imenso grau de acerto quanto aos detalhes de identificação da personalidade da pessoa "morta" que, supostamente, transmitia a mensagem. E como o posicionamento de Quevedo é, sob todos os pontos, amplamente questionável devido à sua tendenciosidade pró-católica e anti-espírita, não me parece que sua cara hipótese reducionista do *inconsciente semi-onisciente,* diante do exposto, seja merecedora de maior consideração.

O encontro de James e Jung

No dia seis de setembro de 1909 iniciaram-se as palestras de Freud na América. As de Jung iniciar-se-iam na quarta-feira, dia dez. Freud, falando em alemão para uma plateia atenta,

[5] ANDRADE, *Reencarnação no Brasil*, Casa Editora O Clarim, 1989, p. 62.

iniciou suas preleções a partir do estudo da histeria, dizendo que seu colega Joseph Breuer era o verdadeiro pai da psicanálise (afirmativa que Freud mais tarde "corrigiria", dizendo que não foi bem assim e que ele, Freud, era realmente o pai da "criança"). Na segunda preleção, discorreu sobre as técnicas psicanalíticas e apontou que estas não eram nenhuma panaceia (ao menos oficialmente), nem sempre conseguindo a cura definitiva, mas possibilitando uma melhora significativa na maioria dos pacientes. Na terceira, discorreu sobre os conceitos fundamentais clássicos de repressão, resistência e interpretação dos sonhos. Só na quinta e última preleção discorreu sobre o nevrálgico tema da sexualidade, inclusive da sexualidade infantil, tomando, porém, a tática de minimizar o impacto e as objeções citando fartamente o trabalho de um professor da própria Universidade de Clark, Sanford Bell, também voltado para a questão da sexualidade e sua influência no comportamento. Por fim, Freud falou da aplicação da psicanálise na cultura, em especial na crítica literária e na sociologia. Estas preleções de Freud seriam depois publicadas com o título de *Cinco Lições sobre Psicanálise*.

Jung, por sua vez, discorreu sobre a utilização dos testes de associação de palavras como apoio para esclarecimento de crimes, que seria posteriormente amplamente utilizado no processo do polígrafo, mais conhecido como "detetor de mentiras". Na segunda preleção, discorreu sobre a questão dos complexos e, mais praticamente, sobre como estes se "constelavam" em família, demonstrando como complexos definidos tendem a se repetir e cristalizar no meio familiar ou gregário, por vezes até mesmo em grupos maiores, já que características psíquicas dos pais encharcariam o ambiente mental dos filhos. Sua última palestra foi sobre os conflitos psíquicos infantis. Os dois palestrantes, Freud e Jung, causaram grande impacto em seus ouvintes.

Um dos ilustres ouvintes de ambos as palestras era nada mais nada menos que William James, e ambos, conhecedores da importância do homem, buscavam sua atenção. Durante um passeio ladeando o bucólico lago Clark, próximo à universidade, Jung declarou que Freud estava se sentindo no sétimo céu, o que também lhe alegrava a alma. James estava com ambos, participando de eventos sociais com eles e com eles caminhando e conversando longamente. embora já estivesse doente do coração, dando sinais de cansaço e dores, mal que lhe causaria a morte no ano seguinte. Freud ficou especialmente tocado com James quando, em uma caminhada conjunta, subitamente James parou sentindo um súbito ataque de *angina pectoris*. Ofegante, passou a Freud sua maleta e pediu que seguisse adiante e que não se preocupasse com ele, que logo o alcançaria. Freud mais tarde diria que desejaria seguir este exemplo de estoicismo de James...

Porém, foi com Jung que James mais se identificou. Jung, por sua vez, ficou sumamente impressionado com a capacidade e lucidez intelectual de James, bem como sua abertura isenta de preconceitos. Mais do que isso, seu real e equilibrado interesse por fenômenos psíquicos o deixou tão impressionado que não lhe escapou certa vergonha pelas suas disfarçadas resistências, academicamente condicionadas, em expressar sua aceitação pública dos mesmos, nos últimos nove anos. Jung estava completamente certo de que Stanley Hall é quem era um pigmeu intelectual perto de James, apesar do primeiro ter comentado maldosamente que James era um pensador menor justamente pelo seu interesse por mediunidade. Seja como for, Jung e James passaram duas noites inteiras discutindo sobre o assunto, a sós. A afinidade entre ambos era patente: além do interesse pelo chamado "oculto", ambos criticavam o cartesianismo mecanicista da modernidade, afirmando que a dualidade sujeito/objeto era um conceito artificial e mal utilizado que levava a uma distinção rígida entre mente e matéria, numa notável antecipação aos conceitos mais fundamentais dos físicos teóricos Heisenberg e Bohr, e de filósofos da ciência e críticos sociais.

Já o posicionamento intelectual de James frente a Freud e seguidores mais ortodoxos como Jones, Abraham e outros, foi menos empolgado. Reconhecia que os europeus estavam muito à frente dos americanos na questão da psicologia profunda, mas tinha suas reservas quanto à questão da sexualidade onipresente de Freud, como ele mesmo expressou:

Suspeito que Freud, com a teoria que tem dos sonhos, tal como ele a apresenta, seja um *halluciné* igual a tantos. Entretanto, espero que ele e seus discípulos levem seus conhecimentos ao limite, pois tais ideias, indubitavelmente, dão conta de alguns fatos, e poderão contribuir para o nosso entendimento da psicologia 'funcional' – a verdadeira psicologia.

Foto oficial dos participantes dos eventos da Universidade Clark em setembro de 1909. Na primeira fila, vê-se William James, o terceiro da esquerda para a direita, com barba grisalha e um chapéu cinza às mãos; Stanley Hall no centro da foto também com um chapéu nas mãos e, imediatamente ao seu lado, Sigmund Freud seguido de Carl Gustav Jung.

Capítulo XI

O rompimento

Freud tinha inicialmente considerado, como já visto, Jung como o "príncipe herdeiro", ou – o que ele pensava ou desejava – o "discípulo amado" em que se comprazia, esperando que ele fosse um Paulo que levasse a mensagem da psicanálise aos gentios, não judeus, pois Freud e seus primeiros seguidores eram todos de origem judaica. Sua esperança era que a psicanálise se transformasse na nova religião secular universal – tal qual antes Auguste Comte esperava transformar o positivismo –, onde ele, Freud, seria o novo grande profeta, o gênio descobridor das esferas até então ocultas da psique humana. Porém, em pouco tempo, Freud veria que suas muitas expectativas eram irrealistas e, na sua frustração, passaria a ver em Jung, primeiramente o rebelde, depois, o rival e, logo após, o inimigo a ser impiedosamente combatido.

Por meio de sua influência centralizada e por vezes autoritária, e em meio ao interesse já mencionado de levar a psicanálise para além do gueto judaico na capital austríaca, Freud tinha posto Jung como o primeiro presidente da Associação Internacional de Psicanálise. Buscava com isso pôr a responsabilidade da divulgação da nova "ciência" nas mãos de um cristão fora de seu círculo imediato, já que via seus seguidores de Viena como constituintes de uma confraria judaica e, ainda por cima, não os achava especialmente brilhantes. Porém essa escolha, no sentido administrativo, não poderia ter sido menos adequada, pois Jung tinha verdadeiro pavor de tarefas administrativas, que o impediam de levar adiante suas pesquisas científicas, já então bem avançadas, e que começavam a adentrar na questão do significado psicológico dos mitos.

Frank McLynn nos diz que "isolado da principal corrente política da psicanálise devido à sua preferência pelo estudo, em detrimento dos comitês e das salas de reunião cheias de fumaça, Jung foi desafiado em várias frentes simultâneas, inclusive em seu quintal".[1] Sim, a nascente psicanálise ia ganhando admiradores, inimigos e debatedores e muita gente pensou ver nessa nova área um meio de destaque, o que levaria ao surgimento de membros políticos e sedentes de poder. Jung, claro, não tinha muito tato ao lidar com o jogo sujo das intrigas palacianas dentro do movimento, de muitos que tinham ciúmes de seu posicionamento de destaque e a preferência explícita de Freud. Mas isso não o impediu, em meio a essa turbulência, de chegar a ideias originais e brilhantes, como a associação entre o material simbólico dos mitos e as fantasias dos esquizofrênicos, muito similares. Até mesmo Freud saudou esta descoberta como uma ideia inovadora a abrir um novo campo para a psicanálise. Freud também sentia que os mitos expressavam de alguma forma realidades psíquicas. Tomemos seu famoso complexo de Édipo e teremos uma ideia disto. Estas descobertas e estudos de Jung o levariam a escrever o livro que, de início bem aceito por Freud, seria, após a publicação de sua segunda parte, um dos elementos que o levaria igualmente a romper com Jung: *Símbolos da Transformação*.

O material de *Símbolos* foi obtido emprestado de Théodore Flournoy, a quem Jung tanto admirava e tivera uma influência tão grande em sua tese sobre Hélène e os fenômenos ocultos, anos antes. Flournoy coletou e publicou as fantasias de uma jovem americana chamada Srta. Miller durante uma viagem pelo Mediterrâneo. Enquanto, embevecida, sonhava acordada no convés de um navio, entrou em uma espécie de transe leve, onde "ouviu" um pequeno poema chamado *Glória a Deus*. Logo após, em um trem, compôs dez versos cha-

[1] McLYNN, obra citada, p. 186.

mados *A Mariposa e o Sol*. Por fim, após uma noite em que se sentia ansiosa, criou um herói asteca chamado Chiwantopol. Mas, curiosa, a inteligente Miller queria saber o que provocava tais devaneios, e buscou o fundamento dos mesmos em seu próprio passado, na infância e na literatura que consumira.

Diz McLynn que

> (...) pode parecer estranho que Jung erigisse toda uma fundamentação mitológica em torno das excentricidades de Miller, mas as declarações da jovem lhe pareciam o elo capaz de unir os delírios dos esquizofrênicos a causas místicas. Introvertida (conceito junguiano), ela estaria apta a direcionar sua energia psíquica para dentro, resgatando um resíduo arcaico de temas e imagens.[2]

Jung chegou, com base em suas experiências com os esquizofrênicos da Burghölzli, à conclusão de que os delírios eram uma forma desesperada da psique recuperar algum senso de sentido e ordem através de símbolos carregados de significação emocional ante o caos de emoções e sentimentos que uma pessoa poderia estar sofrendo, ainda que isto implicasse em uma regressão de um ponto avançado e individual, em termos do pensamento racional, para um outro, mais arcaico, aparentemente infantil, atingindo uma fase anterior ao período de dependência dos pais, mas que tocava em temas de desenvolvimento da pessoa e que – o que era mais significativo – era encontrado em contos e mitos, mesmo em narrativas religiosas, de várias partes do mundo. Ou seja, a doença permitia um influxo de um campo de imagens com significado mítico, arquetípico, por vezes de um conteúdo que não parecia conectado à memória individual do sujeito, enquanto conjunto de lembranças biográficas, mas que mesmo assim estava presente, o que explicaria as similaridades entre os mitos dos povos e dos delírios dos esquizofrênicos, apesar das diferenças de roupagens culturais e dos detalhes provindos da educação do sujeito.

Mas Jung foi mais além. Ele percebeu que este influxo torrencial de material imagético de características quase uni-

[2] McLYNN, obra citada, p. 188.

versais, que no psicótico – em especial, na esquizofrenia – era intenso, só diferia de expressão similar em pessoas "normais" apenas na intensidade. O dito "normal" também tinha seus pequenos "delírios" e sonhos, dormindo ou acordado, com enredos vestidos com roupagem contemporânea, mas com narrativas já presentes em mitos, contos e narrativas religiosas. Mas, enquanto o esquizofrênico afundava neste lago de imagens repletas de força emocional, o "normal" só se deixava "contaminar" por elas em parte, momentaneamente e, quase sempre, sem lhes dar qualquer maior valor. Mas bastava um estímulo e um contexto apropriado – por exemplo, adentrar na politica ou ganhar na loteria – e o comportamento antes tão regrado poderia, repentinamente, se mostrar completamente o oposto do que era comum na persona anterior e sua forma usual de agir. A pessoa, quase sempre, sem o devido preparo para o novo contexto, acabaria por se tornar "outra", assumindo personalisticamente novas representações de si, atingida por imagens de grandeza ou poder que, ainda que já existissem nela, não tinham como se potencializar em um contexto antes inadequado para as mesmas.

Desta forma, imagens transformadas em ações apontavam *não* para algo concreto em si, mas, em sua orientação para a assunção de determinados comportamentos estimulados pelo meio, para uma referência a uma pré-disposição potencial para agir em resposta ao meio, expressando esta predisposição a existência de algo que *suplanta e transcende a própria imagem concreta* do que é representado. O comportamento, atrelado a uma imagem, apontava assim *indiretamente* para algo, seja ideia simbólica, desejo ou imagem; era como o dedo que aponta para a Lua, não sendo, porém, ele próprio a Lua, que parecia ter uma presença em praticamente todas as pessoas, já que comportamentos em resposta a situações semelhantes são similares.

Contudo, a questão era ainda mais complexa. Muitas vezes até mesmo desejos, ânsias e motivações – que, como diria Pascal, possuem suas razões que a razão desconhece –, por não poderem ser adequadamente expressos no discurso ordinário da língua formal, tomam expressão através de um outro tipo de linguagem: a figuração, representação ou símbolo e metáfora que, através de uma figura (visual, comportamental ou poética), quer comunicar uma outra coisa para além do concreto. O denotativo analítico dá lugar ao conotativo metafórico.

Um *símbolo*, pois, é uma representação que aponta para *alguma coisa* além e acima de si mesma. Utiliza-se de algo sensível para fazer uma referência figurada ao que não é diretamente percebido, como uma parábola, que se utiliza de imagens comuns para dar ideia de alguma *outra coisa* dificilmente passível de ser traduzida diretamente. E é aqui que Jung começa a romper mais agudamente com o freudismo, porque se a regressão psíquica feita pela energia chamada libido acontecia em um nível figurado de busca de um significado sutil *acima da imagem concreta em si,* neste caso, a libido teria características que englobariam a sexualidade, mas não seria ela, propriamente, sexual, e o incesto do Complexo de Édipo não se referiria sempre ao desejo concreto, sexual, carnal ou mesmo simplesmente de prazer da criança que quer possuir a genitora (embora em alguns casos mais graves, possa existir de fato tal desejo concreto), mas é, na maior parte, uma manifestação de forma simbólica, alegórica, de busca de uma plenitude e integração do sujeito com o conforto, segurança e comunhão que não mais encontra na realidade presente e, então, regride na busca destes a uma esfera de realidade *representada* pelo conforto da mãe, mas essa busca não necessariamente seria a da mãe física real e individualizada, mas daquilo que está por trás da *ideia resumida* na imagem arquetípica de mãe, nutriente e protetora, seja ela a mãe, a deusa, a Virgem, a fada, a natureza, a Igreja, a comunidade. Por isso o mesmo conteúdo básico de uma busca por aquilo que pode dar sentido ou representa um estado de espírito se expressa nas mesmas imagens e é encontrado em mitos similares e também em fantasias individuais, variando nos detalhes, mas essencialmente iguais.

Os arquétipos e os mitos

Na área da psicologia profunda, ao nível do indivíduo, os psicanalistas descobriram a frequente presença de motivos e temas mitológicos gerais que se manifestavam nas associações livres, nos "devaneios", nos desenhos, nas fantasias, nos delírios, nos sonhos e comportamento de seus pacientes (ex.: O Complexo de Édipo) e, enfim, em quase todas as manifestações explícitas do inconsciente.[3] De um modo geral, os complexos se relacionam, de algum modo, com material mitológico. Isso é relativamente lógico, posto que são pessoas que, passando por situações semelhantes, por anseios semelhantes e por desafios semelhantes, acabam por imaginar ou, melhor, sonhar com reflexos destas situações que, coletivamente, acabam por criar os mitos.

> A linguagem simbólica e sintética das imagens que emergem do estudo do material psíquico inconsciente e a influência que este exerce no funcionamento volitivo e afetivo demonstrou igualmente que o homem ocidental ainda traz em si, malgrado seu desejo de agir com base na racionalidade instrumental, um universo onde ainda vivem e atuam, de forma degradada, forças que eram e ainda são representadas nas figuras de espaços sagrados, deuses e demônios, heróis e monstros, histórias e enredos mágicos, alguns plenos de conteúdos religiosos...

A arte, o folclore e os vários movimentos de massa que ainda resistem ao rolo compressor da homogeneização cultural e massificação mercantil de ideias e costumes da sociedade industrial capitalista seriam a materialização mais visível da realidade simbólica, carregada de significados emocionais profundos e, muitas vezes, contagiantes. E são os pensamentos exteriorizados em imagens, em associações carregadas de emoções, que determinam ou estimulam a maior e mais sensível parte do comportamento individual e mesmo social. A literatura de cordel, no nordeste brasileiro, muito popular no

---

[3] De acordo com James Fadiman e Robert Frager, comentando Jung, os mitos são manifestações ampliadas, ao nível coletivo, de processos profundos da psique, pois "os mesmos temas podem ser encontrados em sonhos e fantasias de muitos indivíduos. De acordo com Jung, os arquétipos, como elementos estruturais formadores que se firmam no inconsciente, dão origem tanto às fantasias individuais quanto às mitologias de um povo". Cf. FADIMAN & FRAGER, *Teorias da Personalidade*, Editora Harbra, São Paulo, 1986, p. 50.

sertão, representa á perfeição este fato.

Para Jung, certos símbolos são universais, pois que encontrados em todas as culturas. Descrevem processos de desenvolvimento humano e podem exercer um fascínio tão contagiante que, atrelados a uma cultura e em um determinado contexto histórico, tendem a resgatar ou atualizar mitos e criar doutrinas, religiões e filosofias. Esta descoberta de Jung abriu novos caminhos e possibilitou novos *insights* em várias áreas do conhecimento humano, das ciências humanas, incluindo a Antropologia e a Literatura, às artes (o cinema e as artes plásticas, em especial).

Estes singulares símbolos universais (por exemplo, a figura do herói que enfrenta desafios e perigos para, ao final, se perceber mais sábio e mais desenvolvido) são chamados por Jung de **arquétipos** e assim como um indivíduo, através de sua história, tende a acumular determinadas emoções em complexos inconscientes, também os complexos sociais podem se atrelar, pelo contexto histórico, a um arquétipo específico, como a limalha de ferro se agrega ao redor de um ímã.

A energia emocional dos arquétipos pode ser habilmente concentrada em especial através de ritos e outras técnicas que apelem à emoção das massas, normalmente a partir do resgate e identificação popular com um mito ou enredo heróico/religioso próprio de uma cultura, objetivando levar as pessoas a ações coletivas. O exemplo recente de George W. Bush simplificando artificialmente o bem nos Estados Unidos, e o mal no diferente, no estranho, no árabe "fanático", mas não dito que anteriormente treinado em táticas terroristas pelos próprios Estados Unidos durante a Guerra Fria onde o mal era representado ou projetado na ex-União Soviética, encobrindo interesses econômicos, é bem exemplar disto.

> O mito universal do herói, por exemplo, refere-se sempre a um homem ou um homem-deus poderoso e possante que vence o mal apresentado em várias formas, como dragões, serpentes, monstros, demônios etc. e que sempre livra seu povo da destruição e da morte. A narração ou recitação ritual de cerimônias e de textos sagrados e o culto da figura do

herói, compreendendo danças, música, hinos, orações e sacrifícios, prendem a audiência num clima de emoções numinosas [ou seja, fascinantes], como se fora um encantamento mágico, exaltando o indivíduo até sua identificação com o herói.[4]

Diversas cerimônias e ritos coletivos nazistas objetivavam arregimentar as pessoas abatidas pelo peso da derrota da I Guerra por meio da atualização dos mitos heroicos germânicos aliados à apropriação e manifestação de símbolos arquetípicos universais, como a suástica, figura muito difundida em toda a Ásia e Europa, tendo nos mitos saxônicos uma ligação com o martelo de Thor, portanto, de força e virilidade, e com a cruz e o círculo, ligados à ideia de origem e ordem do cosmos a partir de um potente centro de força. A suástica nazista, portanto, representava, ao mesmo tempo, a força e o símbolo de uma nova ordem e o início do ciclo de uma nova era: o 3° Reich que duraria, acreditavam eles, mil anos. Em eventos sociais eivados de elementos quase religiosos como as grandes manifestações de Nuremberg (foto acima), tais símbolos inflamavam o povo, unindo-o ou seduzindo-o à maléfica causa da extrema-direita nazista.

Como diz Joseph Campbell,[5] aquilo que os seres humanos têm em comum se revela nos mitos. Eles são parábolas e histórias estilizadas de nossa vida, relatos da nossa busca da verdade e do sentido de estarmos vivos. Mitos são pistas para

[4] JUNG, *O Homem e seus Símbolos*, Editora Nova Fronteira, Rio de Janeiro, 1993, p. 79.

[5] JOSEPH CAMPBELL, *O Poder do Mito*, Editora Palas Athena, São Paulo, 1990.

as potencialidades espirituais da vida humana, daquilo que somos capazes de conhecer e experimentar interiormente. O mito é o relato em imagens da *experiência* de *vida*.

Consequências

O texto de *Símbolos da Transformação* foi sendo montado aos poucos, entre 1910 e 1912, e suas três primeiras partes foram publicadas no Jornal de Psicanálise fundado por Freud e dirigido por Jung. Freud recebeu bem as duas primeiras partes, que não eram tão fortes e podiam ser assimiladas à teoria ortodoxa, embora já com alguns desvios marcantes. Mas a última parte, publicada posteriormente em livro com as outras três, apresentava tal ousadia teórica que representava uma ruptura forte demais com o freudismo, pois nela Jung deixava claro que a libido era uma energia psíquica geral, do qual a sexualidade era apenas um dos aspectos, batendo de frente com uma das mais caras ideias do Freud de então (posteriormente, o próprio Freud reveria pontos de sua teoria, mas estas revisões e ajustes apenas ele se permitia fazer). Jung já fala de ideias arcaicas presentes no inconsciente, mas ainda não tinha desenvolvido plenamente o termo e o conceito de *arquétipo* para denominá-las e, além disso, tais ideias poderiam ser internalizadas através da cultura e da educação forma ou, ainda mais, informal, o que Freud, de certo modo, ainda aceitaria.[6] Antes disso, porém, Jung já estava mais que ciente de que o rumo de suas próprias pesquisas acabaria levando à inevitável ruptura. Mas, embora tendo sido uma das principais causas formais, os capítulos finais de *Símbolos da Transformação* não foram os únicos vetores a influir na deterioração da relação entre os Freud e Jung.

Embora sua principal preocupação fosse o aprofundamento das pesquisas para os *Símbolos*, Jung não poderia escapar do peso da responsabilidade de ser o presidente da Associação Internacional de Psicanálise. Superando dificuldades, ele conseguiu marcar a esperada conferência internacional para

[6] Ironicamente, Freud, após a ruptura formal com Jung, pouco depois chegaria bem perto do conceito de arquétipo junguiano quando ele discute as imagens primordiais que se expressam na cultura, como ele discute em seu controverso texto de psicanálise social intitulado *Totem e Tabu*, de 1913.

Weimar, no outono de 1911. Jung e Sabina Spielrein estiveram juntos pouco antes. Jung orientou Sabina em sua tese de doutorado, entre 1910 e 1911, mas Sabina, que se sentia rejeitada por Jung em termos afetivos, estava cada vez mais próxima de Freud, até que acabou por ser mudar para Viena e passou a ser uma analisanda e colaboradora dele. Jung bem sabia que a vivacidade intelectual de Sabina iria cativar Freud, mas temeu, claro, sobre o que ela pudesse repassar a ele sobre si e suas dúvidas com relação a Freud, além das próprias ambições intelectuais, que ela bem conhecia devido ao caso amoroso de ambos em 1909 – que foi rapidamente retomado em 1910. Pensado, dito e feito; Sabina acabou talvez involuntariamente dando mais pistas sobre a independência intelectual de Jung do que Freud estaria disposto a aceitar passivamente.

Significativamente, por esta época Freud também começou a estudar a fundo a mitologia, embora sempre com a condição de enquadrá-la à sua teoria já pronta com fundamento na sexualidade e no Complexo de Édipo. Começava a juntar material para seu livro de psicanálise aplicada à etnologia, *Totem e Tabu*, brilhante construção intelectual, mas, infelizmente, desprovida de base, como antropólogos como Malinowski e outros iriam comprovar.[7] Nesta obra Freud iria dizer que toda a religião tem origem no sentimento de culpa pela morte, real ou simbólica, do pai (ou líder), mas com consequências práticas da substituição desta figura de liderança pelos filhos do *pai* – ou do chefe da tribo. Mas uma vez ele tomaria o concreto pelo simbólico, desde que assim o concreto se adequasse ao teórico. Estranhamente, Freud toca na questão dos arquétipos inconscientemente, pois ele aceita que talvez o ser humano fosse dotado de uma memória filogenética capaz de explicar os mitos e ritos, ao menos parcialmente. Voltaria a este assunto em seu estudo chamado *O Homem dos Lobos*, anos depois. Deste modo, está claro que a ideia difusa de uma memória ou de ideias ancestrais planava sobre as reflexões de Freud e Jung na mesma época (1910-1913) – e podemos mesmo especular que a psicanálise tal como a conhecemos

[7] Cf. MIRCEA ELIADE, *Imagens e Símbolos*, Martins Fontes, 1986.

hoje talvez tivesse tomado outro caminho, bem diverso do que hoje conhecemos, caso a colaboração entre estes dois gênios tivesse tido uma maior duração...

Seja como for, Freud não era apenas intelecto, mas um cioso político que começou a ver Jung mais como um rebelde, e o grupo de Zurique por ele liderado como um centro cada vez mais distante da ortodoxia de suas teorias. Em Viena, Sabina Spielrein comparecia às famosas reuniões das quartas-feiras, onde a guarda pretoriana de Freud se reunia para discutir assuntos relevantes da teoria psicanalítica e as táticas de fortalecimento e expansão do movimento. Por ser brilhante e ter escrito uma tese sob orientação de Jung, Sabina foi convidada a falar sobre as ideias de sua autoria expressas em um artigo: a tendência de morte e destruição contida na pulsão sexual, que ajudaria Freud, mais tarde, durante a Primeira Guerra, a "descobrir" a pulsão de destruição, por ele chamada de *tânatos* (do grego, que significa morte). Mas após a sua apresentação ao grupo de Viena em 29 de novembro de 1911, Sabina ouviu uma réplica agressiva de Freud contra os métodos de Jung calcados na comparação de material clínico com a mitologia e com os símbolos religiosos. Ficou claro, para ela, que as tensões entre Viena e Zurique estavam tomando um crescendo dramático, saindo da esfera das ideias para o do conflito pessoal.

Jung recebeu uma carta de Sabina alertando-o sobre o ocorrido. A partir de então, magoado, ele já não estava fazendo esforço algum para ser diplomático no que tangia às suas diferenças teóricas com Freud; além do mais as cobranças deste, através de cartas, suas e de seus discípulos, de uma postura mais proativa na presidência da associação, começaram a irritá-lo ainda mais. Ainda assim, por uma questão de princípios e de adequação a seu papel no movimento, quase sempre ele tomava uma atitude de pôr "panos quentes" quando Freud se tornava explicitamente agressivo. Além do mais, Jung precisava politicamente tanto de Freud quanto dos freudianos para expandir seus próprios trabalhos. Porém o material clínico que ele estava obtendo de pacientes neuróticos confirmavam seus próprios *insights*, demostrando, para ele, que o quadro teórico pintado por Freud estava incompleto e com muitos espaços em branco ou mal desenhados. Quando Freud afirmou que os sonhos infantis eram muito mais simples e não apresentavam nenhum dédalo de simbolismos próprios dos adultos, Jung rebateu apresentando sonhos de sua própria filha, Agatha, em muitos pontos bastante freudianos e, em outros, com conteúdos míticos e existenciais para além da compreensão de uma criança. Estava claro que este material apontava para o fato de que ninguém nascia "vazio", como uma *tabula rasa* a ser preenchida pelas experiências da vida, mas que todos já vinham com uma bagagem de idéias elementares, de estruturas que davam uma certa predisposição a comportamentos desde que o estímulo apropriado externo se fizesse presente, além de que, mesmo sem uma compreensão racional, a criança conseguia absorver o sentido de preocupações e conflitos dos pais e mesmo da sociedade em que viva. A partir daí, Jung passou a ser visto por Freud como um rival teórico perigoso, embora ainda potencialmente necessário, se bem utilizado, para a Causa da Psicanálise. Pior, por intermédio de Spielrein, Freud via Jung tentando "cristianizar" a psicanálise, e isso bateu fundo em sua alma, sempre ressentida dos anti-sionistas cristãos, traços estes que ele acreditava que já havia observado, com perturbação, na primeira parte de *Símbolos*.

Em dezembro de 1911, Freud já deixava claro para seus discípulos mais próximos, membros da guarda pretoriana vienense, como Jones, Abraham e Ferenczi, que não mais considerava Jung como príncipe herdeiro, mas que ainda o tolerava para o bem da causa e para evitar um racha no movimento. Ainda nutria uma esperança de que os interesses mútuos em prol da psicanálise os levassem a uma reaproximação distante, apenas como colaboradores, mas não mais o considerava um amigo confiável. Sua "vaga" passaria às mãos de Ernest Jones, que sentia ciúmes de Jung, esperando justamente o momento para tomar o lugar deste. Embora Jones nunca tenha de fato ocupado totalmente o espaço de Jung, se manteria caninamente fiel a Freud pelo resto da vida.

Para complicar as coisas, uma das pacientes de Freud foi

a Zurique consultar Jung em segredo. Mas de regresso a Viena, ela tinha espalhado que Jung a tinha tratado melhor que Freud, e que ele, Jung, parecia concordar que ela poderia ter recebido menos atenção do que gostaria. Na verdade, Jung apenas tinha demonstrado que empatizava com o sentimento da mulher, mas que achava que a atitude de Freud estaria certa ao provocar uma transferência que, a longo prazo, faria a terapia funcionar, como ele disse a Freud após receber deste uma carta violenta que o acusava de antiprofissional e de falta de objetividade científica, *"ao se deixar influenciar por neuróticos"*. Não adiantou nada o esclarecimento. Mas Jung, desta vez, não mais se colocava tão passivamente em atitude de reconciliação. Se Freud quisesse entornar o caldo, que o fizesse, isso agora seria problema dele. Só esperava que Freud o deixasse nos seus trabalhos junto à Associação e a produzir seus artigos e conferências com base na sua própria experiência.

Em 1912 ficou claro que a ruptura definitiva se daria em questão de meses. Em 18 de julho, Freud escreveria a Ferenczi de modo bem pouco ético, quase uma fofoca maldosa para justificar a própria desilusão: "Jung deve está bem neurótico. Como se vê, minha intenção de amalgamar judeus e góis a serviço da psicanálise parece ter ido por água a abaixo. Eles estão separados como óleo e água".[8]

Sabendo que em breve Jung estaria dando palestras e aulas nos Estados Unidos, e do "perigo" que isso representava enquanto disseminação da dissidência, Freud pôs a se mover a guarda pretoriana, que tinha membros ambiciosos a desejar o lugar do já quase-finado "príncipe herdeiro". Jones não se fez de rogado e organizou um encontro entre os discípulos mais chegados de Viena, os mesmos que antes Freud considerava como obtusos, e tomou à frente no conluio para excluir e neutralizar Jung através do círculo formado por Rank, Abraham, Ferenczi e Hans Sachs. Como símbolo da irmandade anti-junguiana, Freud mostrou sua face de líder calculista e, ao estilo dos bons filmes de máfia, deu a estes membros um camafeu grego que eles passaram a usar em anéis como ale-

[8] McLYNN, obra citada, p. 215.

goria de seus planos em comum para neutralizar Jung.

Jung já sabia que muito pouco havia por fazer diante do distanciamento de Freud, mas não fazia ideia da existência, nos bastidores, da "Confraria do Camafeu". Sem saber do perigo, Jung resolver que não mais iria pôr "panos quentes" e daria mesmo ensejo à sua irritação crescente nas últimas cartas a Freud.

Chegando aos Estados Unidos em 7 de setembro de 1912, suas aulas deixavam claro o quão longe ele já tinha ido da ortodoxia freudiana em conferências muito bem sucedidas. Jung admitia a presença do Complexo de Édipo, mas não o entendia como uma concretude carnal, mas expressão simbólica e emocional da superação do desamparo. Além do mais, não era apenas o menino que buscava compensar a falta do conforte feminino da mãe. Por vezes, a menina sentia o mesmo, buscando a sensação de proteção e poder do masculino representado no pai. Cunhou, então, o termo "Complexo de Electra" para designar que as meninas também passavam pelo mesmo processo, embora num direcionamento um pouco diferente: busca em direção do conforto e carinho no menino, proteção e força moral na menina (hoje, os freudianos ortodoxos, em um grande número de adeptos, pelo seu intelectualismo pedante e zeloso culto à personalidade de Freud, preferem utilizar também o termo "Complexo de Édipo" para as meninas, mesmo caindo em um paradoxo flagrante). E dando o golpe mais duro em direção à independência, deixou claro que os complexos vêm à tona diante de desafios e problemas postos no "presente", são percebidos a partir da bagagem e das associações do "presente", com preocupações do "presente", mesmo que seu núcleo emocional básico tenha se constelado no passado. Era com a visão e as emoções do presente que se despertava os núcleos do passado, portanto é o presente que deve ser tratado, e não eventos em um contexto já não mais existente. A neurose seria um ato frustrado de adaptação. Este ponto radical marcou o ponto definitivo de não-retorno de Jung ao freudismo.

Os "espiões" postos por Jones nos Estados Unidos fizeram a sua parte, narrado estes posicionamentos heterodoxos de Jung, o que inflamou a Confraria, que passou a denegrir Jung de modo cada vez mais explícito, publicamente. Logo Jung sentiu o impacto disso pelo distanciamento de alguns colegas e pela forma como outros passaram a agir. Ele agora sabia que Freud, Jones e alguns outros estavam agindo para o isolar do movimento oficial. Além do mais, a correspondência, antes intensiva, entre Freud e Jung, reduziu-se a praticamente uma troca protocolar de membros de uma instituição.

Jung e Freud ainda se encontrariam pessoalmente em Munique em novembro, antes do rompimento formal, durante uma conferência extraordinária convocada por Freud para tratar de outros dissidentes famosos, Alfred Adler, o primeiro e, até então, mais importante deles, e Wilhelm Stekel, amigo de Adler. Stekel estava presente e recebeu toda a carga agressiva de Freud, concordando em sair da Sociedade de Viena, mas não em deixar de enviar matérias ao *Zentralblatt*, que era um boletim psicanalítico. Como alguns membros da diretoria do mesmo concordaram com Stekel, Freud ordenou seus pares a boicotar este boletim, mas era a Associação Internacional quem financiava o *Zentralblatt* e assim, Freud apelou para Jung para solucionar a questão, ao mesmo tempo que o punha contra a parede à frente de todos, testando finalmente o grau de sua fidelidade dele ao "profeta" de Viena. Jung adiantou que a associação teria de respeitar a banca editorial do *Zentralblast,* que apenas recebia subsídios da Associação e que, como um veículo científico, não poderia impedir a seleção de material voltado aos assuntos da psicologia, mas que tentaria ver o que lhe seria possível para dirimir as tensões, escrevendo alguns artigos sobre as limitações que ele via na psicologia de Adler.

Após a plenária, Freud pediu a Jung que o acompanhasse em uma caminhada para conversarem sobre as suas diferenças. Jung estava particularmente tenso. Conversaram sobre os desentendimentos pessoais ocorridos pela época em que Biswanger foi diagnosticado, em Kreuzligen, com câncer e onde Freud o visitou, enviando uma carta de aviso em cima da hora a Jung, que tomou o fato como mostra de desinteresse de Freud pela sua presença ao mesmo tempo que um antigo rival, Paul Häberlin, lá estava. Jung disse que o caso o tinha aborrecido sobremaneira, mas não tocou no assunto de que ele sentia a Freud, especialmente no que ele percebia agora como estando sendo cercando por ele, intelectual e socialmente, por meio da cooptação de vienenses e alguns suíços, visando atingi-lo pela sua rebeldia doutrinária, e nem Freud tampouco tocou na sua irritação pelo distanciamento de Jung de sua cara ortodoxia teórica ou pelo aparente descaso administrativo frente à Associação. Em carta enviada a Ferenczi, Freud falou, ressentidamente, que nesta caminhada Jung parecia um alcoólatra cambaleante, mas esta predicação escondia um acontecimento testemunhado por alguns membros psicanalistas, que foi a profunda humilhação resultante do segundo desmaio que Freud teve frente a Jung na hora do almoço – e que ele não citou a Ferenczi nessa carta.

Durante a refeição, Freud, entre outras observações-reclamações, queixou-se a Jung pelo fato de seu nome não ser citado em alguns dos artigos mais recentes da escola de Zurique. Jung redarguiu equilibradamente que não era necessário menções constantes ao fundador da psicanálise, que sua presença se fazia clara pelo simples fato de que os artigos partiam quase sempre das teorias psicanalíticas, portanto, freudianas. Pouco depois, a conversa seguiu novo caminho e, caindo na questão da História e seus personagens, desviou-se para alguns comentários sobre o faraó Akhenaton, também chamado Amenófis IV, conhecido pela sua tentativa de impor o monoteísmo no Egito séculos antes do nascimento de Moisés. O símbolo do Deus único, Aton, era o do sol que espalha seus raios por toda a parte. Akhenaton, casado com a bela Nefertiti, também foi pai do jovem e infeliz faraó Tuthankamon, assassinado por um de seus conselheiros (e cujo túmulo, cheio de tesouros intocados, seria descoberto por Howard Carter alguns anos depois). Jung admirava a coragem de Akhenaton em enfrentar a poderosíssima classe dos sacerdotes – os eternos funcionários da religião a parasitar a sede espiritual dos homens –, mas Freud que não perdia uma oportunidade de tecer comentários psicanalíticos a tudo e a todos, expôs que a conversão e atitudes de Akhenaton – que transferira a sede do império para uma nova cidade por ele construída no meio do deserto, Amarna – tinha como contexto o complexo de Édipo, o que ficaria patente por ele ter mandado riscar o nome do pai dos monumentos, pondo o seu próprio nome no lugar. Jung, culto e bem informado com relação aos costumes egípcios, sentiu a alma tocada por esta forma simplista de explicar a história. Aborrecido, replicou que todos os faraós costumavam fazer isto, mandar pôr o próprio nome no lugar do faraó anterior, pois ele, o faraó, era sempre a representação da divindade encarnada, e não seria de esperar que desejassem ser reconhecidos como tais enquanto vivas encarnações dos deuses, além do quê era mais fácil impor a própria glória se não houver a lembrança das glórias de outros. Além do mais, Akhenaton não mandou riscar propriamente o nome de seu pai, Amon-Hopet, mas o nome da mais importante divindade "pagã" do panteão egípcio na época, Amon. E se todos os outros faraós tinham o costume de apagar o nome de seus antecessores, Akhenaton foi mais além, ao criar uma nova religião – por fim destruída pelo conluio de sacerdotes e nobres insatisfeitos com as inovações deste faraó rebelde e seu novo estilo de arte e cultura, infelizmente de duração efêmera.

Freud sentiu-se novamente perturbado. Jung estava mesmo enfrentando sua autoridade de "profeta" e "pai" publicamente. Como ousava? Neste ponto, Freud, com respiração ofegante, cambaleia e cai desmaiado no salão do restaurante. Riklin, Seif e Biswanger estavam presentes, acompanhando a conversa cada vez mais tensa entre os dois gênios, e viram, chocados, o desmaio de Freud. Jung o amparou e o ergueu nos braços, levando-o para um cômodo anexo ao restaurante, deitando-o em um sofá. Temendo que Freud tivesse tido um colapso cardíaco – ao mesmo tempo que se lembrava do desmaio deste em fins de agosto 1909 após uma discursão envolvendo novamente uma questão de autoridade, Complexo de Édipo e orgulho ferido – Jung percebeu que "enquanto o carregava, vi que ele quase voltava a si e me olhava do fundo de sua aflição, com uma expressão que jamais esquecerei".[9] Confuso, envergonhado e sentindo-se abatido frente à força

[9] JUNG, *Memórias, Sonhos, Reflexões*, p. 148.

moral e física de Jung, Freud teria dito, em um reconhecimento tardio de que o ocorrido foi um sinal de fraqueza, ao recobrar-se: "deve ser doce morrer".

O caso repetiu o ocorrido em Bremen, três anos antes. Desmaiar duas vezes frente a Jung era demais para Freud, tão cioso de seu papel de pai da psicanálise e de seu poder moral sobre os seguidores. Estava claro que tais síncopes eram formas veladas e inconscientes de reconhecimento da força do "adversário". O mais humilhante, porém, foi isto se ter dado frente a alguns dos discípulos da guarda pretoriana e da confraria do camafeu. Leonard Seif – que mais tarde se juntaria a Adler, mas que na época era um dos líderes da resistência a este –, comentaria com Jones que o desmaio de Freud foi um tipo de cumprimento ambíguo diante de Jung, ao estilo das antigas tradições judaicas. Pior, a autoridade do "profeta", ao menos sobre Jung, estaria definitivamente comprometida. Reconhecer a perda da batalha deve ter causado uma dor inconcebível ao orgulho de Freud que, escrevendo a Jones, confirmou que: "Infelizmente, o último ataque que sofri custou-me uma porção de minha autoridade", o mesmo receio que ele teve na travessia do atlântico em direção aos Estados Unidos em fins de agosto de 1909, ao negar-se a discutir um sonho que tivera com Jung por medo da perda de autoridade, finalmente agora se concretizara em público.

Mas o ocorrido também abalou profundamente a Jung. Uma coisa é a tensão moral devido a discursões teóricas e a posicionamentos políticos, outra é ver-se que esta tensão levou ao desgasta físico e emocional de uma pessoa que, bem ou mal, foi um grande amigo, mestre e auxiliar. Os ânimos, após o desmaio de Freud, eram bem outros, misto de carinho, preocupação, remorso, apaziguamento e cuidados. Ao se despedir de Freud neste mesmo dia, Jung, vivamente emocionado, teria dito que se manteria fiel à causa. Freud apenas sorriu. De Zurique, Jung enviou uma carta amável a Freud, onde dizia que tinha conseguido compreender melhor o caráter de Freud e que, com paciência, não voltaria mais a cometer os mesmos erros. Mas tanto Freud como Jung sabiam que o caso de Munique representava fortemente uma ruptura, que era impossível voltar atrás. Freud, percebendo que sua autoridade nunca mais seria a mesma com o jovem de Zurique, respondeu à carta, além de fazer algumas exigências, com uma alfinetada ao trabalho de Jung, bastante clara a quem está a par dos conflitos doutrinários entre ambos: "Você parece ter resolvido o enigma do misticismo, mostrando que ele se fundamenta na utilização simbólica dos complexos que sobreviveram muito além de suas funções".

Esta carta pareceu a Jung um remendo irônico de Freud à sua tentativa de pacificação e uma crítica alegória que trazia de volta a velha questão edípica cara a Freud de morte do velho pai ou da velha autoridade pelos mais novos. Ademais, as críticas de algumas pessoas que souberam do desmaio de Freud o levaram à beira da exasperação. Sua carta-resposta, de 03 de dezembro de 1912 demonstra um espírito magoado e agressivo. Bom conhecedor da vaidade freudiana, normalmente disseminada entre os discípulos, Jung tocou na ferida do estilo psicanalítico: de modo sistemático, os psicanalistas se fazem diferenciar do comum dos mortais por um intelectualismo elaborado e com atitudes de distanciamento, supondo-se tão acima dos demais que se achem na condição de insinuar quem é portador deste ou daquele problema, deste ou daquele complexo, desta ou daquela resistência, muitas vezes apontando em outros pequenos ciscos para não admitirem muitas das traves que possuem em seus próprios olhos.

Freud "caiu na real" e respondeu que não tinha levado a mal sua nova forma de se expressar. Jung respondeu que também iria abrandar, mas Freud, em carta a Ferenczi, deixou claro que o antigo amigo se tornara uma ameaça real. Na carta, Freud dizia sem rodeis que "Jung está louco (...) suas cartas misturam carinho com presunção arrogante".

Com relação a Adler, a promessa que Jung tinha feito a Freud de criticar o trabalho do primeiro grande dissidente no Jornal de Psicanálise, como prova de fidelidade, não foi cumprida. Freud obviamente se sentiu traído e expressou isto a Jung direta e indiretamente. Em carta enviada a Freud com o intuito de acalmá-lo, Jung cometeu um dos famosos "atos falhos", muito comuns de ocorrerem no alemão, com palavras muitas vezes semelhantes na escrita e som, mas com sentidos diversos. Ao escrever que "mesmo os seguidores de Adler não me vêm como um dos seus", o "seus" – *Ihrigen* , 'seus' no sentido de pertencente a Freud – foi posto no lugar de *ihrigem* – no sentido "deles", de pertecente a Adler, o que mostra que Jung inconscientemente queria dizer que ele estava lutando por ser independente de ambos.

A reposta de Freud não poderia ter sido menos diplomática, dizendo que cada uma das ações de Jung revelava a hostilidade que ele fazia questão de encobrir nas cartas. Qualquer mortal, neste ponto, teria a maior das razões em explodir, e Jung não era menos mortal que a maioria. Escreveu uma carta a Freud que tem sido alvo de inúmeras controvérsias entre freudianos e não-freudianos, cada qual tentando puxar a sardinha para seu lado em busca de enxovalhar o adversário. Mas a explosão de Jung é plenamente compreensível: ele não estava mais disposto a jogar com Freud. Estava cansado de tentar agradar ao "profeta" e quis deixar claro o mal-estar que realmente sentia, acumulado por muito tempo:

> Posso dizer-te com toda a franqueza em algumas poucas palavras? Admito a ambivalência de meus sentimentos para contigo, mas estou inclinado a assumir uma opinião honesta e absolutamente sem rodeios (...) Gostaria apenas de destacar que essa sua técnica de tratar pupilos como pacientes é asnática. Assim fazendo, você produz filhos escravos ou cãezinhos impertinentes (...) Sou suficientemente objetivo para entender o truque e saber para que serve. Você circula, farejando indícios de mal nas vizinhanças dos que, envergonhados, vivem se autocriticando permanentemente. Enquanto isso, você permanece no alto, lindamente sentado, como o pai. Por total obsequiosidade, ninguém ousa agarrar o profeta pela barba (...).

Freud ficou dividido ante esta carta. Escreveu uma resposta amena, mas não a enviou. Em vez disto, comentava com Jones e Ferenczi que Jung estava completamente fora de juízo. Não queria enviar a carta temendo ser "considerada" como um sinal de fraqueza. Mas também não poderia ficar quieto ante semelhante ofensa. Decidiu responder com o silêncio, esperando que tal silêncio fosse dolorido o suficiente para Jung. E funcionou. Jung, ansioso, não aguentou mais a tensão e escreveu a Freud sua última carta, propondo encerrar definitivamente os contatos entre os dois. Freud respondeu que queria o mesmo, e não deixou em branco a chance de espicaçar Jung pela última vez:

> (...) entre nós, analistas, convencionou-se que ninguém precisa envergonhar-se da própria neurose. Mas quem age de maneira anormal, enquanto continua alardeando normalidade, dá margem a que se suspeite de que carece de *insight* relativamente a seus males. Em consequência, proponho que abandonemos inteiramente nossas relações pessoais".

E nunca mais se falaram diretamente. O ressentimento escuro tomou o lugar da antes luminosa esperança de um trabalho conjunto entre dois dos maiores gênios do século XX.

Capítulo XII

A ação da Confraria do Camafeu: a guerra antes da guerra

Em 1913, o rompimento entre Freud e Jung era definitivo, mas ambos estariam ainda relacionados pelas consequências do mesmo.

Jung acabou por sentir o rompimento de modo muito mais intenso do que pudera ter imaginado ou esperado e pagou um alto preço emocional e, em parte, profissional, que o martirizou por todo o resto de sua vida. Ele entraria em uma crise, aos 38 anos, que por pouco não o levaria à insanidade, mas que, paradoxalmente, o levaria aos *insights* mais profundos de sua própria teoria. Profissionalmente, devido aos ataques dos freudianos, seus trabalhos se reduziram paulatinamente ao consultório particular – tinha se desligado da Burghölzli em fins de 1909 – e palestras por universidades e centros de pesquisa pela Europa, especialmente Inglaterra.

No entanto, a separação de Freud lhe permitiu canalizar melhor suas energias na direção de sua teoria, extraordinariamente original, posto que vivenciada em si; descobertas que seriam predecessoras de muitos pontos importantes de outras modernas teorias e abordagens em psicologia, tais como a *Logoterapia* de Viktor Frankl, o *Humanismo* de Carl Rogers e Abraham Maslow, e a *Psicologia Transpessoal* de Maslow, Assagioli, Grof e Tart.

Na sua teoria, a primeira realmente original e importante do século XX após a psicanálise, Jung enfatiza o futuro mais que o passado (em termos individuais) e a questão do significado. Tem uma visão positiva e não pessimista do homem em seu conceito de individuação. Tem compreensão de que todas as feridas de antes são reativadas, fortalecidas ou superadas a partir de posturas emocionais e intelectuais do presente. A espiritualidade tem enorme importância no desenvolvimento do ser humano e pode mesmo leva-lo ao sacrifício em prol de um ideal. Ou seja, surge uma teoria que, embora levando em consideração o inconsciente, está tão longe dos pontos principais da teoria de Freud como seria possível estar. Em praticamente todos os pontos, a teoria de Jung é o contrapeso e o complemento necessário da teoria de Freud.

Jung cedo teve *insights* muito profundos sobre a psique coletiva da sociedade industrial que é fragmentária, materialista, redutora e alienante, bem a característica do século XX, o que podemos constatar das inúmeras citações sobre e de Jung que fazem sociólogos contemporâneos como Michel Maffesoli, Edgar Morin e Amnéris Maroni,[1] o que reafirma sua concepção de que são estímulos presentes que provocam a neurose como incapacidade de adaptação às exigências do meio. As inúmeras exigências, estereótipos e imposições contraditórias do capitalismo industrial levam a sociedade a comportamentos similares, coletivamente, ao que em termos individuais seria próprio da esquizofrenia. Não é à toa que, ao lado do progresso tecnológico voltado para a produção, o consumo e a redução de seres à coisas mercantilizáveis, cresçam as misérias emocionais e o número de neuróticos, inadaptados ou falhos em se adaptarem à cultura de competição e violência dos *tempos modernos*, como Chaplin tão magistralmente satirizou em seu filme, e onde é cada vez mais difícil ao sujeito reconhecer a tarefa cultural que lhe compete. Quanto mais ênfase nas coisas, mais o desprezo pela vida em suas várias formas, das plantas e animais ao próprio homem.

Em março de 1913, Jung, atendendo a convites, partiria novamente para os Estados Unidos, tentando arejar a mente

[1] Ver de MAFFESOLI, *O Elogio da Razão Sensível*; de MORIN, *Introdução ao Pensamento Complexo* e de MARONI, *Jung, Individuação e Coletividade*.

e retemperar seu emocional, lá permanecendo por cinco semanas.

Mas Freud e sua Confraria do Camafeu não deixariam sair barato o que eles entendiam como "traição" e "deserção" de Jung da órbita do freudismo. Ernest Jones, que se mostraria um inimigo cada vez mais mordaz, acusava-o, dentre outras coisas, de se aproveitar destas viagens para explorar hipocondríacos abastados e disseminar suas ideias dissidentes. Agindo para reverter o fluxo de simpatizantes de Jung, a confraria do camafeu, regida por Jones, atuava para estancar a sangria, marginalizando-o intelectualmente como um excêntrico perturbado, sem que, assim, se provocasse um racha muito grave na Associação Internacional da qual, bem ou mal, Jung ainda era o presidente.

Demonstrando sua tática de cozinhar Jung em fogo brando, para enfraquecê-lo, Freud diria a Abraham: "Jung é louco, mas não desejo a separação e gostaria de deixá-lo naufragar por conta própria",[2] e fez por onde, neutralizando qualquer apontamento público de Jung sobre o dogmatismo autocrático de Freud e ainda calculadamente se aproximando mais de outros suíços, como o pastor (!) Oscar Pfister e Ludwig Biswanger, um amigo de Jung. Capitalizando o rompimento de Jung com Bleuler, Freud fez a máxima questão de permanecer amigo distante e formal deste último mesmo quando Bleuler se afastou a olhos vistos da teoria psicanalítica.

O confronto direto entre Jung e a confraria do camafeu se daria, contudo, no 4 ° Congresso Internacional de Psicanálise, realizado em 7 e 8 de setembro em Munique, tendo Jung como presidente, o que preocupou Freud. A atmosfera estava tensa, mas não ocorreu a troca de tiros que Freud temia. Contudo, as tintas escuras e pesadas que Freud vinha aplicando a seu "ex-discípulo" amado acabaria por servir de opacas lentes na percepção de muitos participantes do Congresso.

Jung, por sua vez, já antecipando este clima, diminui o tempo de oradores mais agressivos, o que levou Freud a dizer abertamente que Jung agiu de forma desagradável e incorreta. Esqueceu-se, porém, de que o tempo subtraído a tais

[2] McLYNN, obra citada, p. 233.

exposições Jung compensou dando maior tempo para os debates entre os expositores, as mesas e o público presente, o que, de certa forma, dava ainda mais poder a estes. Além do mais, Freud tentava se manter taticamente distante no encontro enquanto instava seus discípulos subordinados à tarefa de serem os batedores e peões do Rei. Assim, Ferenczi apresentou um trabalho que era uma estocada direta a Jung em uma exposição intitulada *Psicologia da Convicção*, enquanto a exposição de Jung não tocava em nada no conflito. Já a de Freud sutilmente o fazia com seu *A Disposição da Neurose Obsessiva*. No dia seguinte, a confraria estabeleceu que todos os freudianos deveriam votar em branco na questão da reeleição de Jung para a Associação. O resultado foi que Jung obteve 52 votos favoráveis contra 22 em branco, o que nunca havia ocorrido e que deixava patente o racha, numa forma de rejeição pública a Jung por parte dos freudianos radicais.

Encontrando Jones, Jung desabafou: "Pensei que você tinha princípios éticos". Jones, contente pela reação de Jung, correu a Freud para lhe contar o ocorrido, porém deturpando as palavras ouvidas. Para Freud, ele disse que a frase de Jung foi "Pensei que você fosse cristão", maquiavelicamente dando à frase um significado antissemita que tocaria a fundo a susceptibilidade de Freud. Ainda que Jones não fosse judeu, atiçou, porém, com esta sua deturpação, o inferninho já existente, buscando obter mais pontos frente ao "profeta", pretendendo tomar de vez o lugar antes pertencente a Jung.

Após o Congresso, vendo que não haveria mais ambiente para que Jung permanecesse como Presidente da Associação ou mesmo membro desta, Freud partiu contente para Roma enquanto Jung ficou ruminando o insulto público dos freudianos. Desconhecendo ainda a existência real da Confraria do Camafeu, embora sentisse seus efeitos, escreveu ingenuamente a Ferenczi perguntando-lhe sobre os motivos de sua adesão ao abstracionismo, para ele sem sentido. Ferenczi parece ter aprendido bastante com Freud e Jones, pois sua resposta foi construída com elementos racionalizados e perfeitamente aparados para ferir Jung: "O modo absolutamente inadequado com que, da presidência do Congresso, manipulou as propostas que apresentei, e os comentários tendenciosos e parciais do grupo dos que o apoiavam é que *nos* levaram a essa forma de protesto." A intenção de Ferenczi, membro ativo da Confraria, era claramente ferir o orgulho de Jung. E conseguiu mais que isso.

Sem perceber que estava caindo na armadilha da Confraria do Camafeu e seu arremedo de *lawfare*, atacando de modo sutil, mas constante, em forma e jeito "civilizados", e apesar das advertências de seu amigo Maeder, Jung pediu demissão como editor do Jornal Internacional de Psicanálise. Jones ironicamente comentou que seu afastamento era bom demais para ser verdade. Freud, pensando o mesmo, convocou Ferenczi para uma reunião urgente em Viena a fim de descobrir qual seria a possível tática de Jung. Mas não havia tática alguma e Jung se arrependeria de seu ato impulsivo, pois agora o *Jarhbuch* estaria todo em mãos dos freudianos radicais.

Mas ainda havia algo que precisava ser neutralizado o quanto antes: Jung ainda era o presidente da Associação. Freud, adotando escancaradamente o papel de Moisés, pensou erguer seu cajado para dissolver, do alto do seu Olimpo em Viena, a entidade, ou que as associações de Viena, Berlim e Budapeste se desligassem dela, o que praticamente seria o mesmo que a dissolver. Porém, o sádico Jones, como uma espécie de procurador do mal, apontou que tal ato seria explícito demais, o que levaria muitos a simpatizar com Jung. Por usa vez, os amigos de Jung o aconselhavam a deixar a Associação. Jung não queria dar este gosto a Freud em tão pouco tempo após desistir do *Jahrbuch*. Sua teimosia neste momento iria inspirar os cálculos de Jones que já sabia da melhor maneira de o atingir. Assim, ele orquestrou com os companheiros da Confraria a produção de diversos textos minando de todas as maneiras possíveis a dissidência junguiana ou fazendo-a uma ramificação que se dizia independente mas seria devedora de Freud. Este, por sua vez, aplicou o golpe mais baixo ao publicar sua "Breve História do Movimento Psicanalítico" que bem poderia se chamar "De Como Humilhar um Dissidente" que em nada perderia seu verdadeiro sentido. Nesta obra, com o típico linguajar prolixo e verniz de racionalismo cartesiano que lhe era próprio, Adler e Jung são tratados por Freud como mais que traidores e usurpadores. O primeiro, seria um ansioso por poder e dominação, e o segundo um místico abstrato, ambos buscando denegrir a única doutrina correta, a sua. Ainda mais, tachava Jung de um covarde incapaz de enfrentar as consequências que o sexo traria à Psicanálise. Desde então, anos após a morte de Freud, Jones e Jung, os freudianos ortodoxos (com raras exceções) repetem a mesma ladainha.

O golpe surtiu o efeito esperado, e Jung, abalado, renunciou à presidência da Associação Psicanalítica Internacional. Muito satisfeito com o seu texto, pensava Freud que tinha dado um golpe final em Jung, o agora inimigo. Mal poderia o "profeta" adivinhar que nas últimas décadas do século XX sua teoria "mecanicista incorrigível", portanto, pretensamente "científica" passaria a ser mais e mais questionada, enquanto a do "místico" Jung, cada vez mais e mais aceita, a começar pelos sacerdotes maiores da ciência, os físicos modernos (ver capítulo XIX adiante).

As ações bem orquestradas da Confraria do Camafeu atingiram Jung profundamente. Convidado a dar palestras na Inglaterra – para horror de Jones –, ele conseguiu arregimentar simpatias na terra onde a teoria de Freud sempre teve problemas de fincar raízes profundas. Mas o clima estava pesado. Jung sentia que estava perdendo terreno e emocionalmente estava deprimido. Muitos de seus ex-colegas passaram a ignorá-lo, Biswanger entre eles (ironicamente, mais tarde ele também se distanciaria de Freud).

De certo modo, estes acontecimentos pessoais entre gênios também refletiam a bestialidade das ocorrências sociais, baseadas em conflitos nacionalistas associados ao colonialismo e exploração de mercados pelo mundo, na Europa, e que iriam explodir na I Grande Guerra pouco mais de um ano depois, com o pretexto de ser a guerra da razão que daria fim a todas as outras guerras... Nunca a razão esteve tão sem razão...

Capítulo XIII

O mergulho no inconsciente: história de uma morte e renascimento

Os anos compreendidos entre 1913 e 1918 foram cruciais para Jung. Sincronisticamente, também o seriam para a Europa. Ao nível individual e coletivo, não seria exagero dizer que estes cinco anos representaram uma estranha cisão, pessoal e coletiva, um salto, em termos civilizatórios, para trás e, para populações inteiras, uma verdadeira descida aos infernos. Jung sairia, contudo, fortalecido e preparado para levar adiante a parte mais original e brilhante de sua obra. Já a Europa daria início ao ocaso da era das luzes iniciada no século XVI e parcialmente finalizada diante do horror da Primeira Guerra Mundial, que eclodiria em 1914, cujas consequências seriam cruelmente sentidas no crescendo dos embates políticos e nas contradições do capitalismo (que estimulou a I Guerra por conta do colonialismo que deixava a Alemanha, tardiamente unificada, em desvantagem frente à Inglaterra e à França) que, acrescida do crash da Bolsa de Nova York de 1929, levaria à Segunda Guerra Mundial e à ascensão dos Estados Unidos como potência econômica e militar antes contrabalançada pela Ex-URSS e agora potência única, com graves consequências sociais e ambientais, como podemos constatar neste início de milênio.

A ruptura com Freud e as repercussões desta, junto à ação eficaz da Confraria do Camafeu em isolá-lo profissionalmente, além da divulgação de boatos mordazes sobre sua pessoa e capacidades profissionais, levaram Jung ao esgotamento nervoso. Antigos colegas viraram-lhe as costas. Apenas alguns amigos íntimos, admiradores e pacientes permaneceram fielmente ao seu lado. Ele, em poucos meses, tinha se tornado quase que um marginal no campo da psiquiatria e psicologia, atendo-se quase que apenas ao seu consultório particular. Havia, sem que o percebesse, caminhado celeremente ao seu deserto e à sua noite escura da alma...

Suas cartas dessa época apontam dramaticamente para seu estado de perturbação emocional. Além de tudo, Jung estava se aproximando dos quarenta anos e esses eventos anteciparam aquilo que comumente é chamado de "crise da meia-idade". Apesar de se saber agitado e que isso era o desfecho inevitável do conflito com Freud e seus seguidores, o grau de gravidade de seu estado só lhe ficou patente a partir de dois sonhos que teve e que, como em todos os mitos e tradições mais importantes que havia estudado, apontavam simbolicamente para o tema da morte e do renascimento, ou seja, para o fato de que toda grande transformação humana (e também coletiva) é precedida de uma dolorosa e perigosa crise cuja função é romper com padrões passados, mas que poderia anteceder também um fatal naufrágio, já que a crise é uma *possibilidade* de mudança para uma nova situação mais positiva, não uma *certeza* disto.

O primeiro sonho ocorreu ainda em dezembro de 1912, logo após o rompimento oficial com Freud. Neste, um pássaro branco, parecido com uma pomba, aparecia e se transformava em uma menina linda que brincava com os filhos de Jung. Depois, ela voltava-se e andava para perto de Jung e o abraçava, dizendo-lhe que só durante a noite poderia ela se tornar um ser humano, enquanto, durante o dia, em forma de pombo, cuidava dos doze mortos. Todo o sonho se passava em meio a colunatas italianas diante de uma mesa feita de esmeralda. Esta mesa seria a *tabula smaragdina*, onde, segunda a lenda, Hermes Trismegisto teria gravado a essência da sabedoria humana.

Em um primeiro momento, Jung não soube como interpretar o sonho. Mas era óbvio que havia elementos cristãos em abundância (os doze discípulos mortos) com sua associação clássica de sofrimento e transcendência: a pomba branca seria o Espírito Santo (a *pneuma* correlacionada à alma e a psique), simples como uma criança, mas que só durante o período noturno (referência ao inconsciente e ao recolhimento) se fazia inteligível como um ser humano. Os doze mortos se relacionariam aos doze discípulos.... Discípulos de quem? Os discípulos de Freud agora eram mortos para Jung... A pomba cuidava dos mortos enquanto a criança (o novo) conversava com Jung. O "Espírito" só se faria compreensível a Jung (ou seja, as profundezas de si mesmo) durante a fase de recolhimento noturno (as crianças foram brincar fora) a fim de dar pistas de seu próprio âmago, reacendendo a esperança (a mesa de esmeralda verde). Para se atingir isto, porém, seria necessário o sacrifício (a crise) subentendido nos símbolos presentes do cristianismo, do aspecto noturno e da solidão.

"Nessa época", diria Jung anos depois, "uma fantasia terrível repetiu-se várias vezes: havia algo de morto que continuava a viver". O que seria este algo morto que ainda continuava a viver senão o eco da influência ainda presente de Freud?

O segundo sonho também envolvia mortos; na verdade, foi o ponto alto dessas fantasias oníricas terríveis. Ele sonhou que estava em uma espécie de cripta, entre fileiras de tumbas onde, sobre lajes, jaziam restos mumificados. Encontrou mortos de 1830, um outro do século XVIII e um outro do século XII. Toda a vez que Jung olhava para cada um destes cadáveres, eles, que estavam inertes, começavam a mover-se como que reagindo ao foco de atenção de sua consciência. Era claro que coisas "mortas", e que já não deveriam existir, ainda teimavam em lhe assombrar a alma. A associação com Freud era clara. Novamente o número XII se fazia presente, como no primeiro sonho, e se havia doze apóstolos deveria haver também um traidor da confiança... Jung não deixou de se sentir traído por Freud, do mesmo modo como este sentia o mesmo com relação a Jung. Freud era muito próximo da cultura do século XIX (o morto de 1830). Jung se sentia particularmente ligado ao século XVIII (o morto do século XVIII), o cavaleiro medieval do século XII apontava para o número dos apóstolos e um elemento de origem comum (tanto o racionalismo do século XIX como o iluminismo do século XVIII foram uma reação ao dogmatismo extremo de instituições como a religião, que perseguiu e tentou abafar pensamentos de mudança).

> Os sonhos de então impressionavam-me muito, mas não me ajudavam a superar o sentimento de perplexidade que se apoderava de mim. Pelo contrário, eu vivia como que sob o domínio de uma pressão interna. Às vezes era tão forte que cheguei a supor que havia em mim alguma perturbação psíquica. Duas vezes passei em revista toda a minha vida em todos os seus pormenores, detendo-me particularmente nas lembranças da infância, imaginando encontrar em meu passado algo que pudesse ser a causa de uma possível perturbação. Mas esta introspecção foi infrutífera, e tive de confessar a mim mesmo minha ignorância. Pensei então: Ignoro tudo a tal ponto que simplesmente farei o que me ocorrer. Abandonei-me assim, conscientemente, ao impulso do inconsciente.[1]

Para superar a resistência pessoal às lembranças da infância, Jung passou a reproduzir seus hábitos daquela época, recolhendo pedrinhas nas margens do lago de Zurique, com os quais construía pontes, casinhas, uma igreja e, por fim, toda uma pequena cidade. A descarga emocional de lembranças que vinham à tona espontaneamente foi o resultado de tal prática, que daria base à técnica de "imaginação ativa". Também passou a desenhar, pintar e retomou o hábito de talhar pedras. Dedicava-se a estes afazeres pela manhã, atendendo em seu consultório à tarde e voltando aos primeiros à noite. Isso tudo se iniciou em 1913. No verão, Jung compareceria ao Congresso de Munique onde encontrou Freud pela última vez e vivenciou toda a rejeição dele e de seus discípulos chegados, como vimos no capítulo anterior.

Suas "antenas psíquicas" estavam também mais sensíveis. Não era necessário ser um médium ou sensitivo para

[1] JUNG, *Memórias, Sonhos, Reflexões*, p. 161.

perceber que um clima de tensão pré-guerra estava se acumulando entre os países da Europa que apontava para algum desfecho violento. Mas não se podia acreditar então em uma carnificina generalizada na Europa da ainda existente *Belle époque*.

De alguma forma, numa sincronia misteriosa, a opressão coletiva atingia e combinava-se com a crise íntima pelo qual Jung passava. Esta estranha combinação eclodiu em duas visões que Jung teve ainda em 1913. A primeira deu-se no início de outubro, quando o trem em que viajava entrou em um túnel. A marcha mais ou menos constante do trem serviu como elemento de redução da atenção consciente e o escuro do túnel desligou os estímulos sensórios da visão e foi então que Jung entrou em uma espécie de transe, só voltando à consciência cerca de uma hora depois, quando da chegada da composição em Schauffhausen. Como geralmente as percepções extra-sensoriais e mediúnicas captam informação por vias não sensoriais, estas precisam ser acomodadas ou "traduzidas" em uma forma sensível que resuma a mensagem da informação captada e de alguma carga emocional, sendo, só assim, passível de superar o limiar do inconsciente até atingir a consciência. Ora, como a captação se dá nas estruturas mais primitivas, a única forma de fazer a informação chegar ao consciente é através de imagens (visuais, narrativas ou em forma de palavras), em uma linguagem simbólica, mas carregada de emoção para que se gravem de alguma forma no consciente. Pois bem, as imagens que Jung recordava de seu transe eram bastante simbólicas e combinavam informações sobre a terrível guerra que se aproximava ao mesmo tempo em que apontavam para o momento difícil do próprio Jung. Símbolos, como Jung demonstraria, sempre apontam para um complexo de informações que se relacionam.[2]

> No mês de outubro, viajando sozinho, fui subitamente assaltado por uma visão: vi uma onda colossal cobrir todos os países da planície setentrional, situados entre o mar do Norte e os Alpes. As ondas estendiam-se da Inglaterra à Rússia, e das costas do

[2] Para uma teoria neurofisiológica da PES, confira GUIMARÃES, obra citada.

> mar do norte até os Alpes. Quando atingiram a Suíça, vi as montanhas elevarem-se cada vez mais, como que para proteger nosso país. Acabara de ocorrer uma espantosa catástrofe. Eu via vagas impetuosas e amarelas, os destroços flutuantes das obras da civilização e a morte de inúmeros seres humanos. O mar transformou-se em torrentes de sangue. Esta visão durou cerca de uma hora. Perturbado, nauseado, tive vergonha de minha fraqueza.[3]

A visão de Jung mostrava países afundando em imensas ondas amareladas, violentas, que afogavam pessoas e destruíam casas e edificações. O bestialismo da guerra por vir seria uma vaga cruel e, diferente das elaborações românticas e de nobreza que ainda se pensava existir na desenvolvida Europa, sem limites éticos. As guerras românticas tinham ficado para trás, no século XIX. Os ideais e os valores passariam a ser questionados e o niilismo materialista avançaria. Ele observava a tudo isso do alto de uma montanha no centro da Europa – sua Suíça –, atormentado por ver os escombros da civilização flutuando em um mar vermelho do sangue dos cadáveres e da destruição. O mesmo sonho apontava para seu consciente ou *ego* a observar as forças primitivas que se agitavam em si, novamente falando em transformação (morte), mas a parcialmente a salvo no alto de uma montanha (o consciente pessoal) cercado pela violência do mar vermelho (o inconsciente social, ou coletivo). Em dezembro do mesmo ano, passando pelo mesmo túnel, Jung teve novamente um transe onde via uma visão análoga à primeira, com a parte da transformação final em sangue ainda mais intensa. Uma voz interior lhe ordenava: *Olha bem, isto é real e será assim; portanto, não duvides.*

Jung, em um primeiro instante, pensou que estas imagens se referiam ao seu momento de crise ou a alguma revolução (1917 ainda não chegara para a Rússia de Nicolau II) Temeu também estar sendo envolvido em uma psicose em estágio inicial. Não pensou de imediato na possibilidade da guerra na Europa... Não com aqueles sinais de violência indizível, que, de fato aconteceriam.

[3] JUNG, obra citada, p. 163.

Entre abril e junho de 1914, Jung teria ainda sonhos que tocavam nos eventos uque estavam por se iniciar em agosto. Quando a guerra de fato estourou, só então Jung teve a certeza de que sua própria experiência íntima estava de alguma forma ligada à da coletividade. O conceito de inconsciente coletivo, portanto, se tornava cada vez mais claro em sua mente. De alguma forma, o micro reflete o macro, o pessoal o coletivo, o singular mantendo contato em algum nível com o geral. A contrapartida biológica do inconsciente coletivo de Jung se encontra na recente teoria dos Campos Morfogenéticos, de Rupert Sheldrake.

Temendo ser tragado no mar do inconsciente, representado pela esquizofrenia que ele conhecia tão bem, detonada pela crise existencial pelo qual passava, Jung resolveu ser o psiquiatra, psicólogo, analista e terapeuta de si mesmo, como antes o fora de seus pacientes da Burghölzli. Decidido a encontrar uma razão e uma solução para a sua crise, corajosamente, resolvera deixar que seu inconsciente viesse à tona como bem entendesse, em 12 de dezembro de 1913.

Na noite de 12 de dezembro, recostou-se em sua poltrona, no seu escritório e liberou o caudal de imagens desta região escura. Sentiu o incômodo que é a sensação de envolvimento, semelhante ao que ocorre quando se está perto de um dique que arrebenta.

> O solo pareceu ceder a meus pés, e fui como precipitado numa profundidade obscura. Não pude evitar um sentimento de pânico. Mas, de repente, sem que ainda tivesse atingido uma grande profundidade, encontrei-me – com grande alívio – de pé, numa massa mole e viscosa. A escuridão era quase total; pouco a pouco meus olhos se habituaram a ela, que parecia um crepúsculo sombrio. Diante de mim estava a entrada de uma caverna obscura; um anão ali permanecia de pé. Parecia feito de couro, como se estivesse mumificado. Tive de esgueirar-me, quase roçando nele, a fim de entrar pela passagem estreita, e fui patinando, a água gelada alcançando-me os joelhos, até o outro lado da caverna. Percebi, então, quem numa saliência da rocha cintilava um

> cristal vermelho. Ergui a pedra, e embaixo havia um espaço vazio. A princípio nada distingui nele; depois percebi, no fundo, um curso d'água. Passou um cadáver flutuando na corrente: era um adolescente de cabelos louros, ferido na cabeça. Seguiu-o um enorme escaravelho negro, e então surgiu, do fundo das águas, um rubro sol nascente. Ofuscado pela luz, tentei repor a pedra no orifício, mas nesse momento um líquido fez pressão e escoou através da brecha. Era sangue! Tive a impressão de que isso se prolongou intoleravelmente. Afinal o jato estancou, e deteve-se a visão.[4]

Jung interpretou corretamente que esta fantasia vívida representava um drama comum aos ritos dos mistérios egípcios, gregos e de muitas sociedades não-industriais: tratava-se de uma imagem de um rito de passagem e *de morte e renascimento,*[5] com elementos do mito do herói que enfrenta perigos e perdas para retornar fortalecido, e do mito solar, da luz que retorna depois das trevas. A caverna sempre significou o ambiente de uma outra parte da vida, vida oculta, telúrica, o túmulo, e assim foi utilizada, entre outros, por Platão e Dante. Também é uma representação do inconsciente. O anão, como guardião, ao mesmo tempo que aponta a entrada, a impede. Era Freud (embora Jung não o cite), sem sombra de dúvidas. Estava como que mumificado, endurecido pela ortodoxia de sua doutrina e tentava impedir que outros fossem mais além, sem o conseguir. Lembremos que os dois desmaios de Freud (que tinha 1,60 m de altura) frente a Jung (com seus quase dois metros) se deram quando ambos conversavam sobre as múmias dos pântanos da Alemanha e sobre o Egito de Akhenaton, que mumificava corpos. O jovem morto seria uma representação dele mesmo, um caucasiano ferido, logo seguido pelo símbolo de renascimento egípcio do escaravelho e do sol nascente luminoso. O sangue jorrando representaria o impulso da vida, mas também os trágicos acontecimentos mundiais que se seguiriam paralelamente ao renascimento de Jung,

[4] JUNG, obra citada, p. 166.
[5] Ver JOSEPH CAMPBELL, *O Poder do Mito*, ed. Palas Athena, e *As Transformações do Mito Através do Tempo*, ed. Cultrix; também MIRCEA ELIADE, *Tratado de História das Religiões*, ed. Martins Fontes.

mas que, por fim, cessariam.

Seis dias depois, Jung sonha que assassinava o herói mítico Siegfried junto com um adolescente de pele escura, a sua *sombra*, ou seja, um aspecto seu que ele não reconhecia mas que estava presente. Jung interpretou Siegfried como sendo o *kaiser* Wilhelm e o desejo do povo alemão em impor sua vontade à Europa. Mas a interpretação mais correta talvez fosse a de que Siegfried – que no sonho vinha descendo as montanhas em um carro feito de ossos – seria uma imagem do herói semítico Aníbal, que quase invadira Roma vindo dos Alpes e com o qual Freud se identificava. Isto se torna claro pelos dizeres do próprio Jung: "cheio de desgosto e remorsos por haver destruído algo tão belo, preparei-me para fugir, impelido pelo medo de que o crime pudesse ser descoberto. Desabou então uma violenta e copiosa chuva que, eu sabia, faria desaparecer todos os vestígios do atentado. Eu escapara do perigo de ser descoberto, a vida podia continuar, mas persistia em mim um sentimento de intolerável culpabilidade." Mas lembremos que a imagem simbólica é sintética, trazendo em si várias dimensões que se comunicam e, ainda assim, são diferentes. Siegfried também representava o próprio Jung, ou melhor, uma parte dele ligada a Freud: "Siegfried representa o que os alemães queriam realizar, isto é, a imposição heróica da própria vontade. 'Onde há uma vontade, há um caminho!' Era precisamente isso que eu também quisera. Mas tal coisa não era mais possível. O sonho mostrava que a atitude encarnada por Siegfried, o herói, não correspondia mais a mim mesmo. Por esse motivo foi necessário que ele sucumbisse."[6] Para crescer é preciso romper com alguma parte do peso do passado, para reconstruir uma nova caso é preciso derrubar alguma coisa da antiga habitação.

À medida que as imagens de seus sonhos e fantasias ficavam mais e mais realistas, mais Jung se esforçava para ir mais e mais profundamente no inconsciente. Mas, em momento algum, ele perdeu o controle da situação. Se isso houvesse ocorrido, ele teria sido dominado pelas figuras arquetípicas que provinham do inconsciente e perdido o contato com a realida-

[6] JUNG, obra citada, p. 167.

de, o que caracterizaria a esquizofrenia. Por isso, caem por terra todas as interpretações clínicas superficiais e tendenciosas, feitas pelos inimigos de Jung, dizendo que ele enlouquecera nesta época. Jung continuava a atender em sua clínica particular, escreveu cartas bastante equilibradas versando sobre psicologia e filosofia e conheceu inúmeras pessoas, entre elas o escritor e futuro Nobel de Literatura Herman Hesse, que foi profundamente influenciado por Jung, admitindo que escreveu seu famoso livro *Demian*, lançado em 1919, sob o impacto de sua teoria da conjunção de opostos e da individuação.

Desta forma, o período que vai de 1913 a 1918 foi, para Jung, uma espécie de crise que foi ao mesmo tempo destruidora, purificadora e criativa. Seu processo pessoal de autoconhecimento e superação foi, metaforicamente, como a entrada de uma lagarta em um momento crítico, quando chega o tempo, em uma crisálida que, morrendo para uma forma que não mais lhe era útil, ressurge para conquistar os ares com as novas asas que antes não tinha. Seu confronto com seus medos e sua própria alma, em uma estranha sintonia com a perturbação que mudaria os rumos da Europa e marcaria o trilhar de todo o século XX, foi para Jung uma crise de iniciação, morte e renascimento...

Capítulo XIV

Filémon

Pouco depois do início de sua autoanálise, surgiu, diante de Jung, a controvertida mas importante figura de Filémon, que seria uma manifestação de parte de si, do seu *Seibelst* ou *Self*, maninfestação do Eu mais profundo na forma de seu sábio interno, ou, quem sabe, talvez ainda alguma outra coisa mais objetiva (o próprio Jung, em suas *Memórias*, dá a entender isso, que um ser lhe surge quando seu próprio estado de consciência, voltado para sua compreensão pessoal, permitiu a manifestação deste provável *alter ego* talvez associada a uma presença espiritual real, à semelhança dos guias ou, como popularmente se diz, *anjos da guarda*)...

Filémon, na mitologia grega, era um semideus. São Paulo havia igualmente convertido um certo Filémon. Juntando tudo, parecia a Jung que este sábio que surgira um dia no processo de seu aprofundamento em suas fantasias e sonhos, era um tipo de figura mítica, que ele desenhou uma vez, como um ancião respeitável com asas de martim-pescador. Sincronisticamente, pouco depois do desenho feito, Jung encontraria o corpo de um martim-pescador às margens do lago Zurique, algo um tanto estranho, posto que esta ave era muitíssimo rara de ser encontrada na região.

Pois bem, este ser estranho chamado Filémon, "que trouxe à superfície uma atmosfera meio egípcia, meio helenística, de tonalidade algo gnóstica", ou seja, trouxe a Jung um pouco da herança cultural que moldou o Ocidente, passou a ser uma presença que começou a tecer diálogos com o psiquiatra, apontado para o fato de que vários elementos de sua psique eram autônomos, ou melhor, faziam parte de uma estrutura psíquica em níveis e em processos das quais a consciência não fazia ideia, mas que constituem a psique como um todo. Porém, mais que isso, este "ser" parecia ter uma realidade que trazia a Jung suas reflexões sobre a realidade dos espíritos e, quem sabe, fosse ele mesmo um espírito que o estaria ajudando – sem impor nada – para que ele construísse uma nova psicologia, diferenciada da de Freud e outros.

> Psicologicamente, Filémon representava uma inteligência superior. Era para mim uma personagem misteriosa. De vez em quando tinha a impressão de que ele era fisicamente real. Passeava com ele pelo jardim e o considerava uma espécie de guru, no sentido dado pelos hindus a esta palavra.[1]

Alguns anos mais tarde, em conversa com um hindu amigo de Gandhi, Jung ficou espantando ao saber que este tinha por guia, conselheiro e guru, um homem morto havia séculos. "O senhor está falando de um espírito?", perguntou Jung. "Naturalmente, de um espírito", confirmou o amigo de Gandhi. Nesse momento Jung se lembra de Filémon. O hindu esclareceria ainda, sincronisticamente e sem saber nada sobre Filémon: "A maioria dos seres têm gurus que são homens vivos. Mas há os que têm um espírito por mestre".[2]

Os contatos com Filémon foram bastante instrutivos para Jung. Em 1916 começou o declínio da sua crise existencial. Até então, ele havia apenas redigido esboços de artigos e respondido a cartas. Muito do que ele aprendia com Filémon ele escreveu em dois livros, um pequeno, chamado Livro Negro, e outro maior, chamado Livro Vermelho, que continha desenhos, pinturas e poesias.[3] Então, subitamente, como a marcar o fim deste período, ocorreu algo dramático e extraordinário, que seria o estímulo para o eclodir da potência de escritor de Jung, acontecimento este memorável pela sua dramaticida-

[1] JUNG, idem, p. 170.
[2] JUNG, idem, p. 170.
[3] A editora Vozes publicou uma primorosa edição em português desta obra.

de paranormal. A partir de então, Filémon deixou de se fazer presente, dando o sinal que Jung já poderia seguir sozinho ou sem que fosse preciso que ele se manifestasse como o fizera até então...

Jung médium

O contato com Filémon foi fundamental para o reequilíbrio de Jung. Finalmente ele estava atingindo a maturidade e o rompimento com Freud parecia já superado em grande parte, que se manifestava no desejo de dar forma ao que aprendera durante sua época de crise. "Progressivamente uma transformação se esboçava em mim. Em 1916 senti um impulso incoercível de exprimir e formular o que de certa forma poderia ter sido dito por Filémon".

De fato, foi por meio de Filémon que Jung conseguiu apreender, em essência, os elementos mais fundamentais de sua própria teoria original da personalidade. Precisava, agora, conceituá-los e aplicá-los na clínica e, mais que tudo, expressá-los por meio da escrita. Ele deveria tentar pôr em um discurso acessível o que intuíra em *insights* muitas vezes metafóricos. Contudo, Jung ainda se sentia de certa forma incapaz de o fazer, ao menos conscientemente. Seja como for, este impasse foi resolvido com uma manifestação clássica de um *Poltergeist*[4] seguido mesmo por "aparições", o que serviu para tirar o psicólogo de sua inércia.

Neste ponto, e devido ao inusual da cena, é melhor dar a palavra ao próprio Jung.

> Tudo começou por uma espécie de inquietação, sem que eu soubesse o que ela significava nem o que *se* pretendia de mim. Havia uma atmosfera pesada em torno, como se o ar estivesse cheio de entidades fantasmagóricas. Nossa casa parecia assombrada: à noite minha filha mais velha viu uma forma branca atravessar o quarto. Outra filha, sem qualquer

[4] Dá-se, nos estudos psíquicos, o nome de Poltergeist a eventos de caráter paranormal caracterizados pela ação de forças ou entes sobre objetos físicos, com deslocamento, transporte ou desaparecimento de objetos sem uma causa física definida. Cf. Carlos GUIMARÃES e Carlos Alberto TINOCO, *Poltergeist, o dilema da Parapsicologia*, EDITORA DO CONHECIMENTO, 2014.

> influência da primeira, contou que durante a noite a coberta de sua cama fora arrancada duas vezes. Meu filho de nove anos teve um pesadelo. De manhã, pediu à mãe lápis de cor e, sem que nunca tivesse feito isto antes, reproduziu a imagem do sonho. Chamou-a "a imagem do pescador": há um rio que passa no meio do desenho, e um pescador, com uma vara de pescar, acaba de fisgar um peixe. Na cabeça do pescador há uma chaminé, onde as chamas crepitam e de onde a fumaça sobe. O diabo chega voando, vindo de outra margem. Protesta, reclamando que seus peixes estão sendo roubados. Sobre o pescador paira um anjo, que diz: "Não deves fazer-lhe mal algum, ele só pesca os maus peixes!" essa figura foi desenhada por meu filho num sábado de manhã.
>
> Domingo, às cinco horas da tarde, a campainha da porta de entrada tocou insistentemente. Era um dia claro de verão, e as duas empregadas estavam na cozinha, de onde era possível ver o que se passava no espaço livre diante da porta. Eu estava relativamente perto da companhia, ouvi quando ela tocou e também pude ver o badalo em movimento. Imediatamente corremos à porta para ver quem era, mas não era ninguém! Nós nos entreolhamos estupefatos! A atmosfera estava terrivelmente opressiva. Percebi que algo iria acontecer. A casa parecia repleta de uma multidão, como se estivesse cheia de espíritos!(...).[5]

Jung continua relatando o ocorrido dizendo que estes espíritos pareciam estar por toda parte da casa, fazendo-se tão presentes que mal se podia respirar. Espantado, ele procurava compreender qual era o significado de tudo aquilo.

Diz-nos ele que bastou pensar nesta pergunta para ouvir uma resposta vibrante e bastante clara, simbólica, no estilo hermético e arcaico que caracterizava o linguajar de Filémon, dizendo que eles estavam lá porque não mais encontravam respostas em Jerusalém, ou seja, nada mais havia a aprender no ponto sagrado das três antigas tradições espirituais mono-

[5] JUNG, Memórias, *Sonhos, Reflexões*, p. 176.

teístas mais importantes do judaísmo, cristianismo e islamismo. Era hora da força espiritual que moldou o Ocidente retornar em novas roupagens. Jung correu a pegar papel e lápis e, provavelmente em transe, começou a escrever febrilmente. As assombrações cessaram, mas Jung passou três dias escrevendo um ensaio em linguagem extremamente simbólica, própria da linguagem gnóstica dos séculos II a C. e III d. C., referente à busca da alma pelo conhecimento espiritual, que foi chamado, não sem uma profunda razão, de *Sete Sermões aos Mortos*. "Afirmou que o fez automaticamente, através da mediunidade de Filémon, limitando-se a transcrever os pensamentos de Basílides (61 -117 d C.), gnóstico de Alexandria", diz-nos Frank McLynn.[6]

Jung logo percebeu, confirmando os estudos da parapsicologia, que ao menos parte do ocorrido pelo incidente bizarro relatado se devia à exteriorização do seu estado emocional e à ansiedade amorfa para dar forma escrita aos *insights* recebidos de Filémon, mas a causa mesma e fundamental de tudo isso se devia ao próprio Filémon e a outras entidades, como fica sugerido no relato do próprio Jung.

Este foi um exemplo clássico da potencialidade mediúnica de Jung e sua família, que surgia sempre que um momento de crise ou de decisão deveria ser tomado, pois o evento *Poltergeist* da campainha e das cobertas da filha se combinava com os eventos mentais das sensações de presenças invisíveis e da visão do fantasma visto por Agathe, tudo isso demonstrando uma intencionalidade clara: fazer Jung romper a barreira que o impedia de escrever e dar sua contribuição ao mundo. Realmente, a partir de então, Jung entraria em uma fase de produção contínua de livros, ensaios e artigos.

O desenho feito por Franz do sonho do pescador, dos peixes e do diabo e do anjo mostra o quanto o clima psíquico pode repercutir em uma mesma família e que Jung estava retirando o material ruim que recebera da tradição religiosa, buscando a essência espiritual das mensagens dos grandes mestres espirituais (e Jung foi um apaixonado estudioso de Jesus, Buda e outros luminares humanos). E, enfim, indica-

[6] McLYNN, Carl Gustav Jung, uma biografia, p. 260.

va que a época de crise havia chegado ao ápice e estava no fim. Não nos esqueçamos que seu trabalho médico, o apoio da família (e da amante Toni Wolff, foto ao lado) e sua determinação em não se limitar apenas ao mergulho no inconsciente foram fundamentais. Na verdade, ele ficou de tal forma lúcido que sua ação como médico e comandante do campo de feridos e prisioneiros de guerra (na maior parte, ingleses desertores) em Château D'Oex em 1917-1918 chamou a atenção por ter tomado providências urgentes e bem sucedidas para parar a propagação da tuberculose, e, mais que isso, para combater o tédio e o abatimento mental, incentivando os soldados a irem, como ouvintes, frequentar os cursos universitários em Genebra, Lausanne e Neuchâtel.

Por esta época também, descobriu que pessoas com algum tipo de perturbação desenhavam espontaneamente desenhos circulares, representando simbolicamente o esforço interno de atingir o equilíbrio, em traços com forma de mandalas. Ele mesmo desenhou várias e estimulou seus doentes e soldados a fazerem o mesmo, vendo que tal "terapia ocupacional" dava resultados ao estimular de alguma forma a recuperação. Anos mais tarde, a psiquiatra brasileira Nise da Silveira ficaria famosa mundialmente por adotar este método com seus pacientes no Rio de Janeiro, tendo criado o Museu do Inconsciente, que foi reconhecido e aplaudido pelo próprio Jung. Nota: os desenhos feitos pelos pacientes eram, em grande número, mandalas de grande complexidade...[7]

[7] Ver as fotos da Dr. Nise com Jung, no capítulo XX.

Capítulo XV

Inconsciente, fantasmas, materializações e aparições

Logo que a guerra terminou, Jung recebeu convites da Inglaterra para palestrar. Em Londres, em 1919, discursou na Sociedade Real de Medicina, mas seu principal interesse estava na famosa *Society for Psychical Research*, onde também, a convite, palestrou.

Desejando que esta última conferência fosse publicada e considerando que, após o rompimento com Freud e seus seguidores, ele estaria sob foco em busca de qualquer demonstração de uma atitude não "científica" e o aviso de amigos para que tentasse se ater aos aspectos psicológicos da questão das manifestações espirituais evitando, assim, mais críticas e ataques dos positivistas e dos freudianos ao seu trabalho, Jung discorreu sobre a possibilidade das manifestações espirituais – que ele desde o início deixou claro existirem – serem explicadas como fenômenos de "projeções do inconsciente". Sua palestra recebeu o título de "As Bases Psicológicas da Crença nos Espíritos" e só foi publicada em alemão nove anos depois, em 1928.

A sua leitura oficial, na *SPR*, portanto, era a de um observador contido e restrito pelas limitações paradigmáticas e culturais de seu tempo e de sua formação profissional, e ainda atrelada ao modelo psicanalítico, então muito debatido. Tal postura que buscava dar uma explicação teórica sobre a crença em espíritos por meio de um apelo ao psicologismo, porém, não explicava a contento *todos* os fenômenos envolvendo as manifestações psíquicas e Jung sabia disto tanto por estudos e vivências quanto por estar ciente, desde a última década do século XIX, dos trabalhos de vários dos mais ilustres membros da SPR que eram favoráveis à hipótese da sobrevivência (Crookes, Myers, Hyslop, Lodge e outros) e de que, ao menos uma parte das manifestações, os estudos com médiuns da estirpe de uma Leonora Piper e experimentos como os das correspondências cruzadas, onde médiuns de diferentes partes do mundo recebiam mensagens aparentemente desconexas, mas que, juntas, mostravam coerência e mesmo uma erudição acima das capacidades dos médiuns, mas que eram característicos dos supostos espíritos que as assinavam (como o próprio Fred Myers, morto em 1901) indicavam fortemente a ação de consciências espirituais independentes. Tudo isso sem falar da ocorrência bem recente de que o próprio Filémon, que Jung sentia muito presente em seu processo de autoanálise, por vezes lhe pareceu, de fato, um espírito e não apenas uma manifestação de uma parte de sua própria psique, fora que, de algum modo, ele parece ter sido um dos elementos que desencadearam os eventos que citamos no capítulo anterior e que levaram Jung a escrever os crípticos *Sete Sermões aos Mortos*. Além do mais, o destino não parece ter ficado indiferente e seu biógrafo Frank McLynn aponta que não deixou de ser irônica esta posição reducionista apresentada por Jung já que, um ano depois, na propria Inglaterra, ele e um seu amigo céptico vivenciariam experiências perturbadoras e inexplicáveis pela teoria da projeção do inconsciente, em um quarto que ele não sabia ser "assombrado", mas que descobriu ser em pessoa, como em breve iremos ver.

Em sua palestra acima citada, Jung, buscando ser o mais próximo possível da dominância positivista, lembrando Freud, dizia "estou convencido da exteriorização (dos complexos autônomos inconscientes). Tenho, por exemplo, observado inúmeras vezes o efeito telepático de complexos inconscientes. Não posso, porém ver nisso tudo nenhuma prova da existência de espíritos reais e, por ora, devo considerar esse campo de fenômenos como um capitulo da psicologia". Mas, como já vimos anteriormente, ele não se manteria tão reducionista e positivista assim. De fato, após alguns anos, sua atitude "pública" já era outra. Já na segunda edição deste artigo, de 1947 e que faz parte do volume VIII de suas obras completas, em uma nota sobre a afirmação acima transcrita, Jung deixa claro que não pensava mais dessa maneira e afirma literalmente que "hoje, depois de ter reunido, durante meio século, experiências psicológicas com muita gente e em muitos países, não me sinto mais tão seguro como em 1919 ao fazer a afirmação acima. Confesso francamente que duvido que o método e a reflexão exclusivamente psicológicos sejam capazes de fazer justiça aos fenômenos em questão. Não só as constatações da parapsicologia, mas também as minhas próprias reflexões teóricas (...) levaram-me a certos postulados que tocam as ideias da física nuclear, isto é, do continuo espaço-tempo. Levanta-se assim a questão da realidade transpsíquica, que se situa diretamente na base da psique".[1]

Completamente recuperado de seus anos de crise (1913-1917), Jung, aos 44 anos, parecia um novo homem no que toca à segurança em trilhar seu próprio caminho e em construir seu próprio modelo da psique e do tratamento de transtornos mentais, processo que duraria até quase o final de sua vida. No entanto, ainda sentia o abalo que a briga com Freud causou em sua reputação e, nestes primeiros anos após a ruptura, ele tomava todo o cuidado na reconstrução da mesma. Ainda assim, estava mais centrado e mais apegado à família, em especial aos filhos. Também retomou com novas forças seu

[1] O artigo e a nota, além de estarem presentes no volume VIII das obras completas, são também citados em ANIELA JAFFÉ, *Ensaios sobre a Psicologia de C. G. Jung*, Ed. Cultrix, São Paulo, 1995, p. 17. Os destaques em negrito na transcrição desta nota de Jung são nossos.

trabalho de psicoterapeuta, chegando a receber até nove pacientes ao dia de segunda a sexta, às vezes atendendo aos sábados a depender da gravidade ou interesse teórico do caso.

Na foto, Jung e seu filho Franz em Château D'Oex, em 1918.

Em março de 1920, depois de terminar a revisão de um de seus livros mais bem sucedidos frente ao público, *Tipos Psicológicos*, quase todo ele escrito durante seu serviço de médico-comandante no campo militar de Château D'Oex, e enviá-lo ao editor, sentindo-se sobrecarregado pela rotina intensiva como psicoterapeuta, Jung tirou férias e partiu para a Argélia e Tunísia, em companhia de seu amigo Hermann Sigg.

Jung ficou encantado com a forma não ocidental de pensar da região, ainda a exalar perfumes cartaginenses, helenísticos, romanos e do cristianismo primitivo, além de propriamente islâmicos. Isso lhe serviu para arejar a mente e ter, por meio de uma perspectiva cultural diferente, novos elementos para reflexão. Jung sabia que essa "psicosfera" cultural, porém, estava com os dias contados diante do massivo colonialismo ocidental, que iria inevitavelmente "contaminar" a visão de mundo simples destes povos, ocidentalizando-os sob o pretexto de "modernizar" e "integrar" tais culturas no mundo contemporâneo, mas, em verdade, com a intenção apenas de encontrar novos mercados para escoamento dos produtos ocidentais, sem levar em consideração as singularidades das tradições e costumes locais que, aliás, deveriam ser abafados para que o padrão de consumo ocidental fosse implantado.

Jung admirava formas de manifestações culturais diferenciadas do modo de vida ocidental que, tantas vezes errônea, preconceituosa e eurocentricamente, tem uma séria resistência em admitir práticas e costumes diferentes dos seus em povos frequentemente chamados de "primitivos", traindo sua arrogância, mas que, em muitos pontos, possuíam atributos psicológicos e sociais em nível muito superior às relações racionalizadas calcadas na produção, exploração do meio-ambiente e distribuição de mercadorias do Ocidente industrial.

Ao voltar para a Europa, Jung quase imediatamente retorna à Inglaterra, visitando os locais associados ao ciclo das narrativas e contos arthurianos, como Tintagel e Glastonbury. Nesta época, a convite, deu aulas em excelente inglês a vários alunos de universidades como Oxford e Cambridge. Também discutia e lia com membros da *Society for Psychical Research* acerca das pesquisas e relatos de fantasmas e fenômenos de assombrações. Ele estava fascinado pelas pesquisas de Myers, Sidgwick, Gurney e Podmore sobre estes temas, transcritos em relatórios e em pesquisas de campo e entrevistas com testemunhas e levantamento de documentos, em sua maioria dando comprovação evidencial aos relatos, reunidos na coletânea intitulada *Phantasms of the Living*, publicada em dois volumes, e nos *Proceedings* da SPR. Sincronisticamente, também seria nesta mesma época que ele vivenciaria na pele fenômenos mais classicamente delineados como assombrações, deixando-lhe ainda mais claro (embora só viesse a admitir oficialmente um pouco mais tarde) que uma abordagem exclusivamente psicológica não os poderia explicar.[2]

Sabendo da preferência pelo estilo campesino de Jung, seus amigos ingleses lhe alugaram uma bonita casa de campo em Buckinghamshire, para que ele passasse os finais de semana enquanto durasse seu seminário de um mês sobre análise dos sonhos via associação controlada, que administrava aos estudantes e discípulos. Assim, Jung para lá seguia todas as sextas, quase sempre junto com dois colegas, para discutirem assuntos vários e passarem o tempo em um ambiente natural longe do agito da cidade grande. Porém, em uma vida cheia

[2] Cf. McLYNN, obra citada, pp. 278; 510-511; e a carta de Jung a H. J. Barret, de 12/10/1956, volume III das Cartas, p. 53. Ver também JAFFÉ, *Ensaios sobre a Psicologia da C.G. Jung*, páginas 20 e seguintes e, também, o capítulo "Sobre a Vida Depois da Morte" em *Memórias, Sonhos, Reflexões*.

de inesperados eventos por várias ligados aos seus interesses mais ou vemos velados pelo psíquico, era exatamente o seu quarto neste bucólico sítio que teimava em perturbá-lo com eventos insólitos, enquanto no dos demais nada acontecia.

No primeiro café da manhã neste chalé, um irritado e pouco descansado Jung comentou com seus amigos de estada no *cottage* que um cheiro enjoado semelhante à mofo e às vezes nauseante como de algo rançoso invadia o seu aposento e, embora não houvesse torneira alguma e nem chovesse, um enervante barulho de gotejar o estava enlouquecendo, não permitindo que dormisse. Na noite de sábado para domingo, além do gotejar irritante, iniciaram-se os estalos na madeira e ruídos de algo roçando as paredes, ou pequenos arranhões e, por vezes, pequenas passadas, barulhos que iriam se fortalecer nos próximos quatro finais de semana. Tudo isso, porém, se interrompia quando Jung acendia alguma luz, e, com isso, até mesmo a fedentina cessava. Ele tinha de se deitar com alguma luz para poder dormir um pouco. Quando a vela estava terminando e, assim, apagava, recomeçavam os barulhos e o mau cheiro. Seus colegas começaram a achar graça dessas histórias repetidas por Jung no café da manhã, mas viam perfeitamente que o famoso professor de Zurique falava sério e, visivelmente, estava realmente cansado e irritado por alguma coisa que parecia ter a intenção de não o deixar dormir.

Os mesmos "sintomas" de perturbação localizada se repetiram nos outros finais de semana, sempre no quarto de Jung. Novamente, assim que ele acendia uma vela, cessavam e, tão logo as apagasse, recomeçavam. Isso se tornou um padrão e, entre irritado, intrigado e assustado, ele passou a prestar mais atenção ao que ocorria e no que poderia estar associado a isso. Procurou ver se havia algum animal, ratos, gambás ou insetos que explicassem os barulhos e o mau cheiro, mas nada encontrou. Também viu que não eram seus colegas que, por extrema expressão de uma brincadeira sem graça, pudessem estar querendo lhe pregar uma peça. Nem eles, pessoalmente, professores e terapeutas sérios profissionalmente, tinham traços de serem pessoas galhofeiras e, ao buscar ver se havia alguém fora do quarto a simular tais eventos, chegou a ver qualquer traço de ação humana. Até que, finalmente, as perturbações, que pareciam se intensificar a cada fim de semana, atingiram seu clímax. Em uma dessas noites, Jung viu um vulto negro cuja silhueta lembrava a de um cachorro, andando pelo quarto. Ainda que assustado e irritado, Jung parecia fascinado por esses eventos, permanecendo no mesmo quarto para, ainda que sacrificando seu descanso, pudesse ver e vivenciar o que ocorria, o que explica porque só no último e mais dramático deles, ocorrido na quinta semana, ele tenha resolvido abandonar finalmente esta *chamber of horrors*. Mas isso só ocorreria duas semanas depois. Como durante a luz do dia nada acontecia, Jung compensava a noite mal dormida cochilando pela manhã após o café e depois do almoço.

No terceiro final de semana seguido, porém, a coisa toda começara a ficar surreal. Acrescendo-se ao repertório de barulhos enervantes, agora batidas na porta – aparentemente feitas pelo lado de fora – começaram a se fazer ouvir exatamente quando Jung começava a pegar no sono. Depois das primeiras batidas, Jung resolvera tentar dormir sentado, perto da porta, para, de um salto, pegar o que quer que estivesse fazendo aquilo. Não conseguiu ver ninguém, mas estava claro, pelo desenrolar dos eventos, que o que quer que causasse estes distúrbios, parecia ter a intenção de infernizar o sono de quem estivesse ocupando aquele preciso quarto. Isso era algo que, para quem vive o fenômeno, poderia ser tudo menos uma alucinação ou "projeção" mental. Afinal, por que é que o pretenso inconsciente do coitado que lá estivesse iria dar tanta ênfase em projetar a ilusão repetida e seguindo um certo padrão, de eventos com características físicas (barulhos, cheiros, manifestações de vultos), fazendo isto justamente naquele preciso quarto e naquela casa, ficando calminho o resto da semana quando o sujeito estava em outros aposentos fora de Buckinghamshire? Exasperado, Jung confidenciou a seus colegas de que tinha certeza de que a casa e, em especial, seu quarto eram assombrados. Para dar apoio a esta hipótese, ele, que havia avaliado o movimento de pessoas no *cottage*, observou que as duas empregadas da casa sempre corriam a terminar o serviço de cozinha e da faxina antes do anoitecer e de que, por alguma razão, o aluguel daquela casa era absurdamente barato, dois fatos que indiretamente reforçaram esta certeza. Ao perguntarem a uma das moças sobre isso, ela confirmou, timidamente, que as pessoas da localidade também acreditavam que a casa era, de fato, assombrada e que outras pessoas que haviam dormindo no quarto em que estava Jung, expressaram terem sido assustadas por eventos similares aos que ele narrara.

A coisa estava neste pé, intrigando a todos, até que, finalmente, na sexta-feira do quinto fim de semana, o ápice foi atingido. Depois de toda a cacofonia de sempre, com suas batidas, maus cheiros, gotejar e sombras tênues a correr pelo quarto, Jung já estava quase dormindo, exausto, mesmo diante da balbúrdia, quando, após ouvir algo parecido como um suspiro pesado, ao abrir de leve os olhos, deu de cara com a cabeça repulsiva de uma velha bem próxima de seu travesseiro. Pior, a visão apresentava-se terrível, pois faltava a parte esquerda da cabeça e o olho visível do lado direito estava arregalado olhando-o fixamente. De um salto e com um grito abafado, Jung correu a acender uma vela. Tudo se acalmou depois disto, não havendo sinal do fantasma, mas ele não pôde mais dormir e passou o resto da madrugada com a luz da vela acesa, sentado numa poltrona, perturbado. No sábado, finalmente mudou-se para um outro quarto, onde nada aconteceu e ele dormiu como uma pedra. No outro dia, depois de descrever o ocorrido, um de seus camaradas, exatamente um dos que tinham alugado a casa e que estava acompanhando os eventos, parecia preocupado com Jung e, talvez buscando acalmá-lo, começou a "analisar" o caso. Disse que não duvidava de que poderia haver algum barulho e sombras estranhas, mas que estes, achava, eram naturais e, pela recorrência enervante, apenas estavam induzindo Jung a ter pesadelos ou, o que dava quase no mesmo – e usando parte de sua própria teoria apresentada na *SPR* em 1919 – , acabariam por induzir a "projetação do inconsciente", que condicionaria uma interpretação fantasmagórica de fatos como passadas de ratos ou movimentação de insetos ou o som e sombras de folhagens lançadas pelo vento na janela. O fato é que, tirando Jung e o que diziam as empregadas, os demais que estavam na casa nada viram ou sentiram. Irritado com este seu camarada que lhe lançava ao rosto, de uma forma ou outra, talvez até sem perceber, aspectos de sua própria teoria formal sobre fenômenos de percepção de fantasmas e das crenças em espíritos que ele havia apresentado dois anos antes, Jung disse que ele desconsiderou o fato de que ele esteve nesses fins de semana observando com espírito crítico o que ocorria com ele naquele quarto, que quando se mudou para um outro nada aconteceu e, por fim, o desafiou a passar a noite no quarto assombrado. Como eles estavam já no domingo, o amigo concordou – afinal, na melhor das intenções, foi ele que ajudou a escolher aquela casa que também se tornou atrativa devido ao aluguel barato – e esperariam o próximo fim de semana para ver qual seria o resultado. Nesse domingo, Jung ainda descansou, mas em outro quarto. O que era problemático seria ocupado na sexta-feira, pelo amigo de Jung. Este não estaria presente devido a novos compromissos, mas pediu que este narrasse tudo o que viesse ocorrer – ou não – com ele naquele quarto.

No fim de semana posterior, o intrépido céptico, no tradicional estilo britânico, realmente foi sozinho ao quarto "assombrado", seguro de si e de que demonstraria a Jung que não havia nada demais ali, que o que poderia estar ocorrendo seria algum tipo de manifestação natural no madeiramento do *cottage* e que este poderia estar sendo interpretado erroneamente como manifestações de assombração. Estava, apesar de ligeira apreensão, certo de que passaria uma noite tranquila em um sono suave dentro de uma casa de campo bucólica mesmo quando encontrasse ou percebesse algum barulho. Não demorou muito, porém, e o corajoso homem presenciou os mesmos fenômenos descritos por Jung, vendo, inclusive, uma forma nebulosa perto da cama. O antes frio e racional céptico ficou tão apavorado com a experiência que correu a pôr uma cama (de um outro quarto, claro) fora da casa, no jardim, agarrando-se a uma espingarda carregada, com um lampião aceso, sem conseguir dormir o resto da noite. Ao raiar do sol, entregou as chaves da casa a uma das empregadas e partiu. No mesmo dia, depois de se acalmar um pouco, correu a escrever a Jung contando o que presenciou em sua própria noite de terror e jurou que nunca mais na vida voltaria a dormir naquela casa. Ambos souberam, depois, que o proprietário do imóvel, frustrado por não conseguir aluga-la por muito tempo e sem encontroar ninguém interessado em adquiri-la, acabou decidindo por sua demolição.

Jung, diante do estranho fenômeno, ainda tentou ainda explicar posteriormente "a coisa" por uma espécie de alucinação hipnótica causada pela casa (!), mas ele já sabia, como qualquer pesquisador sério da *Society for Psychical Research* ou de outra instituição, que esta é uma explicação reducionista e hipotética, sem muito lastro e nem apropriada a todos os casos.

Ocorrências simples poderiam perfeitamente ser explicadas tanto por uma interpretação equivocada de eventos perfeitamente naturais e outros ainda, por uma espécie de emersão de material inconsciente da própria pessoa, mas havia uma parcela de casos em que as testemunhas, diferentes e por vezes desconhecidas entre si, concordavam sobre eventos estranhos que demonstravam ter intencionalidade e inteligência – alguns que se repetiam ao longo de décadas ou mesmo séculos –, com parte destas testemunhas relatando eventos que já haviam sido descritos de modo semelhante por outros (como no caso vivido por Jung e que as empregadas, o proprietário e mesmo vizinhos do local confirmaram já terem sido descritos por outros).

Pelas cartas que já citamos, pela sua própria experiência e pelo seu interesse pelo espiritismo, é difícil mesmo acreditar que Jung levasse a sério tais explicações, conquanto quisesse manter-se publicamente "científico" na acepção conservadoramente e positivista do termo. A ciência, em si, deve ou deveria ser aberta, embora a postura dos cientistas, em geral, esteja sujeita à influência de preconceitos e preferências teóricas. É uma pena que Jung não tenha criado laços com o Instituto de

Metapsíquica Internacional, de Paris, uma instituição similar à SPR, por essa época. Teria podido, quem sabe, trocar informações e ideias com Charles Richet (que também era membro da SPR) e com Gustave Geley (1868-1924), este último (foto na página anterior) um dos mais sérios e prolíficos pesquisadores metapsíquicos em experimentos cientificamente controlados do século XX, ao lado do germânico Barão Albert von Schrenck--Notzing, este último sim, conhecido de Jung.

Nascido em Monceau-sûr-Les-Mines, França, Gustave Geley era médico e pesquisador talentoso. Doutorou-se em Medicina em Lyon e sempre foi um apaixonado por ciência e filosofia. Foi por conta destas que passou a se interessar pelos fenômenos ditos espíritas, mais tardes metapsíquicos ou psíquicos.

Correspondente e amigo de Myers, da SPR britânica, foi por intermédio deste incentivado a combinar forças com Richet e dedicar-se em tempo integral à pesquisa metapsíquica, tornando-se o primeiro diretor geral e encarregado das experimentações práticas do Instituto de Metapsíquica Internacional, em Paris, tendo como colaboradores Charles Richet e Eugéne Osty. Ficaram célebres seus estudos de materialização, amplamente narrados em seus livros e na Revista de Metapsíquica bem como em alguns relatórios presente nos *Proceedings* da SPR com os médiuns Franek Kluski, Jena Guzik e Eva Carrière, obtendo moldes em parafina fervente de mãos dos espíritos materializados sob rigoroso controle experimental e que, depois, eram cheios com gesso obtendo expressivos modelos de mãos, pés e outros membros dos espíritos materializados, aparecendo suas digitais e outros detalhes, ainda hoje em exposição no IMI, Paris. Os moldes originais em parafina eram extremamente frágeis e impossíveis de serem feitos por mãos humanas, sem que se os quebrassem para retirá-las. Alguns deles formavam moldes-luvas com dedos entrelaçados e só poderia ser feitos se houve primeiro a construção do molde da parte superior e outro da inferior, o que deixaria um vinco na parte da junção dos dois moldes. Além disso, Geley, no último momento e sem que o médium de materialização ou quaisquer dos presentes soubessem, derramava um pouco de tinta na parafina. O objetivo era ver se depois as mãos dos médiuns ou dos assistentes e testemunhas do experimento apresentassem vestígios do pigmento. Dificilmente isso ocorria (embora, sem que as mãos do médium estivesse tingidas, algumas gotas de tinta pudessem se encontrar perto das vestimentas à altura da boca, normalmente de onde o esperado ectoplasma usado doado pelo mesmo para a materialização de espíritos era reabsorvido. Mas os moldes, que eram formados pelos espíritos e postos, depois, em agua para que resfriassem, sim apresentavam sinais dos pigmentos, por fora e por dentro, alguns dos quais acabavam se transferindo ao gesso que preenchia os moldes (que eram os negativos do molde, ou seja, a fôrma dos moldes), para apresentação concreta das materializações.

Vários homens de ciência da França participaram dos experimentos de Geley, constatando sua obsessão em controlá-los, evitando qualquer possibilidade de fraude. Geley admitia que essas sessões e experimentos se sucediam com o apoio de espíritos, hipótese mais provável para explicar os resultados obtidos e tudo o levava a admitir esta como a explicação mais razoável. Sintomaticamente, teóricos posteriores, como o Padre Quevedo, não gostam dele e de seu trabalho. Gustave Geley faleceu em 1924, em um acidente aéreo, vindo da Polônia, onde fora fazer novos experimentos com o médium de materialização Franek Kluski, trazendo consigo novos moldes. O objetivo era mostrar que, com controle, seria possível através do mesmo médium, obter diferentes moldes de mãos (por vezes de outras partes do corpo) diferentes, em formato, tamanho e mesmo impressões digitais, aumentando o número de moldes para este fim que ele já conseguira reunir e expor no IMI de Paris, o que seria evidência de que tais moldes correspondiam a espíritos diferentes.

Uma das obras de Geley, *Do Inconsciente ao Consciente*, foi lida por Jung, que a comenta em uma carta ao Dr. Boyorc datada de 30 de setembro de 1932:

> Sobre o ponto de vista de Geley – que aliás, é muito interessante e importante, suposto que o material em que se baseia seja absolutamente confiável –

> não escrevi nada. Se os resultados parapsicológicos forem os que agora parecem ser, então a ciência natural deve discutir os pontos de vista de Geley.[3]

Ainda nesta carta Jung deixa claro que ele, Jung, enquanto pesquisador, ainda se restringia aos aspectos psicológicos destes acontecimentos "sob o limiar da consciência". Reconhece que Geley domina o aspecto fisiológico dos fenômenos objetivos de efeitos físicos, mas, tentando não se mostrar muito empolgado, Jung diz que destes aspectos fisiológicos (exudação de ectoplasma, por exemplo) " não podemos ainda vincular às nossas observações psicológicas." Diz ainda que *talvez* certas figuras que aparecem nos sonhos, com características arquetípicas, surgem "como espíritos controladores através da materialização mediúnica" e que "possam materializar-se como espíritos, *embora eu não esteja em condições de provar semelhante possibilidade*". De qualquer modo, ele evita afirmar que estas manifestações mais objetivas sejam ideoplastias de figuras arquetípicas, do mesmo modo como tem cautela em afirmar que são espíritos.

A questão grave se resume apenas na questão das evidências, para não dizer das provas. Nem tudo o que existe pode ser provado. Por exemplo, ninguém pode provar a mais alguém que sonhou na noite anterior que estava em um circo ou que de fato sente tal emoção diante de uma paisagem. Porém a gravidade das evidências pró-realidade dos fenômenos psíquicos conseguidas por diferentes pesquisadores e fortemente associadas à sugestão de uma manifestação psíquica, ainda que abundantes, não lograva abalar o modo condicionado dos cientistas em rejeitá-los *a priori*. Portanto, agiu certo Jung em ter cautela em seu posicionamento, pois o campo ainda está para ser devidamente explorado, como ele mesmo o reconhece em carta, que já citamos, enviada a Fritz Blanke em 10 de novembro de 1948: "Infelizmente essas coisas ainda foram pouco pesquisadas. É assunto para os próximos séculos".[4] Ademais, ele já se sentia suficientemente criticado pelas suas teorias psicológicas, ousadas demais em seu tempo,

---

[3] JUNG, *Cartas*, volume I, p. 115.

[4] Idem, volume II, p. 116.

e demonstrar abertamente seus interesses pela metapsíquica depois do rompimento com Freud não iria melhorar as coisas.

Mas o contato de Jung com fantasmas e aparições estava longe de estar concluído com os acontecimentos de 1920 em Buckinghamshire.

Entre 1921 e 1923, reaproximando-se de Bleuler, Jung participou de experimentos controlados de materialização, com resultados extraordinários, realizados na própria Burghölzli, sob a orientação do Barão Albert von Schrenck-Notzing (1869-1929),[5] médico psiquiatra e metapsiquista alemão dos mais sérios, autoridade em psicopatologia criminal e desvios sexuais, bem como hipnólogo competente, tendo estudado em Nancy com Bernheim mais ou menos na mesma época em que Freud estudava com Charcot em Paris.

Schrenck-Notzing (foto) iniciou-se na metapsíquica sob a supervisão de um médico e filósofo eminente, que já havia influenciado Jung à época de sua tese sobre sua prima Hélène, o Barão Karl Du Prel (1839-1899). Notzing submeteu praticamente todos os grandes médiuns de sua época a rigoroso escrutínio e experimentação rígida. Colaborou com Charles Richet e

Schrenck-Notzing

Alexandre e Juliette Bisson em Paris, com Luigi Schiaparelli na Itália e recebia os maiores cientistas em seu laboratório e na Sociedade Psicológica de Munique, por ele fundada. Escreveu diversos livros, entre eles *Fenômenos de Materialização*, de 1914, e *Problemas Atuais da Parapsicologia*, em 1924,[6] sendo um dos pesquisadores a destacar e classificar e a fenomenologia associada às materializações, que apresentava diferentes modalidades e gradações, de mera manifestação amorfa de ectoplasmia, passando pela modelação em figuras bidimensionais estáticas até a manifestação

[5] Cf. McLYNN, obra citada, p. 288.

[6] Algumas fotos e resumos dos experimentos de materialização de Schrenk-Notzing e de Gustave Geley podem ser encontrados em GUIMARÃES, Evidências da Sobrevivência.

(mais rara) de corpos tridimensionais completos e animados. Na época de seus experimentos em Zurique, com a presença de Bleuler e Jung, o médium de materialização foi o famoso Rudi Schneider, objeto do livro póstumo de Schrenck-Notzing *Die Phenomene das Mediuns Rudi Schneider* publicado em 1932. Nestes experimentos, Jung pôde presenciar, além das materializações, fenômenos claros de telestesia/psicocinesia e transporte de objetos.[7]

Jung nunca divulgou em seus escritos sua participação nestes experimentos rigorosos de Schrenk-Notzing, mas eles estão subentendidos na carta enviada ao professor Fritz Blanke em 10 de novembro de 1948, onde ele diz "Eu mesmo já observei processos de materialização e verifiquei que naqueles lugares do corpo onde saiam materializações ectoplásticas, o grau de ionização da atmosfera próxima à pele era sessenta vezes maior que o normal".[8] Ora, apenas nas experiências rigorosamente científicas de Schrenk-Notzing ele poderia ter obtido os dados sobre a percentagem do grau de ionização do ar. Em suas memórias, Jung cita muito superficialmente estes experimentos ao comparar uma sensação de *dejà vu* que sentira em sua viagem ao Quênia, ao ver, em uma paisagem, uma águia e um nativo africano, e só "podendo aproximá-la de uma outra experiência do desconhecido: foi quando observei, pela primeira vez, com meu antigo chefe, professor Eugen Bleuler, uma aparição parapsicológica. Pensara antes que morreria de susto se me ocorresse ver algo tão impossível. Mas quando ocorreu o fenômeno, nem mesmo fiquei estupefato; achei, pelo contrario, que o fenômeno entrava na ordem dos fatos como alguma coisa óbvia conhecida há muito tempo."[9]

[7] Cf. JAFFÉ, obra citada, p. 20.

[8] JUNG, Cartas, volume II, p. 116.

[9] JUNG, *Memórias, Sonhos, Reflexões*, pp. 234-235. É possível que Jung tivesse narrado muito mais a Jaffé, que registrou as suas memórias em fitas de áudio e anotações de entrevista, sobre estas experiências e outros eventos. A própria construção do texto acima transcrito permite inferir isto, parecendo ter sido recortada uma parte do mesmo. Aniela Jaffé parece ter editado e suprimido muito do que Jung repassou a ela, sendo, portanto, o texto de *Memórias, Sonhos e Reflexões*, em sua versão conhecida, possivelmente uma adaptação filtrada. Seja como for, Jung chegou a reclamar que foi isso que sua assistente fez com suas memórias, já que uma versão prévia das mesmas foi lida por ele. A edição definitiva da obra, contudo, apareceu depois da morte de Jung e o material em áudio e as anotações escritas precisam ainda ser estudados. Aliás, existe muito material inédito de Jung esperando para vir a público. Sua família, contudo, só vem libe-

Temos de ter em mente que Jung tornou-se uma autoridade em psicologia mais que em metapsíquica. Seu foco, desde a sua entrada na Burghölzli mais de vinte anos antes, esteve voltado ao estudo do comportamento e das funções mentais do homem biológico e social e só diagonalmente ele teorizou sobre os fenômenos psíquicos, que também eram alvo real de seu interesse, mas cujas reflexões e conclusões ele, em grande medida, guardava para si. Os motivos que o levaram a se acautelar sobre suas experiências de materialização são óbvios e devem ser sempre lembrados junto com o cuidado que sempre teve na divulgação de seus demais estudos sobre as manifestações PES e PK: a resistência de boa parte dos "cientistas" a tais fenômenos e a animosidade dos ex-colegas psicanalistas que buscavam sempre um pretexto para denegrir sua obra e trabalho em psicologia e psicoterapia, além da falta de conhecimento do grande público, em geral, sobre a já imensa quantidade de material de pesquisa existente, ignorância esta que impedia uma avaliação mais equilibrada de muitos sobre o real e o irreal existente nesta ainda devidamente explorada área, como ele tantas vezes frisou em sua correspondência com J. B. Rhine :

> Constatei que poucas são as pessoas que têm real interesse nesse assunto e menor ainda é o número daqueles que estariam em condições de refletir sobre esse e outros temas semelhantes; por isso cheguei à conclusão que a dificuldade principal não está em dizer, mas antes como não dizer estas coisas. O *horror novi* das pessoas é tão grande que elas, para não perder sua modesta capacidade intelectual, preferem declarar maluco aquele que intranquiliza a sua mente. Se quisermos realmente ensinar algo de valor para as pessoas, devemos fazer todo o possível para contornar esses preconceitos. São essas as razões por que prefiro não tornar conhecidas muitas de minhas experiências (...).[10]

O fato de que seu trabalho psicológico, extremamente heterodoxo para os padrões da época, já ser bastante criticado

rando parte deste material muito lentamente.

[10] Carta a J. B. Rhine, em 20/05/1935. *Cartas*, volume I, p. 203.

por apelar para conceitos como arquétipos, tipos de personalidade introvertida ou extrovertida, importância do momento presente na eclosão e superação de traumas ou distúrbios emocionais, espiritualidade e a importância da religiosidade para a inserção na tradição espiritual que dá forma à cultura em que o indivíduo nasceu já atraia considerável críticas, o que dizer então se acrescentar-se, além destas, as suas ideias e preocupações sobre as consequências e implicações da parapsicologia? Ironicamente, muito desta resistência ao estudo destes fenômenos não vinha tanto de físicos e outros cientistas naturais – muitos dos quais, célebres, tinham grande simpatia por Jung e seu trabalho –, mas em especial dos membros da medicina alopática altamente mecanicista, em todas as suas áreas, em especial na da psiquiatria clássica. O "bairrismo" cartesiano da área médica o levava a se acautelar para não ser definitivamente banido como "místico", como os freudianos faziam questão de se referir a Jung. Era, portanto, claro que Jung só podia se referir aos fenômenos espirituais que experienciara após1902 quase sempre *en passant* ou de forma cifrada, tendo sido publicamente mais explícito apenas no seu conceito de sincronicidade, que haveremos de aprofundar em um capítulo específico e, já em seus últimos anos, em suas *Memórias*. Não menos ruins eram, contudo, as críticas absurdas dos teólogos ao seu trabalho (ver capítulo IV e sua extensa carta a um certo teólogo católico chamado H. Irninger, datada de 22 de setembro de 1944), mas a estes Jung se via desobrigado de dar satisfações. Portanto, embora sumamente interessado na pesquisa psíquica, Jung guardou para si boa parte de seus estudos nesta área, mas pela sua correspondência e certos trechos de sua obra, fica patente que tal interesse jamais arrefeceu, sem falar dos acontecimentos pessoais que se associavam e mesmo refletiam tal interesse.

Tudo isso o levou a ter um sonho de simbologia bastante direta, onde ele e dois colegas psiquiatras, pai e filho, iam visitar o fantasma de Paul Jung e este tentava lhes passar informações preciosas sobre a realidade transcendente, representada por uma Bíblia encadernada em pele de peixe, de forma intensa e profunda. Os dois colegas de Jung, sem nada entender do que o homem lhes falava, riam e debochavam do antigo teólogo falecido. Mesmo Jung tinha dificuldades em "entender" a mensagem do pai, mas sabia que era lhe era incompreensível exatamente por ser muito elevada, ou melhor, porá fazer referências a aspectos da realidade a que não estamos acostumados ou familiarizados:

> Parecia-me claro, entretanto, que não se tratava de uma agitação doentia (de Paul), nem de um discurso insensato, mas de uma argumentação de tal forma inteligente e sábia que a nossa ignorância simplesmente não conseguia apreendê-la. Tratava-se de algo muito importante que fascinava meu pai. Por isso, invadido por pensamentos profundos, falava com tal intensidade. Encolerizei-me ao pensar quão profundamente triste era o fato de que falasse diante de três imbecis como nós.
> Os dois psiquiatras representam o ponto vista médico limitado, que me caracterizava igualmente, enquanto médico. Personificam, de alguma forma a minha sombra, em primeira e segunda instâncias, representadas pelo pai e pelo filho.[11]

Mais tarde, seus contatos com Joseph B. Rhine o ajudaram, no entanto, a tomar um posicionamento mais forte e positivo junto à parapsicologia. Em carta ao mesmo Rhine, datada de 10 de setembro de 1945, em resposta a mais um pedido deste para que Jung divulgasse suas próprias experiências pessoais, ele expõe claramente o porquê de sua postura defensiva sobre o relato de suas vivências, buscando justificar igualmente o porquê de seu receio em expor suas próprias opiniões sobre a área publicamente:

> Caro Dr. Rhine,
>
> Sua carta trouxe-me grande alegria. Nos últimos anos pensei muito no senhor e falei a muitas pessoas de seu nome e de seus experimentos.
> Gostaria de satisfazer seu desejo, mas por uma questão de consciência cientifica tenho receio;

[11] JUNG, Memórias, Sonhos, Reflexões, p. 200.

sendo eu médico, todas as minhas observações são de cunho clínico, o que significa que são inevitavelmente subjetivas até certo ponto e nunca sistemáticas; tratando-se de casos e fatos isolados que formam uma massa bastante incoerente, isto pareceria uma coletânea de anedotas. Eu não gosto desse modo de tratar o assunto. Prefiro estar em condições de tratar com material coerente, coletado segundo certos parâmetros científicos. Tenho naturalmente um bom número de experiências dignas de nota, mas o senhor sabe como é isso: as circunstâncias e pessoas envolvidas, de importância imprescindível para a explicação dos fatos, não podem ser descritas de modo a convencer o expectador de fora. Tudo pareceria muito casual e inconsistente.

O senhor tem razão quando afirma que refleti muito sobre os fatos parapsicológicos. Tentei, mesmo, estabelecer certas conexões, mas sempre tive receio de falar publicamente sobre o assunto pelas razões acima mencionadas (...).

A parapsicologia tem um papel sutil na psicologia porque ela espreita furtivamente em toda parte por trás da superfície das coisas. Os fatos em si já são difíceis de captar, e mais evasivo ainda é seu aspecto teórico devido ao seu caráter transcendente. Quando algumas pessoas acreditam que se trata de algo como uma quarta dimensão, elas parecem não estar muito distantes da verdade.[12]

A torre de Bollingen

Em 1923 Jung, que buscava sempre que possível um ambiente calmo onde pudesse pensar e estudar reservadamente, decide dar forma a um velho projeto seu de construir um local de refúgio onde, quando se sentisse cansado de Küsnacht, pudesse ter a tranquilidade e expressar fisicamente sua criatividade. Comprou uma grande extensão de terra em Bollingen, às margens do lago de Zurique, de difícil acesso por terra, delimitada pelos trilhos do trem que levavam à estação fer-

[12] JUNG, Cartas, Volume I, pp. 383-384.

roviária a 1,5 km de distância, e iniciou a construção do que ficaria conhecido como *A Torre de Bollingen*.

A primeira torre ficou pronta em 1924, mas Jung iria ampliar a construção em 1931, 1935 e, finalmente, 1955. Sua velha mãe, Emilie, morreu exatamente quando o filho iniciava o projeto em janeiro de 1923 e, sintomaticamente, daria seus retoques finais na mesma quando da morte de sua mulher Emma, em 1955. Jung, que adorava a torre, diria que estas datas estavam cheias de sentido, porque de alguma forma a torre estava ligada aos mortos.[13]

Jung encontrava em Bollingen o espaço de repouso e de renovação que buscava sempre que precisava ficar a sós. Lá, não havia eletricidade, por opção de Jung, que rachava a própria lenha, cozinhava e bombeava a água que necessitava. Suas estadas (ele partia para lá velejando) significavam um interlúdio ao seu trabalho clínico em Küsnacht.

Sua identificação pessoal com o local era enorme. Lá, ele costumava talhar em pedra suas fantasias bem como ditos e pensamentos, seus e de outros, de forma parecida ao que antes fizera Montaigne. Ele escrevia e pintava temas míticos, psicológicos e filosóficos nos pórticos de Bollingen e em suas paredes e vigas. Em um grande bloco de pedra, vindo por engano, para desgosto do mestre pedreiro que erguia a torre, Jung, por este motivo, imediatamente identificado com ela, nela esculpiu uma miscelânea de versos de Heráclito, Homero e de fragmentos da liturgia pagã a Mitra que, no conjunto, soaram bastante bem, refletindo muito do que ele achava de si:

> Eis a pedra de humilde aparência.
> No que concerne ao valor, pouco vale –

[13] Cf. JUNG, obra citada, p. 205.

Desprezam-na os tolos
E por isso mais a amam os que sabem.

Ainda em 1923, ao iniciar as obras, Jung levou sua filha mais velha, Agathe, para visitar o local. Como já tivemos ocasião de constatar quando falamos das ocorrências na casa de Jung em 1916, Agathe herdou do pai, avó e bisavós maternos extraordinários dotes psíquicos. Quando pisou em Bollingen ela se sentiu algo estranho. Depois, após andar um pouco exclamou para o pai: "Como! Você está construindo aqui? Mas como, se há cadáveres?!" Jung achou aquele dito uma tolice, mas quatro anos mais tarde de fato ele encontraria o esqueleto de um soldado francês morto em 1799 cujo corpo o lago havia depositado nas margens de Bollingen e que estava enterrado a mais de dois metros de profundidade. Jung chamou as autoridades que encontraram peças da roupa e fragmentos de armas da época da ascensão de Napoleão e, depois, preparou uma sepultura condigna para este soldado e o enterrou dando três tiros de revolver, como salva em sua homenagem.

Em uma carta enviada a Christina Morgan em 1929 (portanto, muito mais próximo destes eventos que as lembranças de Jung em 1957 ao relator o ocorrido para Aniela Jaffé na versão publicada nas Memórias,), ele cita o fato ocorrido entre 1923 e 1927 nos seguintes termos:

> Quando construía a minha Torre, minha filha mais velha, então com catorze anos, disse que ali havia espíritos de mortos, e não apenas elfos (seres míticos, elementais próprios do folclore saxão). Em alguma parte devia haver algum cadáver. Quando em 1927 (quatro anos mais tarde), cavávamos a terra para lançar um fundamento de um anexo à Torre, encontramos o esqueleto de um homem com uma bala alojada no antebraço direito. Cuidadosos exames revelaram que se tratava de um soldado francês que morrera afogado nas redondezas por volta de 1799! Eu lhe preparei um belo *tombeau du soldat inconnu.*[14]

Em uma tarde de final de inverno, em 1924, também na

[14] JUNG, *Cartas*, volume I, p. 86.

Torre, Jung teve a nítida impressão de ouvir várias vozes e instrumentos de cordas lembrando uma forma de música antiga que parecia soar dentro e fora da Torre. Pouco depois, no início da primavera deste mesmo ano, em uma noite ele ouviria passos leves de alguém a caminhar em torno da Torre, ao mesmo tempo que uma música parecia vir se aproximando junto com vozes de risos e conversas. Jung ficou intrigado por ser já noite e o único atalho para a Torre, ao longo do lago, dificilmente era usado, mesmo durante o dia. Abrindo a janela, não viu ninguém, nem mesmo um ruído de vento, muito menos de vozes e instrumentos. Perplexo, voltou à cama intrigado. Logo após, quando estava adormecendo, os mesmos sons se fizeram ouvir novamente. Desta vez ele, ao observar, naquele estado de consciência entre o sono e a vigília, ele parecia ver algo como centenas de pessoas trajadas à moda camponesa antiga, vindos da montanha e passando pelos lados da Torre. Levantou-se sobressaltado, correu à janela, mas, abrindo-a, só encontrou a noite escura e silenciosa. Ele pensou, então: "São simples fantasmas!".

Tempos depois, acidentalmente, ele descobriu um texto do cronista de Lucerna, Rennward Cysat, do século XVIII, dizendo que tivera uma experiência idêntica. Interrogando um pastor local sobre o ocorrido, este dizia que eram almas que costumavam se manifestar daquela forma. Depois, Jung achou outro relato que narrava o fato de que na Idade Média, havia estas procissões de jovens no início da primavera, e era uma forma de despedida dos rapazes que partiam para Milão, para trabalhar como mercenários. Jung estava certo de que, de alguma forma, conseguira "captar" a imagem – *talvez* por retrocognição, talvez por uma espécie de sintonia com alguma forma de registro psíquico gravado naquela região – de um desses bandos de pessoas há tempos já falecidas.[15]

Sem dúvida, a década de 1920 foi, para Jung, uma das mais ricas dentre as que vivera, com fatos marcantes em termos de experiências psíquicas.

Mais do que tentar explicar ou propor hipóteses para tais eventos, Jung, neste momento, apenas passou a constatar e

[15] JUNG, *Memórias, Sonhos, Reflexões*, p. 215.

descrever ocorrências que de fato ainda não compreendemos, mas que, diante do fluxo secular de relatos, possuem padrões que se repetem em diferentes épocas e culturas. Ainda que tais ocorrências não tenham, nos padrões de pensamento dominantes hoje, o direito de serem consideradas verdadeiras, pode ser que o sejam amanhã diante de novas modalidades de pensar, novas descobertas e novos conhecimentos que, como ocorreu na física do século XX, ajudem a ampliar ou mudar nossa forma de perceber e interpretar o mundo e os limites de nossos modelos culturalmente construídos sobre a realidade.

Capítulo XVI

Viagens e crítica social

Em dezembro de 1924, Jung parte novamente para a América, interessado desta vez em conhecer o Novo México e os índios das áreas de Santa Fé e Taos, onde desejava entrar em contato com os *pueblos*. Acompanhavam-ne neste vagem Fowler McComick e George Poter.

A parte mais memorável da viagem foi em Taos, com Jaime de Ângulo servindo de guia e intérprete aos índios pueblos. Lá, Jung foi apresentado ao sábio nativo Moutain Lake, por Frances Wickes. Com ele Jung teria longas e instrutivas conversas, obtendo um material precioso sobre a cultura dos pajés nativos, semelhante ao que Carlos Castañeda teria décadas depois com o famoso xamã índio Don Juan.

Deslumbrando-se com a profundidade humana e simples desses povos plenos de sabedoria de vida, ainda que aos olhos do "civilizado" pareçam ingênuos, Jung se tornaria definitivamente um crítico do etnocentrismo colonialista, capitalista, materialista e dizimador do homem branco europeu e norte-americano sem, contudo, apesar desta crítica, deixar sua própria condição de burguês suíço e abraçar o marxismo... Infelizmente. Certamente, se tivesse lido e, com isto, assimilado ao menos parte da profunda e arguta crítica de Marx à estrutura econômica que estimula o colonialismo, Jung teria atingido uma crítica social muito mais sólida e eficaz do que a que faria a partir de então.

Enquanto Marx foi despertado para o horror das injustiças pela exploração econômica da burguesia sobre os operários na própria cultura industrial, Jung seria desperto pela violência da expansão colonialista da chamada "civilização" sobre os povos por ela considerados "primitivos". Dirá Jung:

> Só compreendo a Europa, o maior de nossos problemas, quando vejo em que ponto eu, europeu, estou à margem do mundo (...). Considerei, pela primeira vez, o espetáculo da Europa estando no Saara, no seio de uma civilização que está para a nossa, aproximadamente como a Antiguidade romana, para a época moderna. Compreendi quanto estava fechado e prisioneiro, mesmo na América, na consciência cultural do homem branco.

Com sua sabedoria profunda, e por isso mesmo, simples, Ochwaiy Biano (Moutain Lake, ou, em português, Lago da Montanha) fez Jung sentir vergonha do superficial e, em última análise, infantil orgulho do homem branco, dito "*civilizado*": "Veja", dizia o sábio índio, "como os brancos têm um ar cruel. Têm lábios finos, nariz pontudo, os rostos sulcados de rugas e deformados. Os olhos têm uma expressão fixa, estão incansavelmente em busca de algo. O que procuram? Os brancos sempre desejam alguma coisa, estão sempre inquietos e não conhecem o repouso. Nós não sabemos o que eles querem. Não os compreendemos e achamos que são loucos!". Jung, encantado, perguntou porque Lago da Montanha achava que os brancos eram loucos. A reposta não poderia ter sido mais bela: O branco "civilizado" dizia que pensava com a cabeça, daí tantos problemas e uma ansiedade sem fim em busca de dinheiro. Os índios preferiam, ao contrário, pensar com o coração. Esta mensagem ecoava praticamente a essência do célebre Cacique Seattle em sua famosa carta ao presidente dos Estados Unidos, em meados da década de 1850.

Jung disse que esta foi a primeira vez que alguém lhe dava uma imagem do verdadeiro homem branco. Ele afirmava que isso transcendia a imagem autolisonjeira que a História ocidental (escrita por quem vence, portanto, dos brancos colonizadores) gostava de passar aos seus e ao resto do mundo:

Roma fora um império feito a partir da *invasão, destruição e imposição militar*, e por ter sido vitoriosa, havia um César a ser admirado. Santo Agostinho buscava retransmitir o cristianismo já devidamente romanizado (distante, portanto, da pureza simples de suas origens palestinas) e, posteriormente, seus sucessos fariam o mesmo, impondo-a aos barbáros, *apoiando-se na ponta das lanças romanas*, já "cristianizadas" de acordo com a teologia regiamente estimulada por Constantino e, portanto mais concorde com os interesses do Império que propriamente da mensagem do Cristo. O mesmo faria Carlos Magno em direção a terras ainda pertencentes a pagãos. Pior ainda o fizeram os Cruzados, verdadeiros bárbaros financiados em grande parte pela Igreja para atacar e pilhar a até então madura e tolerante área onde florescia a religião e culturas mulçumanas que salvara as obras de Platão, Aritóteles e outros filósofos da "Idade das Trevas" da Europa Ocidental na chamada Alta Idade Média (dos séculos VI a X) e desenvolvera a álgebra, a medicina e outras conquistas humanas que depois ajudariam o próprio Ocidente a redespertar intelectualmente. Depois, os outros "heróis" civilizadores seriam os conquistadores que trouxeram a gananciosa Europa às Américas, torturando, matando, roubando e "cristianizando" tribos como os pacíficos *pueblos*, retribuindo com presentes como o assassinato, o roubo, a sífilis e outras doenças.

> Era bastante. Aquilo a que demos o nome de civilização, missão junto aos pagãos, expansão da civilização etc., tem uma outra face, a de uma ave de rapina cruelmente tensa, espreitando a próxima vítima, face digna de uma raça de larápios e de piratas. Todas as águias e outros animais rapaces que ornam nossos escudos heráldicos me parecem os representantes psicológicos apropriados de nossa verdadeira natureza.[1]

Como diz agudamente Frank McLynn, no Novo México Jung aprendeu a admirar e respeitar a cultura dos índios, como também o faria outro gênio do estudo das manifestações simbólicas figurativas das ações humanas, Joseph Cam-

[1] JUNG, *Memórias, Sonhos, Reflexões*, p. 229.

pbell, ao mesmo tempo em que adquirira um ódio profundo ao colonialismo pirata, quer seja o praticado pelo Império Britânico, formal e explícito, quer seja o praticado de modo crônico e informal, porém sumamente eficaz, como pelas grandes potências ocidentais atuais.[2]

De volta à Suíça, depois de alguns meses de trabalho intensivo como clínico e palestrante, Jung, em outubro de 1925, parte para a África.

O impacto e importância desta viagem, para a ampliação de perspectivas e superação de preconceitos culturais em Jung foi similar ao que ocorreu quando de sua viagem ao Novo México, o que lhe foi muito benéfico pessoal e criativamente. Escaparia ao objetivo deste livro apontar em detalhes o quanto esta viagem foi psicológica e antropologicamente proveitosa para Jung, por isso daremos apenas uma visão geral.

Passando pelo Quênia e Uganda, a viagem terminou no Egito. Nunca na vida Jung esteve tão centrado no consciente e nem tão extrovertido, aprendendo muitíssimo com o modo de ver e viver dos africanos nativos ainda não totalmente contaminados pela aculturação europeia. Para ele, era um crime real a forma como os "civilizados" estavam acabando com os africanos e demais povos tradicionais sob o pretexto de levar civilização ao continente, quando era por demais óbvio que os motivos eram outros: explorar aos recursos naturais da terra, incluindo de fauna e flora, bem como das pessoas da região. Pior, parecia-lhe ser o cúmulo da crueldade e do cinismo usar, para tal fim, a aculturação e sub-repticiamente o desprezo pela cultura local, incluindo suas tradições religiosos, alquebrando a identidade coletiva, pela do cristianismo – afinal, uma mensagem de amor ao próximo e de realce dos mais fracos diante da justiça divina – como tática ideológica camuflada para "modelar" consciências, limpando o terreno para a exploração dos "primitivos" nativos (conceito do invasor e dominador) pelos brancos "instruídos". O imperialismo colonialista utilizava-se há séculos do "cristianismo" como instrumento de acomodação associada com a exploração. O colonialismo associado às atividades missionárias, com hon-

[2] Cf. McLYNN, Carl Gustav Jung, uma biografia, p. 295.

rosas exceções, eram as duas pernas da tática de dominação e exploração do homem e do meio. Infelizmente, em nossa época, o mesmo processo, agora midiatizado e financiado mesmo por grandes corporações e o mercado financeiro, novamente se faz presente em ondas que modelam a acomodação aos valores neoliberais a partir da religião calcada em teologias estranhas, como a chamada teologia da prosperidade, onde *Mamon* (ou as riquezas) são postos, desta vez, ao lado de Deus sem conflito algum e a pobreza, entendida como sinal de fraqueza espiritual e falta de esforços por parte de pessoas de fé fraca, dos que não se esforçam para crescer por meio da meritocracia.

O desrespeito pela cultura local das diversas tribos, muito ricas em tradições e modos de expressão, com manifestações míticas e folclóricas que, em seus matizes locais, reviviam de modo independente muito do perdido modo ocidental de sacralizar a vida, com ênfase nas relações sociais e com o meio, de forma orgânica, aumentou o asco do psicólogo pelas táticas colonialistas e ficaria ainda mais cristalizado quando Jung percebeu que os rapazes africanos que eram educados em missões pareciam não só perceber, como muitas vezes absorver e adaptar-se à malícia e hipocrisia dos brancos, aceitando e banalizando a deturpação do que de mais rico havia na mensagem original de Jesus de Nazaré, qual seja a do respeito aos humildes e, como demonstrado em muitas de suas parábolas, ao campo e à natureza. Muitos destes que foram aculturados não apenas adotaram a malícia do branco como eram mesmo desonestos consigo mesmos e com a cultura originária, envergonhados de sua cor e, para tentar impressionar o estrangeiro, não raro apresentavam-se como "homens de negócios" ostentando, em suas transações, a persona do que eles julgavam abrirem portas da generosidade caucasiana para seus interesses pessoais, agora "civilizados", misturando, nestas representações, atuações como cristãos e exegetas da Bíblia: "Sou um cristão tão bom quanto você, conheço todos esses camaradinhas, Joãozinho, Marquinhos, Luquinhas...".[3] Para Jung, os missionários eram a versão colonial atualizada e útil

[3] Cf. McLYNN, obra citada, p. 308.

dos sepulcros caiados a que Cristo se referia nos Evangelhos: pretensos "doutores da Lei", eram na verdade hipócritas, com exceções que pareciam realçar a quase regra de que muitos eram manipuladores, corruptos, venais e cínicos. A escola inquisitorial dos dominicanos e jesuítas, através dos séculos, muito ensinara aos missionários protestantes, seus sucessores e substitutos.

Ao voltar para casa, Jung via a Europa com outros olhos, olhos do chamado (também pelos dominadores) Terceiro Mundo, e se viu voltando como crítico aos sistemas políticos que se favoreceram do sofrimento de pessoas das Américas e África em território de países como França, Holanda, Portugal, Espanha e, bastante próximo a estes, das Ilhas Britânicas, todos possuidores de colônias e que, em algum momento da História, foram ladrões e piratas, invasores, criadores de bombas, tanques, mercados financeiros internacionais, de táticas de dependência e das sementes do FMI, do Banco Mundial, da OTAN, de Breton Woods, das bolsas de valores e da eterna e impagável dívida externa dizimadora de vidas e sonhos dos mais fracos em nome do agora insaciável deus Mercado.

Diz-nos com muita propriedade a Doutora Amnéris Maroni que tanto em Nietzsche quanto em Jung, a noção de igualdade está comprometida com a noção de consciência. Marx também dizia isso, pois é só tomando consciência do modo como o sistema nos atinge que se pode agir para modifica-lo, apesar da máquina midiática usada para dizimar ou neutralizar esta mesma consciência. "É esta consciência que nivela e permite a existência de homens em sociedade. Quanto mais nos aprofundamos no autoconhecimento (no inconsciente, para Jung), menos iguais nos tornamos. Ambos consideram que os homens não são iguais, antes são diferentes (...) e o melhor é pensá-los sob o signo da multiplicidade"[4] e a aceitação do diferente é o que é menos tolerado em uma economia de produção, competição e consumo de massa como é o da atual estágio do capitalismo, denominado neoliberalismo e globalização, que precisa, para permanecer vivo, além da expansão da exploração de recursos naturais e humanos, da

[4] AMNÉRIS MARONI, *Jung, Individuação e Coletividade*, Ed. Moderna, 1999, p. 69.

atomização egoísta – publicitariamente manipulada – para estimular o consumo do supérfluo e a conformação da alienação pessoal e social em favor da movimentação financeira, identificado ao aspecto da acumulação, do esnobismo e do poder.

Os esteriótipos de mercado e não mais da cooperação e convivência social servem de meta. Felicidade é associada ao sucesso competitivo e à capacidade de consumo. Fazendo vista grossa à crescente desigualdade, estabelecem-se novas mentiras e deturpações de encobrimento da maldade do sistema onde, se diz, o sucesso é fruto do esforço pessoal, naquilo que se chama meritocracia (como se todos tivessem um ponto de partida para o estudo e o trabalho em igualdade de posições). Quem se apresentar fora deste quadro e, mais ainda, questionador desta "inevitável realidade", deve ser encarado como uma ameaça a ser exterminada. Desta forma, a globalização dos economicamente mais fortes se impõe como o único pensamento válido, ainda que explicitamente destrutivo, mesmo através da educação que visa primariamente disciplinar e preparar as pessoas para o mercado. Os resultados são óbvios e foram já apontados desde o tempo de Jung. Filmes como *Metrópolis* de Fritz Lang, e *Tempos Modernos*, de Charlie Chaplin, ambos contemporâneos a Jung, e, mais recentemente, em filmes como *Blade Runner* e *Matrix*, assim como os livros *Admirável Mundo Novo* de Aldous Huzxley, e *1984*, de George Owell, são como retratos críticos de um encaminhamento social baseado no domínio de poucos, e seus meios e instrumentos técnicos, sobre muitos.

Dirá Jung que no exagero da racionalização tecnocrática "quanto maior a organização, mais duvidosa é sua moralidade e mais cega a sua estupidez".[5] Olhando para os cartéis de diversas máfias, vestidas de branco ou outras cores, legais e ilegais, e o modo como se dá e se desenvolve o imperialismo da maior potência econômico-militar atual, por meio de intervenções políticas e econômicas, fica claríssima a atualidade desta afirmação.

Em 1937, Jung receberia um convite dos britânicos para participar das comemorações dos 25 anos da Universidade de

[5] MARONI, obra citada, p. 103.

Calcutá, Índia, onde receberia um título de Doutor Honoris Causa. Para um estudioso de mitos e religiões comparadas e da etnologia, como era Jung, tal viagem era um prêmio sumamente estimulante. Ademais, Jung era um admirador incondicional da sabedoria oriental, em especial do budismo.

A viagem, feita em 1938, foi memorável e Jung teve a possibilidade de ver o imenso tapete de culturas, idiomas, folclores e tradições de que é feita a Índia. Mas ainda assim, percebeu que tal cultura, que impedia um caos social em meio a tantos regionalismos, embora pudesse enriquecer o próprio Ocidente, não deveria ser vista como a vertente que pudesse curar os males de nossa própria cultura, pois possui características apropriadas (e também seus aspectos negativos) para povos e culturas específicos.

Interessado na forma como as tradições religiosas milenares influíam no comportamento social, Jung, porém, evitou estreitar qualquer contato com gurus e outros "iluminados":

> Evitei-os porque devia contentar-me com minha própria verdade, nada aceitando fora daquilo que pudesse atingir por mim mesmo. Teria a impressão de cometer um roubo se procurasse ser instruído por eles, tomando sua verdade como se fosse a minha. Sua sabedoria lhes pertence; só me pertence aquilo que provém de mim mesmo. Na Europa, por um motivo ainda mais óbvio, nada posso emprestar do Oriente; preciso viver por mim mesmo, segundo o que me diz o meu ser interior, ou segundo o que a natureza me traz.[6]

Isso, porém, não o impediu de discutir com brâmanes a ideia hindu da "não-consciência" e outros pontos da filosofia oriental e pacientemente, expondo o seu ponto de vista de psicólogo ocidental, fê-los ver que o *ego* não é o inimigo a ser dizimado, quando muito deve ser disciplinado, já que ninguém, nem mesmo o mais extático dos santos, poderia suprimi-lo sob pena de perder sua própria identidade e memória enquanto ser individual.

No nordeste da Índia, Jung pôde conhecer e se encan-

[6] JUNG, Memórias, Sonhos, Reflexões, p. 252.

tar com os lugares onde Buda exerceu seu magistério. Ficou especialmente tocado ao ver o comportamento de dois camponeses ao colidirem suas carroças mutuamente. Ao invés da tradicional troca de insultos, ambos se curvaram em sinal de polidez e, praticando o namastê, falaram um ao outro que o caso foi apenas uma inquietação física passageira, não da alma e que, assim, poderia ser resolvido de modo conveniente entre ambos.

Jung apontaria os pontos de contato entre Buda e Cristo e de como suas mensagens se complementavam e se harmonizavam, lamentando-se porém da deturpação e mau uso dos ensinamentos de ambos, mais particularmente do segundo. O que ele viu entre os dois camponeses o fez pensar que, quando devidamente assimilado, o budismo não levaria à repressão, ao contrário da teologia das igrejas cristãs com sua ênfase na culpa.

Mas Jung era bastante crítico com as escolas "místicas", que ele via florescer na Índia e outros países orientai mais como fruto de uma demanda externa, mais uma mercadoria a ser transacionada com os ocidentais. Para ele, institutos voltados para a formação de gurus e maharishis podiam fazer novos pretensos religiosos de ocasião e oportunistas, cuja competência estava mais em decorar doutrinas e textos que exatamente compreendê-las ou exemplificá-las pela vivência, o que está para além da letra dos textos. Na verdade, o conhecimento espiritual legítimo se sente e vive ou não se sente, e os verdadeiros mestres apenas apontam caminhos para isso. Em última instância, o essencial é uma tarefa pessoal e cada pessoa atingirá seus *insights* por meios próprios e meios de expressar sua espiritualidade. Costumava dizer Jung que Cristo não criou um templo nem deixou nada escrito, e que Confúcio, Lao-Tsé e outros mestres do Extremo-Oriente não criaram nenhuma instituição. Por isso os melhores guias espirituais eram os que entendiam as características próprias de cada aluno, permitindo-lhes atingir diferentemente a mesma realidade transcendente sem que todos tenham a obrigação de ter o mesmo entendimento, o mesmo ponto de vista, as mesmas atitudes. Considerava mesmo perigoso o distanciamento ascético de alguns "santos", especialmente se apresentam-se a si mesmos como exemplos a seres seguidos.

Tudo isso ele resumiu nos seguintes dizeres:

> A meta do indiano não é atingir a perfeição moral, mas o nirvana. Quer livrar-se da natureza e por conseguinte atingir pela meditação o estado desprovido de imagens, o vazio. Eu, pelo contrário, tendo a manter-me na contemplação viva da natureza e das imagens psíquicas, não quero desembaraçar-me nem dos homens, nem de mim mesmo, nem da natureza, pois tudo isso representa, a meus olhos, uma indescritível maravilha. A natureza, a alma e a vida me aparecem como uma expansão do divino. O que mais poderia desejar? Para mim, o sentido supremo do Ser consiste no fato de que isso *é*, e não de que isso não é ou não é mais.
>
> Para mim não há libertação à *tout prix*. Não poderia desembaraçar-me de algo que não possuo, que não fiz nem vivi. (...) O homem que não atravessa o inferno de suas paixões também não as supera (...) Se abandonarmos, deixarmos de lado, e de alguma forma esquecermo-nos excessivamente de algo, correremos o risco de vê-lo reaparecer com redobrada violência.[7]

Além do mais, a forma como as obras dos sábios orientais era traduzida e repassada ao Ocidente normalmente não era condizente com a essência das ideias originais, geralmente expressas em símbolos e parábolas poéticas quase sempre adaptadas e mal interpretadas por redatores e editores ocidentais. *Tradutore Traditore*, diriam os italianos. Além disso, Jung se preocupava com a adoção superficial de conceitos orientais por alguns ocidentais. Perigo ainda pior seria assumir sistemas de pensamento e formas de vida próprias de um contexto cultural e tradicional bem diferente, e não seria simplesmente fazendo uma coleta daquilo que a China, por exemplo, levou milhares de anos para aprimorar que daria atestado de proficiência em espiritualidade a um ocidental. Além do mais, o escape para o Oriente em busca de uma iluminação

[7] JUNG, obra citada, p. 253.

fast-food era uma distorção gritante daquilo que eles supostamente estavam tentando encontrar fora de si mesmos, e que poderia ser mais uma desculpa para fugir das tarefas da vida. Para Jung, o envolvimento com os dados mais superficiais das práticas orientais sem a necessária contrapartida da maturidade intelectual e emocional interna em interação com sua própria herança cultural poderia levar a um ocultismo superficial, escapista e nocivo. Para Jung, este foi o resultado que atingiu a teosofia de Madame Blavatsky, ela mesma, como se sabe, expressando comportamentos ríspidos e atitudes pouco espiritualizadas quando de sua vida na América.

"A *maya* (o véu da ilusão) cobriria quem imaginasse a 'sabedoria do Oriente' como uma panaceia", bem resumiu Frank McLynn.[8]

[8] Cf. McLynn, obra citada, p. 426.

Capítulo XVII

Joseph Banks Rhine

Ao longo de todo este livro, viemos citando o nome de J. B. Rhine. Vamos, agora, nos deter um pouco mais no trabalho deste homem que, apesar das resistências de acadêmicos (Susan Blackmore, Richard Wiseman) e não acadêmicos (por exemplo, o mágico James Randi) e outros pseudocéticos, foi o principal responsável pela entrada, nas Universidades e alguns laboratórios de pesquisa, do estudo das faculdades psíquicas, da PES e da Psicocinesia, atualmente chamadas de paranormais (termo, ao que tudo indica, eminentemente provisório), em substituição aos termos *psíquicos* ou *metapsíquicos*. Seus trabalhos experimentais estatísticos sobre PES foram confirmados por inúmeros outros pesquisadores ao redor do mundo (Russell Targ, Harold Puthoff, Karlis Osis, Stanley Krippner, Hans Bender, Stanislav Grof), muitos deles em laboratórios de psicologia e até de parapsicologia de universidades, como a de Edimburgo, na Escócia, e as de Friburgo e Heidelberg, na Alemanha, para citar só algumas.

Nascido na Pensilvânia, Estados Unidos, em 1895, Joseph

Banks Rhine teve uma infância dividida entre uma educação formal supervisionada por um pai extremamente cético e orgulhosamente positivista, e os curiosos relatos de histórias, contadas por amigos, parentes e gente da região, sobre presságios, vozes e outros fenômenos popularmente interpretados como sendo "do outro mundo".

Claro, o pai fez o que pode para que Joseph não levasse a sério tais "crendices" e o resultado foi que o jovem Rhine acabou tendo uma sólida formação científica, que o levaria a se interessar pela biologia, área na qual se graduou e onde conheceu sua companheira e colaboradora, Louise Ella Rhine. Ambos tinham um interesse mais ou menos velado pelos fenômenos psíquicos e pela psicologia e conheciam as pesquisas de William James, da SPR britânica e da ASPR.

Considerando que, apesar da estranheza dos fenômenos estudados, o trabalho de testes, levantamentos e avaliações feitos pelas pessoas ilustres que formavam o *staff* voluntário de todas estas instituições, incluindo-se cientistas, filósofos, professores – comparativamente, nenhuma outra instituição, acadêmica ou independente, poderia se gabar de ter em seus quadros tantos gênios juntos –, essas instituições de pesquisas, com esse corpo de acadêmicos e cientistas, demonstravam que o interesse por tais "anomalias" não era coisa de alucinados ou ignorantes. Ao mesmo tempo, porém, a sólida formação de ambos, Joe e Louise Rhine, em uma educação técnica com bases materialistas, os deixava perplexos e desconfiados ante a realidade factual das capacidades não-ordinárias dos médiuns e sensitivos (termo cunhado por Charles Richet, pesquisador que Rhine admirava, e que também havia criado os termos "sexto sentido" e "ectoplasmia"). Ainda assim os dois compreendiam, com admiração, a firmeza intelectual dos gênios que se dedicavam à pesquisa psíquica, desmascarando fraudes mas, ao mesmo tempo e algumas vezes a contragosto, afirmando vários fenômenos para eles, por meio de suas pesquisas, autênticos. Os Rhines consideravam anticientífico o desprezo dos demais cientistas ante o trabalho de fôlego dos membros das duas SPRs.

Foi exatamente o peso dos nomes de ambas as casas, com

alguns Prêmios Nobel, como Richet e Marie Curie, e outros cientistas responsáveis pelo avanço considerável da ciência, como *Sir* William Crookes e o astrônomo Camille Flammarion, que levaram duas universidades a tentarem replicar e estudar oficialmente, em meios universitários formais, alguns dos fenômenos psíquicos particulamente passíveis de serem melhor experimentados em laboratório (normalmente, os fenômenos espontâneos, mais intensos, são extraordinariamente raros de acontecer e não se prestam a serem "manipulados" quantitativamente em laboratório), como a telepatia. A primeira foi a Universidade de Groningen, na Holanda, sob a supervisão do Prof. Dr. G. Heymans, de Harvad, com a colaboração do Dr. H. Brugmans. Em Groningen far-se-iam uma série de estudos estatísticos sobre a ocorrência de telepatia em ambiente controlado, em convênio com a Universidade de Harvard e participação suplementar e indireta da Universidade de Oxford na presença do Dr. William McDougall (1871-1938), célebre psicólogo social. Membro ativo da SPR, McDougall acabaria pedindo transferência para Harvard para dar maior assistência à pesquisa entre esta universidade e a de Groningen. Os resultados das pesquisas foram significativos, mas, como quase sempre, por suas implicações e não enquadramento no paradigma mecanicista estrito, ainda dominante, não despertou o interesse dos meios científicos.

McDougall foi convidado, pouco depois, a assumir uma cátedra de psicologia da recém criada Universidade Duke, em Durham, Carolina do Norte. Lá, cientes dos estudos sobre fenômenos psíquicos de McDougall, os Rhines o procuraram interessados em fazer um pós-doutorado baseado na validação científica destes fenômenos. Impressionado com o equilíbrio e seriedade do casal, McDougall aceitou prontamente a tarefa de os orientar no mister desejado, desde que eles estudassem psicologia primeiro. Depois de um ano especializando-se em psicologia, em Harvard, os dois voltaram para Duke, e McDougall entregou a ambos farto material referente às mensagens mediúnicas da suposta esposa morta do Dr. John F. Thomas, que também iria financiar a pesquisa. Portanto, a entrada de Rhine na pesquisa psíquica se iniciou "por causa do interesse no problema da sobrevivência post-mortem, não somente por parte do patrocinador, Dr. Thomas, como por parte dos Rhines e do Dr. McDougall também".[1]

Os Rhines ficaram impressionados com o material coletado, mas havia o problema de ser resultado da consulta com médiuns, o que caia novamente em uma das barreiras da ciência aos eventos psíquicos: estes eram feitos qualitativamente com pessoas especiais e raras (extraindo-se as fraudadoras, em grande número), enquanto a ciência buscava, dentro do modelo clássico, extrair fenômenos que pudessem surgir na média da população. Para que se pudesse aceitar eventos parapsicológicos (a palavra parapsicologia foi cunhada em 1889 por Max Dessoir), o positivismo acadêmico exigiria antes de tudo um levantamento das ocorrências em número considerável, com tratamento estatístico. Mais que isso, só haveria algum sentido e reconhecimento se ao menos algumas das capacidades parapsíquicas pudessem ser demonstradas como próprias do ser humano e, portanto, ao menos potencialmente enquadráveis na biologia e na psicologia até que pudessem, por suas características e a partir do estabelecimento factual de suas ocorrências, formar, quem sabe, uma área de estudos específicos.

Inspirando-se nos trabalhos da era clássica das pesquisas psíquicas, refinando e sistematizando o método estatístico já antes utilizado por Richet, Osty e Warcollier, Rhine passou a experimentar com estudantes voluntários para saber até onde se encontraria, dispersos em uma curva de Gauss, os traços da percepção extra-sensorial não em grandes médiuns, mas na população em geral. Por isso, o foco das pesquisas estava na detecção de traços em experimentos que envolvessem a PES (a telepatia, a clarividência e a precognição). O resultado de suas pesquisas tendia a mostrar que em centenas de milhares de ensaios e experimentações com centenas de sujeitos, o *fator psi* se mostrava presente na depuração da análise fatorial estatística.

Como explica o psicólogo Pierre Weil, "O casal Rhine demonstrou que esta aptidão obedece à lei de distribuição de

[1] RHINE, *Parapsychology from Duke to FRN*, Durham, Parapsychological Press, 1956, p. 06

Gauss; isto quer dizer que existem alguns sujeitos excepcionalmente dotados, uma maioria de pessoas medianamente dotados, e uma minoria muito fraca. O que é verdade para a inteligência, o é também para a telepatia, precognição, retrocognição ou cura à distância, ou outras capacidades para normais".

Baseando-se nos trabalhos pioneiros de *Sir* Oliver Lodge e Charles Richet, os experimentos eram feitos, inicialmente, com a utilização das célebres cartas Zener, em uma série de variações nas quais o sujeito – impedido de obter qualquer tipo de informação, mesmo sutil e involuntária, através dos sentidos ou pela cooperação inconsciente do experimentador – basicamente tentaria dizer qual a sequência de cartas tirada ao acaso. Como existiam cinco naipes especiais (estrela, círculo, linhas onduladas, quadrado e cruz) em um conjunto de 25 cartas – cada naipe se repetindo em número de cinco – a probabilidade de acertos era de um para cinco (cinco acertos em 25 tentativas no maço total), conforme estabelece a lei das probabilidades. Para se diminuir qualquer possibilidade de acerto acima do esperado por puro acaso em um experimento simples, o número de experimentos com cada sujeito era exaustivamente repetido e, desta forma, o número de acertos tenderia para a razão 1/5. Se, porém, *em uma série exaustivas de experimentos*, os sujeitos apresentavam um desvio constante e significativo acima da razão 1/5 (ou, em alguns casos, uma consistência de desacertos *abaixo do esperado,* ou seja, de menos de 1/5 de acertos) tal desvio indicaria estatisticamente a presença da ação da *Percepção Extra Sensorial*, ou PES."

Sincronisticamente, enquanto a quantidade de acertos positivos era bastante presente em voluntários que se submetiam aos testes acreditando na possibilidade da precognição, os que conseguiam escores abaixo da média eram justamente os que não acreditavam nesta possibilidade, ou seja, os acertos e desacertos acima ou abaixo do esperado pareciam confirmar tanto as próprias crenças dos sujeitos quanto o estado de emocional de expectativa dos mesmos), isso demonstraria que o número de acertos acima do matematicamente esperado (ou menos do matematicamente esperado, como se uma crença na não possibilidades de PES de alguns dos voluntários agisse para o fracasso do experimento) era causado por algum outro fator que não o do mero acaso. E era isso mesmo o que acontecia.

Em uma das conferências efetuadas na localidade de Ascona, na Suíça, da qual Jung era convidado rotineiramente a participar, no chamado Círculo de debates de Eranos, no ano de 1951, ao discutir seu conceito de sincronicidade assim se expressou Jung sobre os experimentos de Rhine e as implicações científicas dos mesmos, em palestra posteriormente publicada no volume VIII de suas obras completas:

> Coube a J. B. Rhine o grande mérito de haver estabelecido bases confiáveis para o trabalho no vasto campo destes fenômenos, com seus experimentos sobre a ESP (*extrasensory-perception*). Ele usou um baralho de 25 cartas, divididas em 5 grupos de 5, cada um dos quais com um desenho próprio (estrela, retângulo, círculo, cruz, duas linhas onduladas). A experiência era efetuada da seguinte maneira: em cada série de experimentos retiravam-se aleatoriamente as cartas do baralho, 800 vezes seguidas, mas de modo que o sujeito (ou pessoa testada) não pudesse ver as cartas que iam sendo retiradas. Sua tarefa era adivinhar o desenho de cada uma das cartas retiradas. A probabilidade de acerto é de 1:5. O resultado médio obtido com um número muito grande de cartas foi de 6,5 acertos. A probabilidade de um desvio casual de 1,5 é só de 1:250.000. Alguns indivíduos alcançaram o dobro ou mais de acertos. Uma vez, todas as 25 cartas foram adivinhadas corretamente em nova série, o que dá uma probabilidade de 1:289.023.223.876.953.125. A distância espacial entre o experimentador e a pessoa testada foi aumentada de uns poucos metros até 4.000 léguas, sem afetar o resultado.
> Uma segunda forma de experimentação consistia no seguinte: mandava-se o sujeito adivinhar previamente a carta que iria ser retirada no futuro próximo ou distante. A distância no tempo foi aumentada de alguns minutos até duas semanas.

> O resultado desta experiência apresentou uma probabilidade de 1:400.000.
>
> Numa terceira forma de experimentação o sujeito deveria procurar influenciar a movimentação de dados lançados por um mecanismo, escolhendo um determinado número. Os resultados deste experimento, dito psicocinético (PK, de *psychokinesis*, foram tanto mais positivos, quanto maior era o número de dados que se usavam de cada vez.
>
> O experimento espacial mostra com bastante certeza que a psique pode eliminar o fator espaço até certo ponto. A experimentação com o tempo nos mostra que o fator tempo (pelo menos na dimensão do futuro) pode ser relativizado psiquicamente. A experimentação com os dados nos indica que os corpos em movimento podem ser influenciados também psiquicamente, como se pode prever a partir da relatividade psíquica do espaço e do tempo.

Ou seja, os experimentos repetitivos em laboratório de Rhine apresentavam, no nível estatístico, o que eventos espontâneos muito mais dramáticos envolvendo PES (telepatia, visão remota e precognição) já demonstravam existir nas pesquisas da metapsíquica da SPR e de levantamentos como os do astrônomo francês Camille Flammarion (cujas pesquisas são igualmente citadas por Jung nesta conferência), que demonstravam a existência da percepção de fatos e acontecimentos que a pessoa que os narra não poderia conhecer, implicado nisto que a consciência humana, em condições ainda não compreendidas, pode obter informações que transcendem as limitações conhecidas tanto de espaço quanto de tempo.

Apesar de, no conjunto, estes repetitivos testes não parecerem interessantes, tais experimentos permitiam uma quantificação precisa, que era o que a academia, deslumbrada com o modelo newtoniano, e com a mística dos números e da estatística, estava exigindo dos pesquisadores metapsíquicos. A partir da década de setenta, as cartas Zener já quase não eram mais usadas por Rhine e sua equipe. Elas haviam sido substituídas por uma série de dispositivos eletrônicos e hoje em dia a maior parte dos experimentos são feitos com técnicas bastante sofisticadas, com o uso eletrônico de geradores aleatórios e outros, como o método Ganzfeld, com suspensão sensorial e uso de imagens escolhidas por computador para a transmissão de informações à distância, chegando-se a um grau altíssimo de significação estatística ao redor de 52%.

Posteriormente, Rhine também iria testar a psicocinesia, ou capacidade da mente sobre eventos físicos. Ele usava dados comuns de jogar, porém perfeitamente balanceados, onde o sujeito tentava influenciar os resultados numéricos (por exemplo, a soma dos dados juntos deveriam dar um número par etc.). Da mesma forma que nos experimentos de PES, os sujeitos eram submetidos a uma série de repetições exaustivas para se aferir o desvio de acertos, e se o resultado geral destes era ou não acima do que seria esperado por acaso. Mais uma vez, embora em números mais modestos, o desvio positivo apareceu nos experimentos.

Junto com McDougall, Rhine fundou o primeiro laboratório de parapsicologia na Universidade Duke, em 1930, do qual foi o primeiro diretor. Sua metodologia estatística foi validada em 1937 no Congresso do *American Institute for Mathematical Statistics* e, no ano seguinte, a *American Psychological Association* declara oficialmente seu trabalho como legítimo e o estudo da PES como pertencente ao campo da psicologia.

Em meados da década de 60, Rhine se aposenta da Universidade Duke e se integra totalmente à *Foundation for Research on the Nature of Man* (FRNM), instituição que havia criado em 30 de junho de 1962. Nasce então, dentro da FRNM, o *Intitute of Parapsychology* que substituiu o *Duke Parapsychology Laboratory* – segmento e departamento criado por Rhine devido à resistência de seus colegas do departamento de psicologia ao seu trabalho, já então famoso, até mais que o de outros trabalhos efetuados em Duke. Porém, o reconhecimento definitivo da parapsicologia e de todo o grande trabalho de Rhine só chegou em 30 de dezembro de 1969 quando a *American Association for the Advancement of Science* aceita a filiação da *Parapsychological Association* em seus quadros reconhecendo, apesar de violenta resistência de vários positivistas e mecanicistas membros, formalmente a parapsicologia como matéria cientifica e a função PSI como um dos elementos constituintes da natureza humana.

A tese básica de Rhine era que, uma vez aceita a existência de capacidades PES e PK, seria mais fácil adentrar em outros campos ainda mais controversos como a sobrevivência da alma e comunicação com os mortos – de onde ele mesmo partira –, já que a função PSI superava as barreiras de espaço-tempo e matéria. Seus colegas e colaboradores, como Karlis Osis, e pesquisadores como Ian Stevenson e Charles Tart iriam realmente adentrar e coletar evidências ao favor destas hipóteses mais complexas.

A CIA e o departamento de defesa americano usaram os estudos de Rhine – e contra o seu desejo – como base para uso em espionagem psíquica por quase 30 anos consecutivos, de 1968 a 1995 em vários projetos. O mais famoso destes ficou conhecido com o nome de "*Stargate Project*" e esteve sob a direção de dois físicos de renome, Harold Puthoff e Russell Targ. A Rússia fazia o mesmo, antes mesmo dos americanos, desenvolvendo sua própria pesquisa em parapsicologia, que lá recebeu o nome de *psicotrônica*.

Joseph Banks Rhine faleceu em fevereiro de 1980. Sua esposa continuou dirigindo o FRNM e o Instituto de Parapsicologia, rebatizado como Instituto Rhine de Parapsicologia, até sua morte, em 1983.

Desde que o Professor McDougall havia lhe falado de algumas das experiências e vivências de Jung com fenômenos psíquicos, Rhine esteve interessado em entrar em contato com o psiquiatra e psicólogo suíço. O primeiro contato, por carta, em 1934, daria início uma afetuosa amizade epistolar baseada em alta admiração mútua e em um crescendo de interesse e respeito ao trabalho recíproco, no que se constitui em um dos mais belos exemplos de intercâmbio intelectual existentes.

A influência dos trabalhos de Rhine sobre Jung se destacaria a partir de então nas suas obras, em especial na sua teoria da sincronicidade e nas suas ideias sobre fenômenos psíquicos desenvolvidas ou articuladas e apresentadas a partir dos anos 1930. Jung achava, de fato, tão importante e fundamental o trabalho de Rhine – que, para ele, aproximava a física moderna da psicologia – que em carta dirigida a Carleton Smith, fundador da *National Arts Foudation*, datada de 09 de setembro de 1953, Jung diz que, se houvesse um Prêmio Nobel para grandes descobertas e ideias que alargassem o horizonte mental e espiritual do homem, incluindo-se ai as referentes à natureza da psique, J. B. Rhine deveria ser o ganhador desse prêmio.

Desde que começara a estudar o trabalho de Rhine, Jung ficou definitivamente convencido de que a psique superava as limitações físicas clássica do espaço-tempo (a sincronicidade se baseia nesta ideia), ainda que fosse condicionada percentualmente pela realidade física através do sistema nervoso e do cérebro, e este seria um dos indícios mais fortes e favoráveis à hipótese de vida depois da morte, e que os trabalhos da física quântica pareciam apoiar esta realidade de modo indireto, ao menos enquanto possibilidade teórica. Rhine demonstrava isto com seus trabalhos – em especial os de precognição e psicocinesia – de modo claro, enquanto efeito da *função psi*, a nível de PES e a nível de Psicocinesia, ou PK.

Jung e Rhine se encontraram pessoalmente uma única vez, em outubro de 1937, em Nova York. Um encontro memorável, para ambos, sem sombra de dúvidas, mas continuariam se correspondendo com frequência até a morte de Jung, em 1961.

Ainda assim Jung julgava suas experiências qualitativas com eventos psi espontâneos e com médiuns, como nos trabalhos da metapsíquica, ainda mais tocantes e existencialmente mais significativos do que o trabalho estatístico de Rhine, ao menos em termos existenciais, já que a estatística insípida só seria importante como um martelo a mais para tentar quebrar a pedra resistente em que se tornavam os positivistas e ainda assim sem o conseguir a contento. No ano de sua morte, em 1961, Jung se recordaria mais uma vez dos experimentos de telecinesia e materializações, com Schrenk-Notzing e Bleuler, realizados na Burghölzli e tendo Rudi Schneider como médium, nos anos 20, refletindo também outros que ele mesmo presenciou em diversas ocasiões:

> Tenho visto a movimentação de objetos que não foram tocados diretamente e isto em condições

científicas absolutamente satisfatórias. A esses movimentos poderíamos chamar de levitação, ao admitirmos que os objetos se movimentam por si mesmos. Mas esse não parece ser o caso, porque todos esses corpos aparentemente automovidos se movem de tal modo como se fossem erguidos, sacudidos ou atirados por uma mão. Nessa série de experiências, vi também, ao lado de outros observadores, uma mão e senti sua pressão. Ao que parece, tratava-se da mão que causava todos os outros fenômenos desse tipo. Os fenômenos independiam de uma "vontade", porque só ocorriam quando o médium estava em transe, momento em que justamente não dispunha de sua vontade. Os próprios fenômenos pareciam pertencer à categoria das manifestações de duendes...[2]

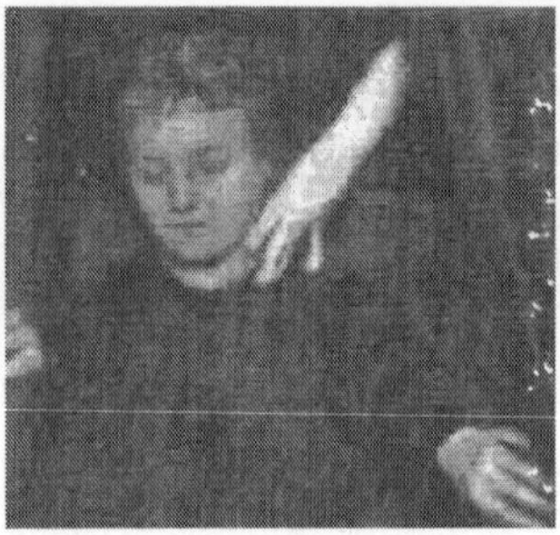

Jung diria ainda que a mão, que parecia de uma criança, se dissolvia após algum tempo... É provável que a descrição dada por ele se adeque às experiências que ele presenciou e ajudou a ocorrer na Burgholzli, junto com Bleuler e Scherenck-Notzing. Abaixo, algumas das centenas de fotos de materialização parcial obtidas por Schrenck-Notzing com a médium Eva Carrière, entre 1911 e 1914. Na primeira foto, tem-se uma materialização parcial de um rosto e, na segunda, um mão em três dimensões, ambas produzidas em presença da médium que era revistada e examinada antes da sessões, usando um túnica confeccionada e também examinada pelos presentes e que ela vestia apenas no momento das sessões.

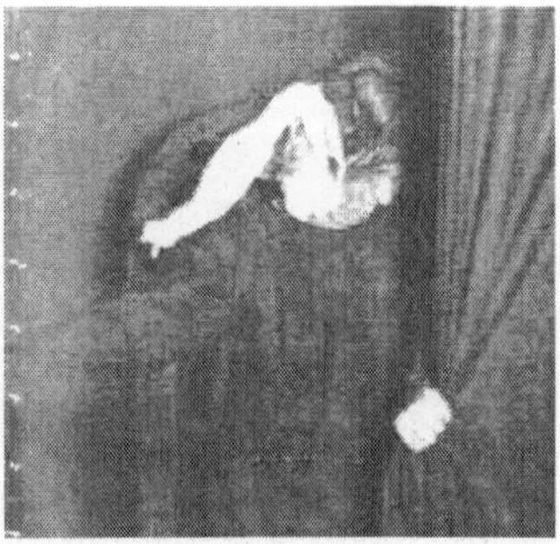

[2] Citado em ANIELA JAFFÉ, *Ensaios sobre a Psicologia de C. G. Jung*, Editora Cultrix, p.21

Capítulo XVIII

As garras do nazismo

Um dos piores falsos mitos que inimigos acirrados de Jung e de sua obra apaixonadamente cultivam a seu respeito é o da sua suposta simpatia com o nazismo. Exemplo claro disto se encontra na obra gritantemente antipática e claramente agressiva a Jung escrita por Richard Noll: *O Culto de Jung – Origens de um Movimento Carismático*. Outro autor crítico e igualmente pouco simpático a Jung, como Frank McLynn, no entanto, apesar de seu esforço em contrário, acaba a contragosto e meio que indiretamente por inocentá-lo de tal associação, conseguindo, no máximo, apresentar mais uma vez algo da postura ambivalente de Jung em assuntos críticos.

Porém, mais do que ficar citando os autores pró e contra, o melhor é nos atermos às reais manifestações de Jung com respeito à política, em geral, e ao nazismo em particular, não esquecendo que os mesmo tipos de ataques tendenciosos sofreram outros gênios germânicos que tiveram o azar de, por conta da História, serem contemporâneos de Hitler, embora alguns outros que sequer eram vivos quando da ascensão deste, por uma série de absurdos ideológicos, acabassem eles também sendo vítimas de tal associação. Assim foi que o compositor Richard Wagner, morto em 1883, ainda é tacitamente *persona non grata* a muitos israelenses por sua música "nazista", pelo simples fato de ter sido um dos compositores favoritos de Hitler, por ter usado temas da mitologia germânica em suas óperas escritas antes no nascimento do *Führer (*e também, é verdade, como ocorria a muitos de sua época, apresentar traços de antissemitismo*)*. Só recentemente foi percebido que Nietzsche, morto em 1900, nada tinha a ver com o nazismo a não ser o fato de falar sobre o poder e o além-do-homem, sendo alemão e tendo tido uma irmã, esta sim, que conheceu Hitler e julgava – erroneamente – que as ideias do irmão precediam as do ditador. Já Heidegger, coitado, mesmo tendo uma judia, a importante filósofa Hanna Arendt, como amante, e ser reconhecido como um dos mais importantes filósofos do século, foi contemporâneo de Hitler e membro do partido nazista, demonstrado alguma admiração pela disciplina e método administrativo deste em seu sucesso nos primeiros anos em reindustrializar e reerguer a Alemanha. Contudo, retirando alguns críticos, Heidegger é comparativamente pouco julgado e quase nunca rotulado como "nazista"... Por outro lado, na balança ideológica da História e seus heróis mais ou menos retocados, ninguém fala dos elogios que Churchill teceu a Hitler em meados dos anos 30, nem da germanofilia que muitos "estadistas" demonstraram antes e mesmo depois da Guerra, ou que parte do financiamento que reergueu a Alemanha e deu lastro ao governo de Hitler veio dos posteriores países aliados... Outros heróis anglo-saxônicos, como Charles Lindbergh e D.H. Lawrence, que demonstravam uma admiração realmente explicita pelo nazismo são ainda menos criticados.

Como é então que Jung, que demonstrava tanta empatia com culturas e povos (índios, africanos, árabes e seus muitos contatos com judeus de diversos países) ditos, pelos nazistas, como inferiores, poderia ser enquadrado como nazista? Como sua crítica ao imperialismo e colonialismo poderia ser encaixada nesta ideologia do III Império (*III Reich*) que deveria dominar o mundo? Como é que Jung, que sempre via o Estado totalitário como sombra da democracia, para ele representando o fantasma dos autocratas destronados, regalando com mordomias e vantagens os políticos e membros dos três poderes (onde existiam), penalizando os indivíduos mais talentosos, se afinaria com o Estado ultradireitista e totalitário de Hitler? E os muitos amigos e colegas judeus que Jung tinha antes, durante e depois da Guerra? Isto seria compatível com as atitudes de um simpatizante do nazismo?

Jung partilhava da inquietação comum nos anos 30 sobre o destino do indivíduo frente à cultura de massas. Jung apontava o fato, primeiro apresentado por Marx, de que a acumulação primitiva de capital, em especial na Inglaterra, e a consequente ascensão da burguesia, prepararam o terreno filosófico para a mudança radical da mentalidade tradicional, de uma sociedade de raízes agrárias para a da indústria, que necessitava de consumidores e de racionalização da produção.

Os filósofos iluministas, financiados pela burguesia a pensar o "liberalismo" e impor a regra da razão planejada como fundamento da sociedade, não perceberam que esta, pela continua divisão das relações sociais, se transformaria em razão instrumental, usada primeiramente nas manufaturas e depois das fábricas, extrapolando-se para toda a sociedade em uma imensa "mecânica social" e, com esta, ao culto da produção e da acumulação de bens, serviços e lucros, acabando nas atuais condições sociais "globalizadas".

A competitividade enquanto valor e a adoração da força, calcada em um modelo hierárquico e piramidal de relações sociais, onde o topo é ocupado por uma minoria de poderosos, era representada pela corrida armamentista com o intuito de manter o domínio de mercados, fora a alienação do sujeito condicionado a desempenhar papeis e buscar falsas promessas de felicidade calcadas no consumo massificado, foi sedimentando e adentrando a cultura das cidades e o modo de educar os jovens. Nesta cultura, a tecnologia é apresentada não como instrumento, mas como solução mágica a todos os problemas, esquecendo-se dos reais motivos advindos da acumulação de capital por trás da mesma, benéfica e cada vez mais a uma minoria estreita de pessoas.

> "Segundo, Jung", diz-nos McLynn, "a tecnologia que impelia o ascenso das massas – orgulho dos liberais progressistas – só podia decolar quando o indivíduo reprimisse fatores psíquicos irracionais que concorriam para sua formação. A crise geral do século XX acarretava, portanto, o duplo risco de

repressão à pessoa e ao espírito".[1]

O grande problema era que Jung via no comunismo stalinista uma continuação ainda pior dos mesmos problemas, pois o indivíduo desaparecia completamente ante o poder do Estado absoluto construído por Stalin. Muito influenciado pela atmosfera burguesa bem sucedida da pequena Suíça (ninguém é perfeito), Jung acabou por acreditar infantilmente que o estilo soviético pós-Lênin fosse representativo de todo o socialismo e sempre se mostrou agressivo a qualquer coisa que cheirasse a marxismo embora, como vemos, sua atitude crítica fosse eminentemente socialista, ao menos em linhas gerais.

Em contrapartida, Jung teve uma certa empatia por Mussolini, para ele uma personificação de uma figura arquetípica trágica, que acabou envolvida nas armadilhas do poder e do fascínio da força. Mussolini foi um caso em que uma pessoa, de tanto se identificar com uma *persona* (ele buscava recuperar a glória da Roma dos Césares, sendo, portanto, um novo imperador), acabou, após um período de megalomania e extrema toxidade pelo poder, por se fragmentar e a seus atos, levando todo um país à ruína.

Jung também ficou curioso e intrigado com o carisma de Hitler, apesar de seu discurso de ódio, de exclusão social, de perseguição a quem pensava diferente dele, mas mesmo McLynn fala que na Alemanha daquele tempo havia muita coisa que Jung detestava. Ele lera o *Mein Kampf* de Hitler e avaliara que o livro não passava de uma salada eclética, um tipo de mistura de messianismo com a utopia de uma nova civilização predestinada aos fortes, para ele representado pelos germânicos. A aversão de Jung ao Estado interventor e à interferência do governo na economia levaram-no a manifestar reservas com relação à política social e econômica nazista.[2] Mais adiante afirma que "A conclusão é que ele (Jung) não gostava da Alemanha nazista".

Jung também via no fanatismo secular nazista uma contrapartida emocional e válvula de escape às frustrações da humilhação da Primeira Guerra e seu vampiresco Tratado de

[1] McLyNN, obra citada, p. 374.
[2] Cf. McLYNN, obra citada, p. 373.

Versalhes, bem como o eclodir de elementos reprimidos por séculos por uma cultura moralista que proibira a expressão de elementos típicos da estrutura emocional dos germanos, especialmente contidas em seu folclore e mitologia, além, claro, da ânsia mais pragmática, dentro do sistema ainda vigente na Europa, por colônias e mercados. Associando-se a tudo isso o fascínio do poder e da tecnologia, "a Alemanha dos anos 30 correspondia à atualização da Europa, quatro séculos depois da Inquisição: arame farpado, campos de concentração e todas as torpezas infligidas a raças de cor pelo colonialismo substituíam as atrocidades das Cruzadas, os mártires queimados na fogueira do Santo Ofício, em suma, todos os crimes bárbaros perpetrados pelo cristianismo".[3] Em um país em que o cristianismo romano fora imposto pela espada das legiões do Império e suas tradições folclóricas nativas eram tidas como diabólicas, o clericalismo por mais de uma vez dividira os germanos em seres que se consideravam bárbaros e com raízes no pecado. Ao reprimir este lado, aumentando um sentimento de alienação, era certo que este caldo de forças reprimidas acabaria por se fazer explodir um dia, libertando e trazendo à superfície todo o material represado em um país apenas consolidado havia algumas décadas, mas com fortes cicatrizes sociais frente a derrotas militares, enquanto nação, uma na guerra franco-prussiana de 1870 e, posteriormente, na derrota da I Guerra Mundial.

Hitler, portanto, seria um reflexo e foco da mentalidade que, apesar da cultura pujante de experimentos importantes na área da política e do direito (como na República de Weimar) tornou-se enferma, de um povo acossado por outras nações colonialistas, e que buscava resgatar a sua autoestima e sua identidade enquanto nação e parecia estar conseguindo mas, quando menos se espera, veio a grande crise do capitalismo com a quebra da bolsa em 1929, derrubando a economia alemã que ainda se erguia das ruínas da I Guerra Mundial. Coletivamente doente, com desemprego em alta e a velha guarda aristocrática temendo a organização social de trabalhadores e estudantes desesperançados frente à degradação econômica,

[3] McLYNN, , p. 374.

a nação alemã poderia parecer desempenhar tão bem suas tarefas quanto um histérico pareceria aparentemente ser saudável. Hitler foi o Mefistófeles – mas não o único – que fez uma geração inteira vender a alma ao diabo. Porém este diabo nada mais era que o sistema de nações que impusera o tratado de Versalhes e a competição colonialista por mercados como as únicas saídas para a Alemanha, por fim contaminada pela crueldade de um sistema que valorizava mais o material e o mercado que as pessoas e as culturas.

Percebendo tudo isso, Jung tomou o caso de Hitler como confirmação de seus modelos da eclosão arquetípica do Herói, no sentido de que, quando a racionalidade consciente falha em lidar com um contexto que se tornou, todo ele, irracional, emerge o foco de uma mentalidade coletiva que é estimulada a tomar uma forma de ação definida para dar sentido a um momento de crise extrema. No caso, Hitler parecia a brecha pelo qual o antigo e reprimido arquétipo do deus germânico Wotan ressurgia furioso, cativando irracionalmente mentes e corações para o autoritarismo extremo, que, para as elites e as forças conservadores, poderia impedir a subversão social e garantir a continuidade de seus privilégios, levando o povo alemão de roldão na sua loucura pela promessa da liderança de um *Führer* forte, guerreiro, a figura do pai rude, mas disciplinador. Antes da eclosão da II Guerra, Jung chegou a comentar que o ditador tomava hodiernamente o papel de profeta administrativo "que se comportava como um robô, sem um sorriso sequer, parecendo menos um indivíduo que um avatar", preocupado em abafar a razão pela emoção e envolvimento na figura religiosa do superestado forte.

Porém Jung abriu a guarda aos piores ataques (mesmo sem ter muita consciência disto à época), nos anos 1933 a 1938, quando pensou poder se aproveitar da situação na Alemanha a fim de lá substituir as ideias de Freud, que passaram a ser atacadas pelos nazistas, pelas suas. Ainda que tenha se posicionado corajosamente contra as teorias racistas e antissemitas de Alfred Rosemberg e hostilizasse Hitler, comparando-o a outros ditadores narcisistas, ao assumir, por eleição extraordinária, a Associação Internacional de Psicoterapia e o cargo de editor do *Zentralblatt für Psychterapie*, quando da renúncia de Ernst Kretschmer, diante da pressão dos nazistas (a Associação era sediada na Alemanha) para que as duas entidades se conformassem à ideologia oficial, Jung estava pondo a corda no pescoço. Jung foi convidado a assumir a presidência, pois esta tinha caráter internacional, e a invasão por nazistas na secção berlinense da Associação em setembro de 1933, entregando a presidência ao psiquiatra M. Goering, primo do ridículo comandante da Luftwaffe, o obeso marechal Herman Goering, tinha soado bastante mal aos membros dos demais países. A perseguição aos psiquiatras judeus não tardou. Jung deu instruções a que todos os membros afastados fossem recebidos calorosamente como membros nos demais países membros da Associação, fossem judeus ou não. Diante disso, Kretschmer, o ex-presidente da Associação, elogiou sua coragem.

O grande problema, porém, foi a publicação em 1934 de um suplemento escrito por M. Goering para circular na edição alemã do *Zentralblat*, convocando seus leitores germânicos a adotarem os princípios do Estado nazista. Como Jung era, oficialmente, o redator chefe da publicação, choveram acusações de que ele, ao permitir a publicação da circular, era simpatizante do nazismo, muito embora Jung fosse um dos principais responsáveis por permitir que terapeutas judeus ainda tivessem artigos publicados na revista, embora se mantivesse de fato distanciado geograficamente dos departamentos editorais.

O psiquiatra e rival de Jung, Gustav Bally, julgando-o um colaboracionista, atacou-o fortemente na imprensa de Zurique. Jung respondeu como pôde em várias cartas publicadas no *Neue Zürcher Zeitung*, explicando que um de seus objetivos era justamente ajudar seus colegas judeus na Alemanha e lamentava que seu nome estivesse associado, como redator do *Zentralblatt*, a um manifesto nazista, mas isto não poderia ser motivo suficiente para ser tachado de antissemita nem de nazista.

A opinião geral foi a de que Jung estava jogando perigosamente e que estava sendo manipulado por Goering. Porém muita gente realmente esperava que ele pedisse exoneração do cargo como forma de protesto. Não o fazendo, as suspeitas de que ele fosse um simpatizante do nazismo ganhou grande força nos meios intelectuais resistentes a Hitler. Pior, muitos membros da Associação aderiram ao manifesto de Goering e os artigos contra os judeus começaram a pipocar. Atingindo o suprassumo do paradoxo, o próprio Jung (que antes já fizera artigos comparativos da psicologia das nações, como a chinesa e a inglesa), publicou também em 1934 no *Zentralblatt* um artigo intitulado, à época, de *A Situação Atual da Psicoterapia,* depois chamado de A Diferença entre a Psicologia Judaica e a Psicologia Ariana, que foi igualmente um dos motivos dos ataques de Bally. Uma leitura mais atenta do artigo demonstra que este não tinha o exagerado significado antissemita que os acusadores de Jung diziam ver. Na verdade muito das ideias lá contidas eram até mesmo parecidas com as de muitos sionistas, como Theodor Herzl, porém a publicação do artigo justamente naquele momento crítico demonstrava talvez uma intenção velada de Jung combater Freud, portanto, ele deu a entender a muitos que estava tentando conquistar a Alemanha para sua própria escola.

Foi talvez por causa da vaidade e do oportunismo que Jung deu um tiro no próprio pé na área perigosa das manifestações intelectuais em tempos de fascismo, mas isto não deve apagar o fato de que Jung se esforçou e trabalhou bastante para salvar judeus do espectro nazista entre 1933 e 1939. Mais que isso, logo ficou claro para ele que o nazismo era um movimento insano e muito mais violento do ele poderia imaginar em meados dos anos 30.

Em 1938, quando soube da anexação da Áustria à Alemanha, e ciente do que a Gestapo faria aos judeus austríacos, ele rapidamente se juntou-se a Franz Riklin, juntando ambos seus próprios fundos, junto com a doação de simpatizantes, para enviar o filho de Riklin, Franz Junior, a Viena, com cerca de dez mil dólares escondidos (àquela época, tal quantia valia quase o triplo do que vale hoje) no intuito de resgatar Freud e sua família. Franz foi recebido por Anna Freud, que seria em poucos meses interrogada pela Gestapo. Assustada e desconfiada, ela não quis abrir a porta e dizia que seu pai não o receberia. Franz insistiu e Freud, ouvindo o barulho, veio saber o que estava acontecendo. Quando o coitado do rapaz transmitiu ao velho Freud a mensagem e a ajuda de Zurique, Freud explodiu, recusando-se a ser "guardado por meus inimigos".[4]

Mas depois que Anna passou um dia inteiro sob custódia da Gestapo, Freud acabou por aceitar a ajuda, mas não a de Jung, mas de britânicos e americanos que pressionaram o governo a liberar Freud e sua família (com exceção das irmãs, que morreriam em campos de concentração nazistas). Três meses após a tentativa frustrada de Jung, Freud partia para Londres, onde morreria pouco mais de um ano depois.

Em julho do mesmo ano, Jung também viajaria para Londres para receber uma homenagem da Universidade de Oxford e presidir um seminário de psicoterapia. Tentando reverter o estrago e curar a velha ferida, Jung mandara um telegrama formal de boas-vindas a Freud. Porém, por um mal entendido do secretário do evento encarregado de o expedir, o dito telegrama deixou de ser enviado ao velho psicanalista antecipadamente. Tal fato fez Jung perder a cabeça. Finalmente, quando – ainda em tempo hábil – o telegrama chegou a Freud, este não se sensibilizou, ou melhor, o fez negativamente: "O Congresso Psicoterapêutico de Oxford, presidido por Jung, mandou-me um telegrama protocolar (...) respondi friamente".

Não havia, claro, como ocorrer a reconciliação depois de tantos anos de ressentimentos recíprocos. Freud se descontrolava à simples menção do nome do antigo protegido, agora para ele um inimigo. Porém, de alguma forma, a ligação entre os dois não poderia ser facilmente rompida, mesmo no ódio. Jung e Freud seriam para sempre frente e o verso de uma relação marcante e da própria teoria psicanalítica. "Irônica e involuntariamente, em sua penúltima obra, *Moisés e o Monoteísmo*, Freud atacou o cristianismo, levantando a mesma questão que suscitara tantas acusações de antissemitismo contra Jung – qual a característica peculiar do judaísmo", aponta Frank McLynn.

Ainda mais sintomático, as resistências de Freud à parap-

[4] Cf. McLYNN, obra citada, p. 435.

sicologia e sua antiga ideia de a psicanálise ser como um baluarte contra a maré negra do ocultismo tinha quase que completamente ruído. Para ele, Freud, a telepatia era um fato, não uma possibilidade. Suas leituras dos relatórios da SPR tinham aumentado e ele se confessava perplexo diante do espiritualismo. Em 1938 referiu-se aos fenômenos ocultos e ao misticismo como "uma obscura autopercepção do reino além do Ego, o Id". Porém, se transformava em um crítico ferino diante da "falsa consciência" que ele dizia ver na psicologia de Jung. Achava a teoria da sincronicidade um absurdo, nada mais que absurdo, uma associação ao acaso de pessoas supersticiosas, mesmo que na elaboração desta ideia estivessem presentes físicos, pois fora há muito tempo que Einstein, em uma visita a Burgholzli, havia estimulado Jung a levar adiante a sua ideia ainda incipiente da sincronicidade, que teve em outro grande físico teórico, Wolfgang Pauli, junto com as implicações dos experimentos em parapsicologia, especialmente de percepção extra-sensorial, de J. B Rhine, o lastro científico e experimental de que precisava.

Freud morreu em Londres, em setembro de 1939. Jung escreveu um texto intitulado "*Em Memória de Sigmund Freud*". Porém, neste, o que deveria ser uma homenagem acaba se transformando, em certa medida, em uma espécie de acerto de contas com o ex-mestre e colega austríaco, o que comprova que Jung nunca se recuperou plenamente dos eventos de 1912.

Coincidentemente, a morte de Freud ocorreu logo no início da invasão alemã à Polônia, o que deu início de fato à Segunda Grande Guerra, desta vez realmente mundial.

Praticamente forçado a isolar-se na Suíça neutra durante os mais de cinco anos do conflito, Jung passa em revista seus antigos apontamos e revê textos sobre a pesquisa psíquica, chegando a aprofundar-se nas novas etapas de pesquisa efetuadas nesta área, o que o levaria a desenvolver o conceito de *sincronicidade*.

Capítulo XIX

Parapsicologia, sincronicidade, individuação e experiências próximas da morte

Parapsicologia

Em carta a Rhine, de novembro de 1945,[1] Jung respondia a algumas questões levantadas pelo parapsicólogo americano sobre as suas opiniões pessoais sobre alguns tópicos da parapsicologia. Nestes, Jung dizia considerar a parapsicologia um ramo da psicologia, em especial da psicologia do inconsciente, e que dava suporte experimental a certas capacidades desta instância psíquica que antes eram desconhecidas ou as quais a ciência simplesmente ignorava. Lembrando de suas experiências com Bleuler e Schrenk-Notzing, Jung associou ou desejou vincular a metapsíquica com parapsicologia (na verdade, a linha divisória entre as duas está mais no objeto de estudo e no método de trabalho: na primeira, o foco se concentrava nos raros médiuns especialmente dotados, enquanto a segunda buscava lidar com pessoas comuns tentando captar indícios de fenômenos PES e PK simples. A primeira era mais qualitativa e condicionada ao surgimento de pessoas com alguma grande – e rara – capacidade psíquica, enquanto

[1] Cf, JUNG, *Cartas*, volume I, pp. 398-399.

a segunda, ao menos no trabalho de Rhine e seguidores, era eminentemente estatística e voltada para o teste de pessoas comuns, buscando avaliar a ocorrência de traços de capacidades psíquicas na população em geral), e dizia que a parapsicologia estaria em condições de provar a existência de funções psíquicas influenciando objetos materiais (psicocinesia) ou criando corpos físicos antes inexistentes (as ectoplasmias e *apports*, não estudados por Rhine e por quase ninguém mais, hoje em dia).

Jung também destacou o fato de que as capacidades da psique expressadas nos fenômenos paranormais demonstravam, a nível humano, o corolário da física moderna da relatividade do tempo e do espaço, o que define e, de algum modo, dava certa orientação – ao menos em parte – às ocorrência da PES como um fenômeno natural, ainda que pouco comum em nossas vivências ordinárias, assim como a estranha ocorrência da dualidade onda-partícula no mundo subatômico, ou a curvatura do espaço e relatividade do tempo, no mundo astrofísico, embora sejam captáveis e demonstráveis em eventos físicos para além do familiar mundo de dimensões médias em que vivemos, seja algo natural mas estranho a nosso modo ordinário de interpretar a realidade. A *função psi,* ou seja, a capacidade presente da consciência de obter informações por meios que superam as limitações conhecidas de tempo e espaço, é possuidora de uma independência relativa do modelo newtoniano clássico de mundo, com sua causalidade linear absoluta, portanto, estando, quando da manifestação destas capacidades, acima das limitações materiais clássicas que distorcem ou impedem o fluxo de informações transmitidas por canais mecânicos ou eletromagnéticos, provavelmente existindo e atuando em uma dimensão que engloba e contém as três dimensões clássicas euclidianas.

Para Jung, portanto, a manifestação da percepção extrassensorial implica a pressuposição de uma ligação sutil e profunda entre os seres, uma teia sutil de ligações envolvendo mesmo a consciência e a matéria, numa *unidade na diversidade* já intuída por Jan Smuts e Pierre Teilhard de Chardin e que o físico David Bohm associaria à sua teoria de *A Ordem*

Implicada e que, em biologia, terá uma elaboração na teoria das estruturas morfogenéticas de Rupert Sheldrake. Esta justificaria a teoria do inconsciente coletivo no seu aspecto de atmosfera psíquica, e também daria um apoio às coincidências ou relações significativas entre um estado psíquico (como uma emoção, uma reflexão profunda etc.) ou um estado afetivo que tenha certo reflexo em uma situação física ou acontecimento a este estado associado, ou uma imagem pensada ou sonhada que "coincide" com um ou mais acontecimentos externos, próximos ou distantes no tempo e no espaço.

Em um encontro com o Clube de Psicologia de Basiléia, ocorrido em 1° de novembro de 1958, Jung respondeu a uma série de perguntas escritas e verbais dirigidas a ele pelas pessoas da assistência envolvendo esta temática e as implicações entre psique, consciência e sobrevivência. A transcrição integral pode ser encontrada no livro de William McGuire e R.F.C. Hull, *C. G. Jung: entrevistas e encontros*, Editora Cultrix. Desta transcrição, destacamos a seguinte passagem, referente à resposta de Jung sobre a questão da sobrevivência de, ao menos, partes da psique após a morte, com base exatamente no estado de pesquisa que aponta para a superação da consciência aos limites conhecidos de espaço, tempo e matéria:

> ... devo tentar formar uma opinião a respeito (do assunto) com a ajuda do inconsciente, e o inconsciente favorece e produz sonhos que apontam para uma continuação da vida após a morte. Não há dúvida disso; já vi exemplos desse gênero. É claro, poder-se-á dizer que isso são apenas fantasias, fantasias compensatórias que não podemos impedir, que estão enraizadas em nossa natureza – toda a vida deseja eternidade – mas que estão longe de constituir uma prova. Por outro lado, devemos dizer a nós mesmos que, embora esse argumento seja correto, até certo ponto, dispomos de provas irrefutáveis de que pelo menos partes de nossa psique não estão sujeitas às leis do espaço e do tempo, caso contrário, as percepções fora do espaço e do tempo seriam inteiramente impossíveis... E, no entanto, elas existem, elas acontecem. Todos os casos de clarivi-

dência telepática, de premonição... isso existe. Eu mesmo pude verificá-lo em inúmeras experiências, para não mencionar os experimentos de Rhine, os quais não podem ser refutados a menos que viremos de cabeça para baixo a teoria da probabilidade. Isso foi realmente proposto, seria inventada toda uma nova teoria da probabilidade, embora me escape como isso poderia ser feito sem violações da lógica. De qualquer modo, não dispomos atualmente de meios para contestar os resultados de Rhine, independentemente dos inúmeros casos de predição, percepção não-espacial etc.

Isso oferece a prova mais clara e mais indiscutível de que as nossas concepções de espaço e tempo, tal como são formuladas de um ponto de vista causal e racionalista, são incompletas. Para obtermos um quadro completo do mundo, teríamos de adicionar uma outra dimensão, ou jamais poderemos explicar a totalidade dos fenômenos de um modo unificado. É por isso que os racionalistas sustentam obstinadamente que não existem experiências como a clarividência e coisas desse tipo, porque a concepção racionalista do mundo mantém-se ou cai com a realidade desses fenômenos. Mas se eles existem, a nossa visão racionalista do mundo é insustentável. Sabemos todos que, na física moderna, já deixou de ser negada a possibilidade de que o universo tenha várias dimensões. Cumpre-nos levar em conta o fato de que este nosso mundo empírico é, num certo sentido, aparência, quer dizer, está relacionado com uma outra ordem de coisas abaixo ou além dele, em que "aqui" e "ali" não existem; em que não existe extensão espacial, o que significa que o espaço não existe, nem extensão temporal, significando que (em uma outra dimensão) o tempo não existe. Há experiências em que o espaço é reduzido em 20% ou o tempo em 90%, de modo que o conceito de tempo é apenas 10% válido. Sendo assim – e não vejo possibilidade alguma de refutação – temos que enfrentar o fato de que algo de nossa existência psíquica está fora do tempo, isto é, para além da mutabilidade ou, como poderíamos também dizer, que só é mutável em espaços infinitos de tempo.[2]

Sincronicidade

Foi baseando-se nos resultados das pesquisas de Rhine que Jung percebeu que poderia haver uma dimensão na realidade diferente da causalidade determinista estrita do modelo newtoniano de mundo cujos traços podem ser inferidos por meio de testes estatísticos. Embora isso seja algo estranho em nosso modo cartesiano de olhar e interpretar o mundo, na prática, todos nós vivemos situações onde estes limites causais, lineares e matérias são transcendidos, sem que nos demos conta.

Por exemplo, apaixonar-se por alguém (ou por um assunto) que antes nunca nos interessou pode fazer que passemos a perceber, como que do nada, factualmente, em quase todos os lugares, elementos associados àquilo a que estamos existencial e afetivamente ligados, encontrando pessoas, acontecimentos e coisas como livros, revistas, filmes, acasos anedóticos e palestras que refletem de modo surpreendente o tema de nosso interesse ou preocupação. Ou de repente alguém se lembra de outra pessoa há muito distanciada e pouco depois recebe um telegrama, carta, telefonema ou uma vista da dita pessoa. Estes acontecimentos não parecem depender de um evento causal definido no sentido newtoniano, na verdade, o grau impactante da sincronia entre eventos do mundo subjetivo que é atingido por algo externo aparentemente independente deste, mas ao mesmo tempo sentido e entendido como a este de algum modo associado pode mesmo, em certos casos, definir uma total mudança – ao menos momentânea – de avaliação de nosso modo comum de interpretar a realidade.

A estes casos Jung chamou de fenômenos sincronísticos ou sincronicidade: uma percepção de uma simultaneidade de acontecimentos internos e externos, *não necessariamente no mesmo momento* – daí serem sincronísticos e não sincrônicos.

Na já anteriormente citada palestra de 1951, em Ascona,

[2] Cf. McGUIRE $ HULL, *C. G. Jung: entrevistas e encontros*, pp. 334-335

sobre seu conceito de *Sincronidade*, e que mais tarde seria publicado no volume VIII de suas obras completas,, Jung assim se expressou:

> (...) esse termo tem alguma coisa a ver com o tempo ou, para sermos mais exatos, com uma espécie de *simultaneidade*. Em vez de simultaneidade, poderíamos usar também o conceito de *coincidência significativa* de dois ou mais acontecimentos, em que se trata de algo mais do que uma probabilidade de acasos.

Bastante influenciado pelos progressos epistemológicos da física moderna, explicados a ele por seu amigo, o famoso Prêmio Nobel de Física Dr. Wolfgang Pauli, e por Niels Bohr, outro Nobel, amigo de Pauli, Jung viu nos experimentos de Rhine uma prova cabal de que a natureza probabilística (não mais determinística como na física clássica de Newton) da realidade física ao nível subatômico e macrocósmico (teoria quântica e teoria da relatividade) tinha sua contrapartida no psiquismo.

Nos tempos da Burghölzli, Jung, como membro da equipe, recebia algumas vezes a visita de Einstein. Uma vez, falando com ele sobre algumas coincidências que ele percebia ocorrerem entre as imagens dos delírios dos pacientes e certos acontecimentos físicos reais (ele ainda não tinha intuído o conceito formal de sincronicidade), Einstein disse-lhe que ele poderia aprofundar esta questão, pois esta intuição tinha certa similaridade com seu próprio conceito de relatividade física, que sempre dependia da consciência de um observador para definir e registrar efeitos observados. Embora Jung e Einstein só se tivessem visto neste período, ele certamente foi influenciado pela teoria da relatividade do físico alemão. O contato com Pauli e Pascual Jordan, de um lado, e Rhine, do outro, que confirmavam e davam peso científico a muito de suas próprias experiências clínicas e pessoais, acabaria por levá-lo a formular finalmente o conceito de sincronicidade.

Apesar de relativamente simples, a explicação de Jung para o conceito de sincronicidade em seu ensaio sobre o tema constante no volume oitavo de suas obras completas pode levar o leitor a um labirinto de ideias que, caso o leitor não tenha alguma familiaridade com as pesquisas da física e da parapsicologia, pode obscurecer o sentido do fenômeno. Infelizmente, esta é uma característica da escrita junguiana, que muitas vezes parece esperar que seu leitor já tenha assimilado temas e pesquisas de várias áreas. Caso, contudo, a pessoa esteja minimamente informada sobre estas, o fluxo de ideias de Jung torna-se compreensível e mesmo autoexplicativo por sua progressão lógica, ainda que referente a um fenômeno não linear e muito menos passível de uma acomodação ao modelo mecanicista a que estamos acostumados em nossa cultura pragmática tal como a *sincronicidade*.

Jung baseia-se nos experimentos de Rhine, na citada palestra sobre *sincronicidade*, e nos da Física, como no texto escrito em parceria com o físico Wolfgang Pauli denominado *Sincronicidade como Princípio de Conexões Acausais*, fundamentado nas descobertas pós-newtonianas de Einstein e dos físicos atômicos. O quadro resultante dá suporte à ideia de que a psique influencia ou, de algum modo, repercute no mundo físico, dando expressão a um campo psíquico de experiências significativas que se reforçam recursivamente em pelo menos algum momento da experiência existencial das pessoas, como fica patente neste trecho (o parágrafo 985 do volume VIII das Obras) da palestra sobre *sincronicidade*:

> Hoje, porém, temos de considerar a noção de milagre sob uma ótica diferente daquela a que estávamos habituados. Com efeito, os experimentos de Rhine nos mostraram, nesse meio tempo, que o espaço e o tempo, e consequentemente também a causalidade (linear), são fatores que se podem eliminar e, portanto, os fenômenos acausais ou os chamados milagres, parecem possíveis. Todos os fenômenos naturais desta espécie são combinações singulares extremamente curiosas dos acasos, unidas entre si pelo sentido comum de suas partes resultando em um todo inconfundível. Embora as coincidências significativas sejam infinitamente diversificadas quanto à sua fenomenologia, contudo, como fenômenos acausais, elas constituem

um elemento que faz parte da imagem científica do mundo.

Trabalhando com Pauli, Jung publica, em 1952, um ensaio conjunto sobre sincronicidade na ciência, exemplificando o conceito no desenvolvimento da obra do matemático e astrônomo alemão Johannes Kepler. Outro gênio célebre da física moderna, Werner Heisenberg, acabaria por aceitar a teoria da sincronicidade como essencial na compreensão de alguns fenômenos de interação observação-medição-efeitos subatômicos, estabelecendo que um quadro mais preciso da realidade necessita da inclusão da consciência na perspectiva teórica e metodológica do desenvolvimento da própria Física, ampliando e comunicando esta disciplina com áreas da psicologia e da filosofia, especialmente a epistemologia, transcendendo os limites da fragmentação disciplinar baseada no antigo modelo cartesiano de análise disciplinar, superando a conformação de nosso pensar a modelos conceituais estritos, como o da causalidade linear que estabelece a priori o modo como esperamos que o mundo deva funcionar e agir (o conceito de causalidade linear tão profundamente incrustrado em nosso modo de pensar foi um dos principais fatores que levaram os cientistas a não entenderem a estranha forma de agir dos elementos do mundo subatômico, tantas vezes agindo de forma não linear).

Assim Jung continua em sua palestra já citada:

> A causalidade é a maneira pela qual concebemos a ligação entre dois acontecimentos sucessivos. A sincronicidade designa o paralelismo de espaço e de significado dos acontecimentos psíquicos e psicofísicos, que nosso conhecimento científico até hoje não foi capaz de reduzir a um princípio comum. O termo em si nada explica; expressa apenas a presença de coincidências significativas, que, em si, são acontecimentos *casuais* (inesperados), mas tão improváveis, que temos de admitir que se baseiam em algum princípio ou em alguma propriedade do objeto empírico. Em princípio, é impossível descobrir uma conexão causal recíproca entre os acontecimentos paralelos, e é justamente isto que lhes confere o seu caráter casual. A única

> ligação reconhecível e demonstrável entre eles é o significado comum (ou uma equivalência). (...) Ela se baseia, não em pressupostos filosóficos, mas na experiência concreta e na experimentação.

Para Jung, as ocorrências de PES e alguns fenômenos físicos "estranhos" como relógios que param ou copos que se quebram "espontaneamente" em momentos de um fato ou acontecimento de grande emoção e significado existencial, e mesmo casos de aparições de fantasmas, como nos casos dos *fantasmas de aviso,* também chamados de *fantasmas de crise* que aparecem como que para avisar da morte da pessoa da aparição, seriam episódios de *sincronicidade*. Neste ponto, porém, é conveniente levar a sincronicidade como mais um rótulo para acontecimentos que exibem uma correspondência ao nível do significado e não como uma explicação. De fato, sabemos o que é uma sincronicidade, vemos sua manifestação, mas não como ela ocorre, ou seja, o que faz haver essa correspondência entre o campo subjetivo da consciência e o mundo externo. O fato é que, como em parapsicologia, deste evento só se pode, quando muito, ter certeza de ocorrência, elaborar descrições e classificações de fatos que se podem confirmar pela pesquisa, traçando algumas situações contextuais em que estes parecem ser mais frequentes e de suas ocorrências estatísticas, mas não a certeza do que provoca ou causa tais eventos. Por isso o conceito descritivo de sincronicidade pode ser útil. Pode ser que um dia surja uma teoria geral da parapsicologia que explique os fenômenos PES, PK e outros, e, então estes deixarão de ser *para* – psicológicos (significando *ao lado* ou *paralelos* aos psicológicos) e se acomodarão à psicologia, à física e/ou à biologia.

Jung, em carta de 1957 a um jovem estudante de psicologia que trabalhava com Rhine em Duke, Stephen Abrahams – que mais tarde seria diretor do Laboratório de Parapsicologia da Universidade de Oxford,[3] escreveu que enquanto Rhine trabalhava com o método estatístico para demonstrar a ocorrência factual de fenômenos paranormais simples, seu interesse subjacente na pesquisa residia em encontrar uma

[3] Cf. JUNG, *Cartas*, volume III, p. 90.

abordagem psicológica para os mesmos, e esta parecia ser englobada pelo conceito de sincronicidade; que na prática, quando ocorriam eram de uma ordem diferente, espontâneos, e portanto, não podendo se determinar seus elementos relacionais que apontariam ou determinariam variáveis precisas, possíveis de serem replicados em laboratório. Contudo, não há ainda como determinar-se tais elementos ou uma teoria coerente que permitisse discriminar essas variáveis. Os fatos da sincronicidade, para além da causalidade e da probabilidade de eventos experimentais, são, portanto, *acausais*.

Quanto referia-se ao termo, Jung o usava como referência a um conjunto de situações relacionadas mas não compreensíveis racionalmente no contexto do nosso conhecimento atual. Uma "causa" da sincronicidade, se houvesse, estaria em uma dimensão acima ou além de nosso modo usual de compreender e explicar a realidade, que englobasse o psiquismo da pessoa que "percebe" a coincidência significativa, e a sua contraparte física observável. O próprio Jung dizia, contudo, que algo seria ou não interpretado como sincronístico dependendo da experiência e do impacto que tal ocorrência de eventos simultâneos tivesse em quem a vivenciasse.

Por intermédio também de Stephen Abrams e de alguns outros, Jung ficou sabendo que muitos físicos russos estavam interessados em seu conceito de sincronicidade.[4] Para Jung certamente não deixava de ser uma irônica forma de *sincronicidade* o fato de que a sua obra chamasse mais a atenção dos especialistas da chamada rainha das ciências – sendo muitos Prêmios Nobel – enquanto psicólogos behavioristas, freudianos e os médicos, limitados aos conceitos cartesianos e à abordagem biomecanicista cartesiana clássica, tomavam suas ideias por fantasias, como não científicas.

Individuação

Um dos conceitos principais, senão o cerne, da teoria junguiana da personalidade é o da *Individuação*, ou seja, o processo de atualização, desenvolvimento e vivência das poten-

[4] Cf. a observação de Gherard Adler e Aniela Jaffé a uma carta de Abrams, no terceiro volume das *Cartas*, p. 117.

cialidades inerentes ao ser humano, profundamente latentes no inconsciente e que podem e devem ser trazidas à consciência pelo ego do sujeito ao longo da vida. Em outras palavras, em Jung (à semelhança do conceito de auto atualização das correntes humanistas em psicologia e da existência enquanto possibilidade de desvelamento e desenvolvimento em Heidegger), viver significa tornar-se aquilo que potencialmente se é: alguém que integrou elementos inconscientes ou potencialmente presentes em atos, aprendizado e consciência. As potencialidades, porém, são diversamente estimuladas de pessoa para pessoa, primeiro, pela tendência introvertida ou extrovertida que esta venha a apresentar como fator dominante, e também por quais das quatro funções, sensação, pensamento, sentimento e intuição venha a desenvolver mais amplamente (geralmente um par delas, enquanto as outras duas tornam-se atuantes ao nível inconsciente). Tudo o que não for conscientemente assimilado e atualizado passará a ser legado ao nível inconsciente, onde tentará se fazer sentir por sonhos, atos falhos, ações inconscientes etc., sempre buscando torna-se realidade a nível consciente.

Quando, em um processo de crise e transformação, algumas pessoas (não todas) passam a viver uma inversão da libido, o material inconsciente é sensibilizado e vem à tona, modificando a percepção e o comportamento das pessoas, na terapia, por exemplo. Tal ação constitui-se na *metanóia* da terapia junguiana. O objetivo da terapia é a facilitação, em um ambiente compreensivo e propício, do material arquetípico ligado ao sujeito: a *persona* (ou máscara social que o sujeito geralmente usa em suas relações interpessoais: o estudante, o pai de família, o médico etc.), a *anima* ou o *animus*, os elementos ideais do gênero de sexo oposto que conduz às próprias potencialidades ou limitações internas; a *sombra* (o material, negativo ou positivo, que não queremos possuir ou acreditamos ter em nós mesmos e que costumamos lançar fora, projetar em alguém), os arquétipos referentes ao *Self*, como o velho sábio etc. Ao lidar com este material, a pessoa aprende a vê-los e conhece-los, evitando de se identificar plenamente com qualquer um deles e entendendo o porquê de sua ação inconsciente. Dessa forma, a energia investida em cada um destes arquétipos é assimilada conscientemente, ajudando no equilíbrio e resolução de conflitos, permitindo uma maior consciência e maturação do indivíduo, processo da individuação. Quanto mais individuada, mais atualizada e mais esclarecida é a pessoa, e maior é sua responsabilidade ética pelo conhecimento adquirido com relação aos demais homens e mulheres da sociedade. Os próprios aspectos sombrios assimilados e familiarizados causarão menos dano em si e poderão ser facilmente percebidos no social, onde a pessoa pode ajudar a minimizar seu potencial destrutivo.

Portanto, a individuação é um devir contínuo, um trabalho de esculpir a própria alma, e é este ato de desenvolvimento e contínua transformação humana, nas várias etapas da vida, que são expressos pelos mitos de todos os povos e culturas.

Experiências de Quase Morte

Durante o período da Guerra, entre 1939 e 1945, a Suíça, apesar de não ter sido invadida, estava no meio do conflito e sentiu profundamente as consequências econômicas e sociais do mesmo. Jung tornou-se um ácido crítico de Hitler e da Alemanha e praticamente se confinou em Bollingen na maior parte do tempo, com suas filhas e netos.

Muito do seu passado ficaria perdido nos escombros da Guerra. Em 1941, Sabina Spielrein foi assassinada pelos nazistas em sua cidade natal, Rostov, na URSS. Alguns outros amigos e pacientes morreram nos demais países em guerra, e outros, como o caro amigo Pauli, que era judeu, correram para os Estados Unidos. Os genros e seu filho Franz foram mobilizados para o exército em prontidão para qualquer possibilidade de envolvimento do país no conflito. Mas Jung ainda trabalhava e atendia pacientes, alguns mesmo vindo dos Estados Unidos, em Küsnacht, durante o período de guerra.

Suas anotações desta época são, em grande parte, voltadas para o trabalho em pesquisa psíquica de Rhine, à apreciação da literatura e da poesia, ao estudo descritivo de eventos considerados espíritas, portanto, indo de Baudelaire a Justinos Kerner, médico que trabalhara, testara e escrevera sobre

Frederika Hauffe, extraordinária médium da primeira metade do século XIX, conhecida como *A Vidente de Prevorst*. Leu também Allan Kardec, cujo *O Livro dos Médiuns* Jung cita no volume XVIII de suas obras. Além disto, teve suficiente tempo de se aprofundar em escritos antigos, dando prosseguimento a seu mergulho no estudo da Alquimia, que Jung entendia como uma forma simbólica de projeção da psicologia do inconsciente e do processo de individuação feita pelos mestres alquimistas dos séculos XV a XVII. Não lhe escapou ao faro o fato de que o pai incontestável da ciência física mecanicista, Isaac Newton, fosse também um místico e alquimista consumado.

Além disso, eventos vivenciados por si e por outros continuaram a ocorrer ou a lhe chegarem ao conhecimento. Foi assim que, em fins de 1943, soube que um grupo de soldados viu uma aparição – atribuída ao *Irmão Klaus*, santo católico suíço – estendendo as mãos sobre o rio Reno, como a proteger a Suíça da invasão dos alemães. Seu filho Franz estava entre estes soldados que viram a aparição.[5] Mas eventos ainda mais pessoais estavam para acontecer.

Em 11 de fevereiro de 1944, Jung escorregou na neve em uma caminhada perto de Küsnacht, e quebrou o tornozelo. Obrigado a ficar de repouso, o frio intenso e a falta de exercícios físicos, complicados pelo seu humor instável, contribuíram para seu primeiro ataque cardíaco, do qual só se salvou graças aos esforços de um competente cardiologista, um jovem que morreu assim que Jung saiu das semanas de crise.

Devido ao enfarto, Jung passou três semanas entre a vida e a morte. Porém, nesta época, ele teve uma série de experiências que se enquadram quase que à perfeição nas chamadas *Experiências Próximas da Morte*, *EPM*, ou *Experiências de Quase Morte, EQM*, (em inglês, *Near Death Experiences*, ou *NDE*), tal como descritas pelos doutores Raymond Moody Jr, Elizabeth Kübler-Ross, Sam Parmia e outros; e em eventos semelhantes às *Experiências Fora do Corpo*, *EFC* (*Out of Body Experiences*, ou *OBE*), como estudadas pelo Dr. Charles T. Tart.[6] Em uma delas, tal como narra no capítulo intitulado

[5] Cf. McLYNN, obra citada, p. 470.
[6] Cf. GUIMARÃES, obra citada.

"*Visões*", em suas *Memórias, Sonhos, Reflexões* e, em especial, em carta a Kristine Mann, datada de primeiro de fevereiro de 1945, Jung descreve tal ocorrência:

> Como a senhora sabe, o anjo da morte derrubou-me também e quase conseguiu riscar meu nome de sua lista de vivos. Desde então fiquei quase inválido e venho recuperando-me devagar, muito devagar, de todas as setas que me furaram de todos os lados. Felizmente minha cabeça não foi atingida e pude esquecer de mim mesmo em meu trabalho científico. Considerando-se em geral, minha doença foi uma experiência válida; ela me deu a oportunidade inestimável de olhar por trás do véu. (...) Quando se pode desistir da louca vontade de viver e quando se cai aparentemente num nevoeiro sem fundo, então começa a vida verdadeira e *real* com tudo o que foi intencionado e nunca alcançado. É algo inefável e grandioso. Eu estava livre, completamente livre e inteiro, como nunca me havia sentido antes. Em me sentia a 15.000 quilômetros da Terra e a via como um imenso globo brilhando numa luz azul, indizivelmente bela. Eu estava exatamente num ponto sobre o extremo sul da Índia, que brilhava numa luz azulada e prateada, estando o Ceilão, qual opala reluzente, no profundo mar azul (...).[7]

Jung também via, em uma destas visões ocorridas quando de sua recuperação crítica, imagens e lugares com grande significação simbólica: parecia ser levado a uma espécie de templo, visão paralela às que algumas pessoas com EPM também têm, onde chegam a algum lugar que, alegoricamente, marca um limiar que, se ultrapassado, consumará alegoricamente a morte física. Também relataria a conhecida resistência própria de muitos dos que experimentaram a EPM de experimentar, neste estado, uma felicidade suave e uma sensação de integração sem perda da individualidade com o próprio Universo e, com esta sensação sumamente agradável, de não querer voltar à vida física. Assim, nesta mesma carta, Jung continua:

[7] Cf. JUNG, Cartas, volume I, p 363.

> Eu estava no universo, onde havia uma grande rocha solitária, na qual havia um templo. Vi a entrada do templo iluminada por milhares de pequenas chamas de óleo de coco. Eu sabia que devia entrar no templo para então chegar a um conhecimento pleno. Mas neste instante apareceu um mensageiro do mundo (que era até então um canto insignificante do universo) e disse que eu não estava autorizado a partir. E nesse momento toda a visão desapareceu. (...) Vista de fora e enquanto estivermos do lado de fora, a morte é a coisa mais terrível. Mas, uma vez dentro, experimenta-se um sentimento tão forte de totalidade, paz e realização que não se deseja voltar. Era como se estivesse morrendo. Eu não queria viver e retornar para esta vida fragmentária, restrita, estreita e quase mecânica, onde se estava sujeito às leis da gravidade e coesão, preso num sistema tridimensional e turbilhonando com outros corpos na torrente impetuosa do tempo. Lá havia plenitude, significando satisfação, movimento *eterno* (não movimento no tempo).

Em outra destas EMPs durante este período de três semanas de crise, porém, ele viu um homem muito parecido com o seu médico caminhando ao seu encontro, com a intenção de trazê-lo à vida. Jung interpretou a visão como sendo também um aviso de que o seu médico, o jovem que lhe salvaria a vida, tomaria seu lugar na morte. Pois bem, no dia em que Jung conseguiu superar a crise, sentando-se em sua cama em 04 de abril de 1944, o médico que o salvara caiu doente, com febre alta, vindo a morrer de infecção generalizada em poucos dias. Jung ficou extremamente sentido e comovido com tudo isto, sentindo-se indiretamente responsável pela morte do médico, só acalmando-se quando lhe contaram que ele já vinha apresentando sinais da doença antes mesmo de assumir o seu caso.

Durante seu período de convalescença, já de volta à sua casa, Jung teve uma série de sonhos de alto conteúdo simbólico, que apontavam ao mesmo tempo para a sua recuperação e para o final da Guerra. Porém, nunca mais a saúde de Jung voltou a ser tão boa como sempre fora. Seu porte de montanhês, aos poucos, tomaria os traços do Jung idoso, mas sábio, que as fotos dele, a partir dos anos 50, eternizariam. Paradoxalmente, nos próximos anos Jung viveria um período de uma criatividade e de produção intelectual extraordinárias.

Capítulo XX

Os anos finais

Após seu enfarto, em 1944, ficou claro para Jung que sua vida física entrara no movimento inevitável de seu ocaso. Não obstante, foi no período compreendido entre 1945 e 1956 que ele produziu seus trabalhos mais originais. Ainda assim, o corpo dava mostras de cansaço.

Em 1949 ele adoecera gravemente com febre gástrica e em 1952, contraíra hepatite e uma gripe fortíssima. Após 1950, sua percepção da divisão do mundo pela Guerra Fria e o mal do consumismo materialista e alienante acrescentaram o desencanto às suas preocupações, embora suas visitas quase nunca o vissem mal-humorado.

Neste intervalo ele já havia escrito *Aion,* volume IX/2 de suas Obras Completas, *Estudos Alquímicos*, volume XIII, e vários textos sobre sincronicidade e sobre o inconsciente que fariam parte do Volume VIII, *A Dinâmica do Inconsciente*; do volume XV, *O Espírito na Arte e na Ciência*, e do volume XVI, *A Prática da Psicoterapia*, e vários textos sobre arte, cultura e temas outros. Também neste período suas cartas ficaram mais intensas e profundas e, de fato, são um auxiliar indispensável para a compreensão de seu pensamento.

Em 1948, sob iniciativa e financiamento de amigos, admiradores e colegas, é fundado em Zurique o Instituto C. G. Jung, projeto acalentado pela grande benfeitora e amiga de Jung, Mary Mellon, falecida dois anos antes, mas que havia deixado uma doação substancial para o nascimento da Fundação Bollingen voltada para a tradução integral para o inglês das obras de Jung. Inicialmente cético com relação ao Instituto, ele logo o aceitou diante do movimento crescente de pessoas procurando formar-se como analistas, concordando que a direção do mesmo ficasse com sua discípula Jolandi Jacobi.

Em 1953, porém, ficaram cada vez mais claras e mais duras suas críticas à modernidade técnico-econômica, no sentido de seu avanço à alienação e reificação do homem.

Crítico feroz das teologias institucionais ocidentais que encobriam a mensagem simples, original e potencialmente revolucionária de Jesus, Jung dizia que, apesar dos pesares, diante do tecnicismo e materialismo consumista, não se poderia cogitar de forma alguma de rejeitar o cristianismo porque nem o consumismo, nem a tecnologia que, de fato, estava atrelada aos interesses dos detentores do capital e, portanto, usada para incrementar o consumismo, e muito menos os movimentos niilistas da filosofia pós-guerra poderiam dar o conforto e apoio psicológico que as religiões cristãs, bem ou mal, ainda preenchiam. O novo homem da era do robô era um ser atomizado, alienado e condenado, pelo sistema, a se especializar para se transformar em uma engrenagem do mesmo sistema, tendo a psique completamente abafada pelos compromissos, pelas aparências, submetido a falsos e impostos critérios de comportamento "feliz" e pelo relógio, sem condições de se expressar, confinado em apartamentos padronizados, condicionado por uma mídia atrelada a um mercado faminto por mais alienação e por uma política homogeneizada na busca contínua do lucro, fazendo as pessoas porem suas esperanças no acúmulo constante de bens sem terem tempo de usufruí-los, e em conquistas exteriores mais que no desenvolvimento interior. Mesmo os Estados Unidos, pretenso modelo de país desenvolvido e bem adaptado a este modo de vida, pareciam ter entrado numa esfera de loucura e culpa... Afinal, foi o único país no mundo a usar a bomba atômica contra civis e, ciente da ameaça que criara, vivia eternamente em clima de paranóia esperando um ataque externo, muitas vezes projetando seus receios em visões de ÓVNIS e ameaças alienígenas, abduções e, como válvula de escape, em filmes de violência cada vez maiores. Para evitar o contato com o pensamento crítico e com o sentimento de vazio de uma existência voltada para o pragmatismo produtivo externo sem o cultivo dos potenciais internos, o homem comum procurava o barulho, a tribo, a balbúrdia e meios de escape na bebida, no vício e no espetacularização da violência ou da miséria e tristeza de outros.

Em 1952 Jung sonha com um elefante arrancando uma árvore do chão. Interpretou isso como um aviso de sua morte, mas só acertou em parte. Toni Wolff morreria em 21 de março de 1953. Ainda que bem distantes emocionalmente um do outro nos últimos anos (mais por parte de Jung que dela), a morte de Toni o abalou profundamente, o que se refletiu em sua saúde, provocando arritimia e taquicardia. Embora, passado o período de luto, recebesse inúmeras visitas e demonstrasse cordialidade, Jung estava cada vez mais introvertido e perdia a calma com muito mais frequência.

Dezoito meses antes de seu 80° aniversário, o governo Suíço, amigos e discípulos já preparavam as festas para o grande evento. Jung sensibilizou-se com essa manifestação de reconhecimento e voltou a sorrir, encantado com as inúmeras demonstrações de carinho e respeito. Mas, no mesmo ano, 1955, sua esposa Emma foi diagnosticada com câncer, um duro golpe para ambos. A foto ao lado, também de 1955, a apresenta ao lado de Jung.

Um dos presentes antecipados dados a ele foi a importantíssima coleção de papiros documentais de uma biblioteca gnóstica em língua copta encontrada em Nag Hammadi, Egito, datada do século III da era cristã, onde também foi encontrado o agora famoso Evangelho de Tomé. A coleção recebeu o nome de *Codex Jung* e foi doada a Jung por um seu admirador que a comprou especialmente para ele.

As celebrações do aniversário de Jung foram belas e tocantes. Jung recebeu vários títulos, entre os quais o de cidadão honorário de Basiléia e, em sua homenagem, o Congresso Internacional de Psiquiatria realizou-se em Zurique. Alunos, amigos, admiradores, jardineiros, vizinhos e analistas de todo o mundo renderam-lhe merecidas homenagens. No entanto, Emma, apesar dos esforços, se apresentava abatida e cansada. Fez questão de estar ao lado do marido, mas sabia que logo o deixaria.

Submetida a uma cirurgia, ela pareceu melhorar por um tempo, mas subitamente piorou, morrendo em novembro, deixando Jung extremamente arrasado. Em lágrimas ele repetia constantemente que "ela era uma rainha!". Com a consciência pesada e se sentido miseravelmente culpado por sua infidelidade, que atingira não só Emma, como Toni, ele entrou em depressão profunda. Sentia-se responsável pela doença da esposa e pelo fim prematuro de Toni. Após a morte desta, ele tinha esculpido na pedra, sobre ela, em Bollingen, a frase: "Ela foi a fragrância da casa". Para Emma, porém, o cinzel quase lhe caia das mãos ao esculpir-lhe: "Ela foi o alicerce da minha casa".

A partir de 1955 sua produção intelectual começara a diminuir. O corpo dava sinais de enfraquecimento. Aniela Jaffé e Ruth Bailey passaram a administrar a casa e ajudar Jung com suas cartas etc. Muitas vezes, as duas tinham de aguentar suas violentas explosões de humor – que ele já tinha pedido antecipadamente para elas relevarem, conhecendo bem suas próprias erupções.

Entre 1956-1957 a psiquiatra brasileira Dra. Nise da Silveira (1905-1998), um dos principais nomes da psiquiatria na América Latina e uma das pioneiras do uso da terapia ocupacional no Brasil, estudou no Instituto C.G. Jung e lá apresentou os trabalhos em desenho e pintura de seus pacientes (muitos dos quais fazem parte do acervo do Museu das Imagens do Inconsciente, no Rio de Janeiro) bem como no II Congresso Internacional de Psiquiatra, realizado em Zurique em 1957, tendo recebido a atenção e altos elogios de Jung, como podemos ver nas fotos. A Dra. Nise passaria a ser uma das maiores divulgadoras dos conceitos e da obra de Jung no Brasil.

Crescia o número de admiradores. Em 1957 Jung daria uma série de quatro entrevistas filmadas para Richard Evans, da Universidade de Houston, Texas. Dois anos depois, daria uma entrevista também filmada para a BBC, com John Freeman, para o programa *Face to Face*, que se tornou famosa. Ainda assim, Jung se ressentia de ser considerado por muitos como um teórico menor, praticamente marginal, dentro das academias, o que o fazia se sentir ainda mais melancólico.

A partir de 1959 Jung começa a escrever parte de suas *Memórias*, mas a maior parte do material foi recolhido em entrevistas gravadas para o livro por Aniela Jaffé. Nestes textos e gravações, Jung se mostra lúcido e tranqüilo, associando às suas lembranças reflexões de cunho altamente subjetivista e por vezes poético, em um dos relatos autobiográficos mais belos do século XX. Suas *Memórias, Sonhos, Reflexões*, com cortes e adaptações por parte de Jaffé, porém, só foram publicadas após sua morte.

Em 1961 Jung, depois de um sonho, começou a escrever o primeiro capítulo do, talvez, seu livro mais acessível, pensado e projetado para os leigos, *O Homem e Seus Símbolos*, cuja parte inicial seria seu último trabalho. As partes complementares, indicadas por Jung, foram completadas por discípulos e coordenados por Marie-Louise von Franz.

O escritor e amigo Miguel Serrano visitou Jung menos de um mês antes de sua morte. Conversaram no gabinete de Jung, onde este, perto de uma janela, trajava um quimono japonês que, ao cair da tarde, lhe dava um aspecto sacerdotal. Serrano contou a Jung que estivera com Hermann Hesse e que conversaram sobre a questão da vida após a morte. Um assunto que sempre interessara a ambos e a Jung. O tema parecia especialmente indicado àquela ocasião. Afinal, Jung, dourado pelos raios do sol vespertino, com seu aspecto de sábio e com idade avançada, trajado ao modo oriental, parecia estar convidando Serrano a adentrar neste assunto. Perguntando sua opinião sobre o tema, Jung respondeu, recordando suas próprias experiências:

> Os fenômenos parapsicológicos sugerem que sim. Eu próprio experimentei certas coisas que também o indicam. Certa vez, fiquei gravemente doente, quase em coma. Todos pensavam que eu estava sofrendo terrivelmente mas, de fato, eu estava acima do meu corpo, muito acima dele. Então, depois que meu pai morreu, vi-o por diversas vezes. É claro, isso não significa que ele, de fato, aparecesse. Suas aparições podem ter sido fenômenos inteiramente subjetivos de minha parte.
>
> "Mas não será possível que essas coisas sejam, de fato, externas e subjetivas, e não apenas algo que acontece na mente? Hesse fala do Inconsciente Coletivo como se ele existisse externamente, e considera que a morte pode ser meramente uma queda neste estado", discorreu Serrano.
>
> Durante a guerra, respondeu Jung, vi homens que receberam ferimentos no cérebro que paralisaram as funções do córtex cerebral e os impediram de ter qualquer noção de tempo ou espaço. Apesar disso, ainda eram capazes de sonhar e alguns deles tiveram importantes visões. Ora, se o cérebro está inteiramente paralisado, a questão é: que órgão produz o sonho? Com que parte do corpo o homem sonha? É algo físico? Ou é uma indicação de que a mente atua independente do cérebro? Não sei, mas é uma hipótese interessante.

Em 17 de maio Jung se recupera de uma embolia, mas sentia que faltava pouco para o fim. Este chegou com o último ataque cardíaco, às 15:45 do dia 6 de junho de 1961. Morreu em sua casa em Küsnacht.

Lápide dedicada a C. G. Jung, no jazigo da família no cemitério de Zurique.

Poucas horas depois, um temporal caiu sobre Zurique e, segundo Jaffé, um raio atingiu uma árvore de seu jardim, às margens do lago Zurique, em Küsnacht, onde Jung gostava de se sentar. O buraco que o raio havia feito no tronco foi cuidado pelo jardineiro, e a árvore está lá, viva, até hoje.[1]

O corpo foi cremado e as cinzas enterradas no mausoléu da família.[2]

Como reflexão final, transcrevemos a carta que C. G. Jung remeteu a H. J. Barret, datada de 12 de outubro de 1956, quando tinha 81 anos, que talvez seja o melhor e mais sincero resumo sobre o que Jung de fato pensava sobre a questão dos fenômenos psíquicos e sobre o problema da sobrevivência além-túmulo:

> Caro Mr. Barret,
>
> Ainda que meu tempo seja escasso e minha idade avançada um fato real, tenho gosto em responder às suas perguntas. Não são fáceis, como por exemplo, a primeira: se eu acredito ou não numa sobrevivência pessoal após a morte. Não poderia dizer acredito nela, pois não tenho o dom da fé. *Só posso dizer que sei alguma coisa, ou não.*
>
> 1. Sei que a psique possui certas qualidades que transcendem os limites do tempo e do espaço. Em outras palavras, a psique pode tornar elásticas es-

[1] Cf. Jaffé, *Ensaios sobre a Psicologia de C. G. Jung*, p. 128.

[2] Cf. McGuire & Hull, *C. G. Jung: entrevistas e encontros*, p. 405

sas categorias, ou seja, 100 milhas podem ser reduzidas a uma jarda, e um ano a poucos segundos. Isto é um fato do qual temos todas as provas necessárias. Além disso, há certos fenômenos *post-mortem* que eu não consigo reduzir a ilusões subjetivas. Por isso, sei que a psique pode funcionar sem o empecilho das categorias espaço e tempo. *Ergo* ela própria é um ser transcendental e, por isso, relativamente não espacial e "eterna". Isto não significa que eu tenha qualquer tipo de certeza quanto à natureza transcendental da psique. A psique pode ser qualquer coisa.

2. Não há razão alguma para supor que todos os chamados fenômenos psíquicos sejam efeitos ilusórios de nossos processos mentais.

3. Não acho que todos os relatos dos chamados fenômenos miraculosos (como precognição, telepatia, conhecimento supranormal etc.) sejam duvidosos. Sei de muitos casos em que não paira a mínima dúvida sobre a sua veracidade.

4. Não acho que as chamadas mensagens pessoais dos mortos devam ser rechaçadas *in globo* como ilusões.

Immanuel Kant disse certa vez que duvidava de toda história individual sobre fantasmas etc., mas, se tomadas *em conjunto*, havia algo nelas. Isto me lembra fatalmente um professor de teologia católica que, tratando dos sete argumentos da existência de Deus, teve de admitir que cada um deles continha um silogismo. Mas disse ao final: "Admito que, considerados individualmente, podem ser falsos, mas o fato de serem sete deve significar alguma coisa". Eu examino minuciosamente o meu material empírico e devo dizer que, entre muitíssimas suposições arbitrárias, há casos que me fazem titubear. (Mas) tomei como regra aplicar a sábia frase de Multatuli: Não existir nada que seja totalmente verdadeiro, nem mesmo esta frase.

Espero ter respondido a contento às suas perguntas.

Yours Sincerely,

C.G. Jung[3]

[3] *Cartas*, volume III, pp. 53-54.

Bibliografia

ANDRADE, Hernani Guimarães. *Parapsicologia Experimental*. São Paulo, Editora Pensamento, 1993.

__________. Parapsicologia, uma Visão Panorâmica. São Paulo, Editora Folha Espírita, 2002.

BAIGENT, M. & LEIGHT, R. *A Inquisição*. São Paulo, Imago Editora, 2001.

BOZZANO, Ernesto. *Povos Primitivos e Manifestações Supranormais*. São Paulo, Editora Folha Espírita, 1998.

CAMPBELL, Joseph. *O Poder do Mito*. São Paulo, Editora Palas Athena, 1990.

DOSTOIEVSKI, Fiódor. *Os Irmãos Karamasov*. São Paulo, Martin Claret, 2015.

DURAND, Gilbert. As Estruturas Antopológicas do Imaginário. São Paulo, Martins Fontes, 1999.

ELIADE, Mircea. *O Xamanismo e as Técnicas Arcaicas do Êxtase*. São Paulo, Martins Fontes, 1998.

__________. *Imagens e Símbolos*. São Paulo, Martins Fontes, 1996.

__________. *Tratado de História das Religiões*. São Paulo, Martins Fontes, 1995.

FADIMAN, James & FRAGER, Robert. *Teorias da Personalidade*. São Paulo, Harbra, 1986.

GAULD, Alan. *Mediunidade e Sobrevivência*. São Paulo, Pensamento, 1995.

GAY, Peter. *Freud, uma Vida para nosso Tempo*. São Paulo, Companhia das Letras, 1989.

GROF, Stanislav. *Além do Cérebro – Morte, Renascimento e Transcendência em Psicoterapia*. Ed. McGraw-Hill, 1988.

GUIMARÃES, Carlos Antonio Fragoso. *Evidências da Sobrevivência*. São Paulo, Madras, 2004.
HOLZER, Hans. *Vida além da Vida*. Rio de Janeiro, Record, 1997.
JAFFÉ, Aniela. *Ensaios sobre a Psicologia de C. G. Jung*. São Paulo, Cultrix, 1993.
FLAMMARION, Camille. *A Morte e o Seu Mistério*. 3 Volumes. Rio de Janeiro, 1986.
JAMES, William. *As Variedades da Experiência Religiosa*. São Paulo, Cultrix, 1991.
JOHNSON, Robert. *We – A Chave da Psicologia do Amor Romântico*. Ed. Mercuryo, 1990.
JONES, Ernest. *Vida e Obra de Sigmund Freud*, 3 volumes. São Paulo, Imago, 1989.
JUNG, Carl Gustav. *Cartas*, 3 volumes. Petrópolis, Editora Vozes, 2001-2003.
_________. *Memórias, Sonhos, Reflexões*. São Paulo, Círculo do Livro, 1991.
_________. *O Homem e Seus Símbolos*. Rio de Janeiro, Editora Nova Fronteira, 1993.
_________. *Estudos Psiquiátricos*. Vol.1 das Obras Completas. Petrópolis, Editora Vozes, 1993.
_________. *Freud e a Psicanálise*. Vol. 4 das Obras Completas. Petrópolis, Editora Vozes, 1996.
_________. *Símbolos da Transformação*. Vol. 5 das Obras Completas. Petrópolis, Editora Vozes, 1996.
_________. *A Dinâmica do Inconsciente*. Vol. 8 das Obras Completas. Petrópolis, Editora Vozes, 1997.
LYRA, Alberto. *Parapsicologia, Psiquiatria e Religião*. São Paulo, Ibrasa, 1993.
MACHADO, Renato. *Ciência e Saber*. Rio de Janeiro, Graal, 1982.
MAFFESOLI, Michel. *O Elogio da Razão Sensível*. Petrópolis, Editora Vozes, 1999.
MARONI, Amnéris. *Jung, Individuação e Coletividade*. São Paulo, Editora Moderna, 1999.
McGUIRE, W. & HULL, R. F. *C. G. Jung, Entrevistas e Encontros*. São Paulo, Cultrix, 1982.
MCLYNN, Frank. *Carl Gustav Jung, uma Biografia*. Rio de Janeiro, Record, 1998.
QUEVEDO, Oscar Gonzales. *As Forças Físicas da Mente,* vol. 1. São Paulo, Loyola, 1998.

RHINE, Joseph Banks. *El Alcance de la Mente*. Buenos Aires, Editorial Paidós, 1966.

_________. *Novas Fronteiras da Mente*. São Paulo, Ibrasa, 1965.

RHINE, J. B. & colaboradores. *Parasychology from Duke to FRN*. Durham, Parapsychological Press, 1956.

RHINE, J. B. & BRIER, R. *Parapsicologia Atual*. São Paulo, Cultrix, 1996.

RICHET, Charles. *A Grande Esperança*. São Paulo, Lake, 1999.

_________. *Tratado de Metapsíquica*. São Paulo, Lake, s/d.

TINOCO, Carlos Alberto. *Parapsicologia e Ciência*. São Paulo, Ibrasa, 1994

Sócrates e o Espiritualismo

582 páginas – ISBN 978-85-7618-491-1

Sócrates não foi uma figura histórica comum. Todos sabem de sua apologia ao conhecimento íntimo, mas o verdadeiro manancial de saber espiritual contido em seus ensinamentos e os detalhes da extensão de seu espiritualismo muitas vezes passam despercebidos aos estudiosos menos atentos, tão acostumados a encontrar misticismo, fanatismo e mágica nas doutrinas dos pensadores antigos. Graças às luzes do espiritismo, é possível descortinar todo o alcance espiritualista dos ensinos socráticos, mostrando que este sábio grego é o grande responsável pela difusão do conceito de alma no mundo ocidental, e um dos principais apologistas da valorização da virtude como diretriz básica na conduta humana.

Esta obra apresenta farta e primorosa documentação em que se ressalta a personalidade ímpar e discreta do sábio ateniense, a seu gênio peculiar, e o seu elevado senso crítico, deixando clara a contribuição da filosofia socrática nos alicerces do cristianismo. Aborda também a participação de Sócrates na elaboração da doutrina espírita; ele que foi um dos componentes da equipe espiritual que assistiu Allan Kardec no evento da Codificação.

Além dos ensinamentos morais e do incentivo à busca do conhecimento íntimo, examina-se aqui a sua contribuição na proposição de algumas técnicas eficientes de ensino, investigação e questionamento, e apresentam-se fatos interessantes que refletem suas convicções na vida após a morte, sua crença na intervenção dos espíritos no mundo terreno e na evolução da alma individualizada e imortal, levando-nos a constatar o seu vínculo com a Espiritualidade e com o lado transcendental da vida.

São quase 600 páginas que nos instigam a mergulhar, incansavelmente, na vida e obra deste mensageiro do Alto.

Carl Gustav Jung e os Fenômenos Psíquicos
foi confeccionado em impressão digital, em setembro de 2022
Conhecimento Editorial Ltda
(19) 3451-5440 — conhecimento@edconhecimento.com.br
Impresso em Luxcream 70g. — StoraEnso